江苏省教育厅高校哲学社会科学基金项目
江苏警官学院学术著作出版专项基金资助出版

交通警察行政强制

汤三红 著

中国人民公安大学出版社
·北 京·

图书在版编目（CIP）数据

交通警察行政强制/汤三红著. —北京：中国人民公安大学出版社，2009.8

ISBN 978-7-81139-578-5

Ⅰ. 交… Ⅱ. 汤… Ⅲ. 交通运输管理—行政执法—强制执行—研究—中国 Ⅳ. D922.14

中国版本图书馆CIP数据核字（2009）第088594号

交通警察行政强制

JIAOTONG JINGCHA XINGZHENG QIANGZHI

汤三红 著

出版发行：中国人民公安大学出版社
地　　址：北京市西城区木樨地南里
邮政编码：100038
经　　销：新华书店
印　　刷：北京兴华昌盛印刷有限公司

版　　次：2009年9月第1版
印　　次：2009年9月第1次
印　　张：11.875
开　　本：850毫米×1168毫米　1/32
字　　数：294千字

书　　号：ISBN 978-7-81139-578-5/D·486
定　　价：33.00元

网　　址：www.cppsup.com.cn　www.porclub.com.cn
电子邮箱：cpep@public.bta.net.cn　zbs@cppsu.edu.cn

营销中心电话（批销）：（010）83903254
警官读者俱乐部电话（邮购）：（010）83903253
读者服务部电话（书店）：（010）83903257
教材分社电话：（010）83903259
公安图书分社电话：（010）83905672
法律图书分社电话：（010）83905637
公安文艺分社电话：（010）83903973
杂志分社电话：（010）83903239
电子音像分社电话：（010）83905727

序

道路交通管理的基本目标是：维护道路交通秩序，预防和减少交通事故，保护人身安全，保护公民、法人和其他组织的财产安全及其他合法权益，提高通行效率。实践证明，要实现这一目标，交通警察行政强制则是不可缺少的手段。然而，交通警察行政强制不仅是当下交通警察行政执法中种类最繁杂、使用最频繁的行政执法手段，而且是法律规制最为薄弱，最易侵害交通参与者合法权益的行政执法手段。因此，加强交通警察行政强制问题研究，对交通警察行政强制乃至整个行政强制的立法规则，从而规范和控制行政强制权具有重要的理论与实践意义。

《交通警察行政强制》一书立足我国交通警察行政强制的现状，以现代行政强制理论为指导，就交通警察行政强制的基本理论、基本原则、强制措施、即时强制、强制执行以及行政强制救济等我国交通警察行政强制的基本问题进行了分析探讨。特别是该专著中的下述内容值得关注：

第一，分析了交通警察行政强制的基本特征。与其他行政强制相比，交通警察行政强制除了具有行政强制的共有属性之外，还具有自己的一些特有属性。书中论述了交通警察行政强制至少具有主体的特定性、对象的特殊性和时间的紧迫性等基本特征。

第二，明确了交通警察行政强制的基本原则。书中依据现代行政强制理论并结合我国交通警察行政强制的具体实践，提出了交通警察行政强制应遵循人权保障、法定、期待履行、比例、最小侵害、责任与救济等基本原则并认为交通警察行政强制基本原则是贯穿于整个交通警察行政强制过程之中，对交通警察的行政强制行为起着统率、指导和控制作用，是交通警察行政强制的灵魂。

第三，探讨了交通警察行政强制措施。不仅对具体的交通警察行政强制措施的实施现状进行了探讨，而且对实践中尝试的一些强制性新措施以及实务部门发展行政强制的问题进行了有益的剖析。作为公安机关交通管理部门及交通警察，不仅要履行维护道路交通秩序、确保道路交通安全与畅通的职责，而且还要承担预防和先期处置道路治安问题的重任。该专著对交通警察在预防和先期处置道路治安问题中的盘查等几种常见行政强制措施的分析，具有很强的实践意义。

第四，梳理了道路交通安全管理实践中常见的即时强制现象。紧急性是行政即时强制不同于行政强制措施、行政强制执行的显著特征。相比于行政强制措施和行政强制执行，实务中对即时强制的规制最为薄弱。而书中立足道路交通安全管理和道路治安管理实务，对交通事故现场的紧急防护等十二种情形以及道路群体性事件等五种情形的先期紧急处置进行了分析、归纳，具有很强的现实针对性。

本专著不仅资料丰富、翔实，结构严谨，写作规范，语言流畅，而且在研究思路上也颇具新意。相比于当下行政法学界主要侧重于“面”的研究（即行政强制的基本理论研究），《交通警察行政强制》主要侧重于“点”的研究（即具体实务研究），是其重要特色。

本专著是汤三红同志在他的硕士学位论文基础上又继续进行拓展研究而成。记得他在硕士论文选题确定前，曾就交通警察行政强制问题专门与我进行过反复讨论，在撰写的过程中他仍多次向我征求修改意见，最后终于高质量地完成了学位论文，并获得了论文评阅老师及答辩委员会专家的一致好评。之后他又继续努力，经过数年的潜心研究，最终完成了本学术专著，也可以说，本专著凝聚了作者大量的心血和汗水。

据我所知，这本专著是目前第一部将行政法相关理论与我国交通警察行政强制实践相结合进行系统论述的学术著作，也因此填补了该领域的一项研究空白。作为导师，我感到由衷的高兴。因此，我乐于向读者推荐这部力作。相信该专著对公安机关人民警察、法官、律师以及有关教学研究者会有所帮助，同时也有助于公安政法院校学生对行政强制理论的学习与研究。但愿这仅仅是汤三红同志的阶段性成果，望他能不懈地继续这一问题的研究。

中国政法大学教授
中国人权发展基金会中青年专家委员会委员　王成栋
中国公安行政管理研究会理事

2009 年 8 月 10 日于中国政法大学

目录
Contents

引 言

一、问题的提出

为了维护公共秩序，实现行政目的，无论行政执法是何等的客观、公正，也无论行政相对人是否自动履行义务，行政强制都是不可缺少的。

这是因为，尽管在行政法上，有些具体行政行为不需要相对人的协助配合，行政机关在作出行政行为的同时就能够获得执行的效果；但对于大多数的具体行政行为，还不得不依靠相对人的协助配合，才能取得预期的效果。如果相对人不予配合，拒绝履行义务，此时如果没有必要的强制手段，那么这些行政命令、决定乃至行政处罚都将成为一纸空文。更何况在某些紧急情况下，行政机关根本就无法与相对人协商，而必须立即采取强制手段，实现某种行政状态。由此可见，在纷繁复杂的社会生活和行政管理实务中，常常出现一些特殊情况，需要扮演着公共秩序和公共利益维护者角色的政府机关，通过行使行政强制权作出行政强制行为，以实现维护社会秩序、维护公共利益的行政管理目标。与此相反，如果行政机关没有行政强制手段作保证，那么遇到行政相对人执意不履行法定义务，或者出于公益考量需立即增加特定相对人的义务或限制其权利行使的情形，行政机关就无能为力了。这显然不利于实现维护社会秩序、维护公共利益、保障社会和谐发展的行政管理目标。

但是，行政强制又是一把“双刃剑”。它是以侵害或者牺牲相对人的权利和利益为代价的，具有很高的伤害风险。如果行政强制权控制不力、行政强制手段运用不当，就极易损害公民的权利和利益，造成事与愿违的后果。现实生活中，由于违法、不当实施行政强制，包括违法、不当地强制征收财产、强制征用设施、强制冻结存款、强行扣押物品、强制隔离人员、强制押解出境、即时限制集会等，都可能带来权益伤害的后果，造成官民关系紧张，形成强制争议。所以，从保障宪法赋予公民的基本权利和自由的角度，必须通过完善的行政强制制度来对行政强制实施严格的控制，防止行政主体滥用行政强制权，从而维护行政相对人的合法权益。

道路交通安全管理是一种规制行政。其基本目的是：维护道路交通秩序，预防和减少交通事故，保护人身安全，保护公民、法人和其他组织的财产安全及其他合法权益，提高通行效率。[①] 实践证明，要实现这一目的，交通警察行政强制则是不可缺少的手段。然而，交通警察行政强制不仅是当下交通警察行政执法中种类最繁杂、使用最频繁的行政执法手段，也是法律规范最薄弱，最易出现违法违纪、侵害交通参与者的人身权利和财产权利的行政执法手段。就交通警察行政强制的现状来看，无论是交通警察行政强制权的设定、实施手段，还是行政强制的程序、法律救济等都还存在诸多问题，归纳起来，存在的主要问题是：(1) 交通警察行政强制的设定权不严格，法律位阶偏低。从现行的设定情况来看，除了《道路交通安全法》等法律设定外，还存在行政法规和规章设定的现象。(2) 交通警察行政强制实施手段不规范。例如，目前交通警察即时强制普遍存在规制不严，实施比较随意、粗疏等问题。(3) 正当的行政强制程序规

---

① 《道路交通安全法》第1条。

范缺乏。例如，交通警察行政强制就缺乏基本程序的统领，且具体程序散乱、不统一，程序价值功能未能得到应有的发挥。(4) 许多具体的交通警察行政强制手段尤其是交通警察即时强制还有待于进一步完善。例如，事故救援中的紧急处置问题，强制检验体内酒精、国家管制的精神药品、麻醉药品含量问题，交通警察预防和先期处置道路治安问题中的行政强制问题等都存在粗疏、控制不力等问题。据笔者统计，在交通安全管理中常见的交通警察行政强制手段约 21 种之多，但真正进行较为详细规范的只有 4 至 5 种。扣留车辆是规范得较好的一种，但扣留车辆实务中仍存在不少问题。例如，在名目繁多的“交通安全专项整治”中存在乱扣机动车的问题。(5) 交通警察行政强制救济不完善。例如，被扣留车辆者的权利救济问题，行政复议和行政诉讼的效果不佳问题等。由于救济不完善，致使对交通警察行政强制的事后监督薄弱。这些问题的存在足以证明交通警察行政强制是继道路交通行政处罚之后又一个亟须治理的“灾害”发生地，交通警察行政强制必须受到法律的严格规范与控制。

基于上述分析，本书将立足我国交通警察行政强制的实际并以现代行政强制的基本理论为指导，就我国交通警察行政强制的基本原则、强制措施、即时强制等基本问题进行分析探讨，以期为我国交通警察行政强制的理论与实践能有所裨益。笔者坚信，随着我国社会主义法治建设的不断深入，人们法治意识和权利意识的不断强化，《行政处罚法》、《道路交通安全法》等法律、法规的颁布和实施以及《行政强制法》等的即将出台，加之理论界、公安机关交通管理实务部门的不懈努力，一个公正、高效、具有中国特色的交通警察行政强制制度必将日臻完善。

二、研究现状及其研究意义

根据《道路交通安全法》第 1 条的规定，道路交通安全管理的基本目标是：维护道路交通秩序，预防和减少交通事故，保护人身安全，保护公民、法人和其他组织的财产安全及其他合法权益，提高通行效率。实践证明，要实现这一目标，离不开一定的行政强制。然而，当下交通警察行政强制不仅成为交通警察行政执法中种类最繁杂、使用最频繁的执法手段，而且也是法律规制最为薄弱，实务中最易出现违法实施、侵害交通参与者合法权益的交通警察行政执法手段。本书的研究现状可从下面两个方面来分析：

从立法研究来看，我国 1999 年 3 月开始调研起草并最终形成了《行政强制法（草案）》，该草案于 2005 年 12 月 24 日已提交十届全国人大常委会第十九次会议审议。① 为此，近年来许多专家、学者对行政强制问题进行了广泛研究，研究成果颇多。但是，笔者发现许多的著述都是从行政强制的一般原理上展开研究的，即便是浙江大学行政强制法课题组进行了可谓最全面的调查统计、比较研究，② 但仍然是侧重于“面”的研究，并没有能够对具体的行政职能部门的行政强制情况（包括交通警察行政强制）进行深入、细致的“点”的研究。然而，笔者认为，作为一部具有普适性、体系化、法典化的《行政强制法》应当建立在透彻地研究各个具体行政职能部门的行政强制的基础之上，才可能是理性的、科学的、有效的，否则追求行政强制法典化，或

---

① 全国人大常委会法制工作委员会于 1999 年 3 月开始调研起草《行政强制法》，并在 2001 年 4 月初步完成草案初稿，进而经过一年的征求中央部门、地方人大和政府及专家意见，公布了修正的“征求意见稿”。“征求意见稿”又经过历时三年的各方论证，最终形成了《行政强制法（草案）》。该草案于 2005 年 12 月 24 日提交十届全国人大常委会第十九次会议审议。这标志着我国行政强制立法正式进入立法程序。

② 浙江大学公法与比较法研究所于 1999 年起承担了国家社科重点基金项目“行政强制法的基本理论与实践”。其最终成果是由胡建淼任主编的“行政强制法研究丛书”（共四册）。

许是在经历一场冒险。

从实务研究来看，笔者深感除了需要一般的行政强制法理论指导外，更需要具体的可操作性的理论研究成果。然而，从全国的研究现状来看，这方面的研究还是相当薄弱的。就交通警察行政强制而言，充分的有针对性的研究成果相当缺乏。据笔者所知，公安系统乃至行政法学界很少有对交通警察行政强制问题进行专门的研究，这方面的研究专著或论文几乎没有，无论是行政法学、警察法学，还是治安学、交通管理学等的教学与研究，这方面的内容涉及甚少。理论上的苍白，实践工作又如何能上新台阶呢？

因此，笔者认为，本书研究对我国行政强制立法、交通警察行政强制实施、交通警察行政强制权的规范和控制等具有积极的现实意义。具体说来，至少有以下几点：

第一，为我国正在制定的《行政强制法》提供基础性帮助。笔者试图通过深入细致的研究，为我国正在制定的《行政强制法》提供一定的实证性依据。对此，笔者还期望抛砖引玉，使有关学者、专家和广大的实务工作者能够对治安、消防、出入境管理、海关、环保、卫生、市容等行政职能部门的行政强制也进行具体的“点”的研究，从而为行政强制法的制定奠定更加坚实的基础。

第二，为公安机关交通管理部门及其交通警察公正、有效地实施行政强制、完善交通警察行政强制制度提供帮助。应当说，随着我国行政法治建设的不断深入，交通警察在实施行政强制方面大有进步，然而问题仍然较多。例如，乱扣车辆、乱扣证照等，特别是在《行政处罚法》颁行以后，少数民警钻行政强制的空子，通过变相手段达到制裁交通参与者的目的。因此，交通警察行政强制的研究，对规范和控制交通警察行政强制，防止交通警察滥用行政强制权，特别是在当前全国公安机关大力加强人民警察执法规范化建设的形势下，无疑将具有重要的现实意义。

第三，为公安政法院校的警察法学、治安学、交通管理学等学科与专业建设提供帮助。《人民警察法》、《道路交通安全法》设定了行政强制的有关内容，与之配套的《道路交通安全法实施条例》和公安部出台的《道路交通安全违法行为处理程序规定》、《道路交通事故处理程序规定》等行政法规与部门规章也作了相应细化，《行政强制法》也正在制定之中。应当说，这不仅为进行这方面的研究提出了客观要求，也为理论研究提供了一个良好的契机和平台，但从目前的教学与研究现状来看，无论是学科建设，还是专业、课程建设以及课堂教学等，行政强制方面的内容涉及甚少。因此，本书将有助于公安政法院校进行交通警察行政强制乃至警察行政强制的研究与教学，也因此填补这方面的研究空白。

三、主要研究内容与结构体系

基于上述分析，本书将立足我国交通警察行政强制的实践并以现代行政强制法的基本理论为指导，就交通警察行政强制的基本问题进行分析探讨。全书共分为七个部分：

第一章行政强制的基本理论：主要包括行政强制的定位、行政强制的法理基础、行政强制的作用与局限、行政强制的法律规制、域外行政强制制度与借鉴等基本内容。之所以首先分析这一问题，是因为它是探讨交通警察行政强制的理论基础和逻辑起点。

第二章交通警察行政强制概述：这里将主要探讨交通警察行政强制的一般理论，主要包括交通警察行政强制的概念、交通警察行政强制的基本特征、交通警察行政强制的种类、交通警察行政强制的功能、交通警察行政强制的法律依据以及交通警察行政强制的程序等。之所以分析探讨这些问题，是因为它们对于交通警察行政强制具体问题的探讨具有铺垫意义。

第三章交通警察行政强制的基本原则：交通警察行政强制的基本原则贯穿于整个交通警察行政强制过程之中，对交通警察的行政强制行为起着统率、指导和控制作用，是交通警察行政强制的灵魂。依据现代行政强制理论并结合我国交通警察行政强制的具体实践，这里将重点对交通警察行政强制应遵循人权保障、法定、期待履行、比例、最小侵害、责任与救济等基本原则进行研究。

第四章交通警察行政强制措施：将在分析交通警察行政强制措施的含义与特征、实施交通警察行政强制措施的现状、实施交通警察行政强制措施的基本要求等的基础上，着重就交通安全管理实务中具体的交通警察行政强制措施进行探讨。随着道路交通突飞猛进，不仅道路交通安全问题日益复杂，而且道路治安问题也变得十分严峻。作为公安机关交通管理部门及交通警察不仅要履行维护道路交通秩序、确保道路交通安全与畅通的职责，而且还要承担预防和先期处置道路治安问题的重任。因此，这里将对交通警察在预防和先期处置道路治安问题中的几种常见的行政强制措施进行比较全面的分析。另外，对在实践中尝试的一些强制性新措施以及实务部门发展行政强制的问题也将进行简要探讨。

第五章交通警察即时强制：在紧急情况下，行政机关采取的紧急措施，行政法学上通常称为即时强制。紧急性是行政即时强制不同于行政强制措施、行政强制执行的显著特征。在实践中，交通警察即时强制非常普遍也非常重要。然而，相比于交通警察行政强制措施和行政强制执行，对交通警察即时强制的规制和研究是最为薄弱的。因此，本章将重点予以研究，并侧重于对道路交通管理和道路治安管理中常见问题的紧急处置进行分析、归纳，以期使交通警察实施即时强制能更加规范和有效。

第六章交通警察行政强制执行：交通警察行政强制执行是行政强制执行的重要组成部分。因此，交通警察行政强制执行必须遵循行政强制执行的基本原理。这里将在探讨行政强制执行基本原理的基础上，对交通警察行政强制执行的模式、程序和几种主要的交通警察行政强制执行手段进行探讨。

第七章交通警察行政强制救济：行政强制权的滥用是对人权威胁最严重的行政权滥用，甚至超过行政处罚权滥用。因此，交通警察行政强制权必须受到严格的约束，必须遵循救济原则。本章将从交通警察行政强制救济的必要性、交通警察行政强制救济的基本途径等方面探讨交通警察行政强制的救济问题，并从交通警察行政强制的视角对我国国家赔偿中的精神损害赔偿这个当下既是热点又是难点的问题进行初步探讨。

四、本书的研究思路

研究的基本思路是：立足我国交通警察行政强制的现状，以现行有关的法律、法规和规章等规范性文件以及交通警察行政强制实务为研究对象，以现代行政强制的基本理念及其理论成果为指导，运用理论联系实际的基本方法，就交通警察行政强制问题进行分析、比较、总结。其具体的研究路径是：首先，将探讨行政强制的定位等基本理论问题，因为这构成了交通警察行政强制的理论基础和逻辑起点。然后，在此基础上分别对交通警察行政强制基本原则、交通警察行政强制措施、交通警察行政即时强制、交通警察行政强制执行、交通警察行政强制法律救济等交通警察行政强制的主要问题进行分析探讨。

第一章 行政强制的基本理论

要探讨交通警察行政强制问题，首先必须要厘清交通警察行政强制与行政强制是什么关系。笔者认为，对交通警察行政强制的研究，尤其是基本问题的研究，应当建立在一般行政强制的理论框架和结构之中，不应过分地强调所谓的交通警察特色。如果要讲交通警察行政强制与一般行政强制有什么不同的话，只不过是把一般行政强制的基本原理运用到交通警察行政强制领域时，会表现出一些具体的特征。这主要是由交通警察强制的专业性所决定的。例如，扣留车辆在道路交通安全管理中是一个十分普遍和重要的行政强制措施之一，而在其他行政领域就未必如此。但不管怎样，扣留车辆必须符合行政强制的基本原理。所以，尽管交通警察行政强制具有一些具体的、个性化的特征，但绝不能超越行政强制的基本特征、基本原则和基本程序等行政强制的共性，事实也没有必要，也绝无可能。

因此，行政强制与交通警察行政强制的关系应当是一种包容的隶属关系，是一般与特殊、抽象与具体的关系。当然，正是由于行政强制相对于交通警察行政强制的一般性、共性，它不可能涵盖作为行政强制的一个特定领域的交通警察行政强制的所有内容。因此，交通警察行政强制仍然存在一些特殊的内容也是毋庸置疑的。这里将着重就行政强制的有关基本理论问题进行简要探讨。

第一节 行政强制的合理定位

一、行政强制界说

长期以来，我国行政法理论对于行政上具有“强制性”的一类行为并没有形成相对稳定的名称。先后或同时使用过行政强制、行政强制执行、行政即时强制、行政强制措施及非诉讼行政执行等提法，它们的内容彼此交叉，关系错综复杂、缺乏统一。这不仅无助于人们对行政强制的理解和认识，而且无助于对其进行科学、有效的规范和约束。归纳起来，主要有三种观点：

第一种观点认为，行政强制是“行政强制执行”的简称。最早是在张焕光、刘曙光、苏尚智编著的《行政法基础知识》一书中使用的：“行政强制，也叫行政强制执行，是国家对拒绝履行行政法规定的义务的当事人，或其有关实物标的依法实施强制措施，以促使某项义务的履行；或者为了公共利益而对特定的人或物实施强制手段，以限制某项权利的行使。”① 此后，有不少著作、教材受此影响，均把“行政强制”作为“行政强制执行”的简称或别称。

第二种观点认为，行政强制是“行政强制措施”的简称。例如，张正钊主编的《行政法与行政诉讼法》中指出：“行政强制，是指行政主体为实现行政目的，对相对人的财产、身体及自由等予以强制而采取的措施，也称为行政强制措施。”② 又如，杨海坤主编的《中国行政法基础理论》中解释：“行政强制又称行政强制措施，是指行政主体为了实现行政管理目的，依法采取

---

① 张焕光，刘曙光，苏尚智．行政法基础知识．山西人民出版社，1986，155

② 张正钊．行政法与行政诉讼法．中国人民大学出版社，1999，144

强制手段强制不履行行政法义务的相对人履行义务或达到与履行义务相同的状态；或者出于维护社会秩序或保障公民人身健康、安全的需要，对相对人的人身或财产采取直接或间接的强制措施的一种行为。"[①]

第三种观点认为，行政强制是"行政强制措施"与"行政强制执行"的合称。最直接、最清晰表达这一观点的当属应松年教授。"中国的行政强制是对行政强制执行和行政强制措施的统称。""从是否可诉角度来考虑，在行政行为阶段，将行政强制分为行政强制执行与行政强制措施，无疑是完全必要的，从理论上说，这将有助于我们对行政强制认识的进一步深入。"[②] 这一观点，在中国自 1990 年之后优势日趋明显。其直接原因是《行政诉讼法》第 11 条第 2 项对"行政强制措施"和第 66 条对"行政强制执行"的分别定位已对学界产生了自觉或不自觉的影响。"时至今日，由此形成的'行政强制 = 行政强制措施 + 行政强制执行'结构图不仅被学者们所推崇，而且为我国立法部门所初步认可，这进而影响到我国对行将制定的法规名称的考虑。"[③] 此后，制定《行政强制执行条例》的呼声已被制定《行政强制法》的呼声所替代并进而直接催生了《行政强制法（草案）》。[④]

---

① 杨海坤．中国行政法基础理论．中国人事出版社，2000，235

② 全国人大常委会法制工作委员会，德国技术合作公司．行政强制的理论与实践．法律出版社，2001，1，10

③ 胡建淼．行政强制法研究．法律出版社，2003，54

④ 全国人大常委会法制工作委员会于 1999 年开始调研起草，并在 2001 年 4 月初步完成行政强制法草案初稿，进而经过一年的征求中央部门、地方人大和政府及专家意见，公布修正的"征求意见稿"。"征求意见稿"又经过历时三年的各方论证，最终形成了这一《行政强制法（草案）》，并于 2005 年 12 月 24 日提交十届全国人大常委会第十九次会议审议。这标志着备受瞩目的我国行政强制立法正式进入立法程序。

笔者接受第三种观点。行政强制包括行政强制措施与行政强制执行。同时，笔者认为，结合我国实务，还可以对行政强制措施与行政强制执行分别作更进一步的划分。行政强制措施可分为一般强制措施和紧急强制措施（也称即时强制）两种。行政强制执行可分为行政机关自行实施的强制执行和行政机关申请人民法院实施的强制执行两种。

二、行政强制的含义与特征

行政强制是行政强制措施与行政强制执行的合称。行政强制，是指法定的行政强制主体，为维护社会的公共管理秩序，预防或制止危害社会事件或违法行为的发生，或为履行已经生效的行政决定，实施强制手段的具体行政行为。与其他行政行为相比较，行政强制行为具有下列显著特征：

（一）典型的物理性

行政行为有意思行为与实力行为之分，前者是一种决意的表达，常表现为一种行政决定、行政命令等；后者以作出物理性的动作为特征，如对人身的强制约束。从行政强制的手段来分析，无论是行政强制措施，还是行政强制执行，都是一个物理性的实力行为，而不是意思行为，都是有形行为，而不是无形行为。

（二）直接的有效性

由于行政强制以国家强制力为后盾，所以它能迅速有效地作用于对象并产生效果，从而保证行政目的的实现。如果危害社会或公民的违法行为或危险事件可能发生或正在发生，行政机关却不能及时有效地采取有力措施加以预防或制止，或者行政机关已经作出了公民、法人必须履行某一义务的决定，公民、法人却可以置之不理，行政机关对此无能为力，那么，行政机关将无法履行其保护社会公共利益、保护公民合法权益的职责，或者它将毫无权威，国家行政管理将无法顺利进行。

（三）严厉的强制性

行政强制权是一种比行政处罚更为严厉的手段，是对公民权利、自由威胁、伤害的可能性最大、最严重的权力。它直接依靠的是国家的强制力，如实施不当或错误，将给公民、法人造成严重的伤害。在现实中滥用或乱用行政强制权的情况时有发生，以致伤害了公民的人身权、财产权，损害了政府的形象甚至激化矛盾演变成严重的群体性事件。因此，对行政强制权的运用，尤其是在当下一些社会矛盾比较突出的时期，必须慎之又慎。

（四）效力的暂时性

如何进行行政强制措施都只是一种中间行为，而不是最终行为，因而具有临时性，如扣押、冻结、扣留证照等，都是一种暂时性的保障措施，不是最终目的。

三、行政强制与行政处罚、行政命令、行政诉讼强制措施

行政强制作为一种重要的行政行为有其特定的界限。为此，应重点把握以下几点：

（一）行政强制与行政处罚

就两者相同或相近的一面来看，它们都属于“负担行政”、“秩序行政”，甚至都属于“侵害行政”。就两者的区别来看，行政强制对于行政处罚具有一定的从属性。具体地说，行政强制措施有利于行政处罚的决定，而行政强制执行则能够保障行政处罚决定的实现。由此可见，在这里行政处罚属于主行为、基础行为，而行政强制无论其中的行政强制措施，还是其中的行政强制执行都是为主行为或基础行为服务的从行为。行政强制是在行政执法过程中实施的，旨在确保行政执法活动的顺利进行和行政执法结果的实现的一种强制行为，而且行政强制方式的选择和强度的确定在相当程度上取决于其能否发挥确保作用。如果已采取的某种强制方式不足以发挥有效的确保作用，还可以在法律规定的

范围内，加大该方式的强制力度或者改用其他更严厉的强制方式。而行政处罚是对行政违法行为人实施的，旨在使其遭受精神上的痛苦或物质上的损失的一种行政性制裁。其突出特点是处罚行为自身的独立性，而且违法行为的性质、危害程度决定了行政处罚的方式和力度并贯彻“一事不再罚”的原则。

（二）行政强制与行政命令

在我国，行政命令既可作为抽象行政行为的一种形式，也可作为具体行政行为的一种形式。具体行政行为的行政命令，是指由行政主体作出的强制要求相对人进行一定的作为或不作为的意思表示。行政强制则是个物理性行为，不是意思行为。这是它们两者的主要区别所在。问题是它们又经常相互联系，在许多情况下行政强制在实施时都伴随行政命令并以其为程序上的辅助手段。例如，在交通警察扣留机动车驾驶证时，都要命令驾驶人出示驾驶证。那么，如何区分行政强制与行政命令之间的界限？笔者认为，应区分不同情况进行认定。如果行政强制是为了实现行政命令的内容，则行政命令属于行政强制程序中的告诫环节，它被行政强制所吸收，此时的行政命令不能作为一个独立的具体行政行为存在。如果行政强制不是为了实现行政命令的内容，则行政命令应当作为一个独立的具体行政行为存在。就上面的例子来看，如果交通警察在执勤时发现驾驶人酒后驾驶机动车，要求其出示驾驶证并予以扣留，这时这个行政命令就不是独立的具体行行为，对于酒后驾驶机动车的，交通警察必须扣留机动车驾驶证；如果驾驶人因轻微违反交通法规，交通警察可以要求驾驶人出示驾驶证但无扣留之权，但如果交通警察这时突然发现该驾驶证有伪造嫌疑并随即决定扣留驾驶证。在这种情况下，前面交通警察命令驾驶人出示驾驶证的行为和后面交通警察扣留驾驶证的行为就是两个独立的具体行政行为。

（三）行政强制与行政诉讼强制措施

行政诉讼强制措施，简单地说，就是在行政诉讼过程中排除妨碍的强制措施，即人民法院在行政诉讼中，为了保证行政诉讼活动的正常顺利进行，对实施妨碍行政诉讼行为的人所采取的强制性排除妨碍的措施。行政强制与行政诉讼强制措施的不同之处主要表现在：

1. 两者的性质不同。行政强制在性质上当属行政行为，由行政主体实施（按现行执行体制，申请法院强制执行的除外）。行政诉讼强制措施在性质上当属司法行为，由人民法院实施。

2. 两者的法律依据不同。行政强制的实施依据行政实体法律规范和行政程序法律规范。行政诉讼强制措施则依据行政诉讼法律规范。

3. 两者的目的不同。行政强制以实现行政秩序和确保行政义务的履行为目的。行政诉讼强制措施则以确保行政诉讼活动正常有序为目的。

4. 两者的救济不同。行政强制具有可诉性，即相对人不服行政强制的，只要满足了起诉的条件，相对人就可以向法院提起行政诉讼。行政诉讼强制措施则不具有可诉性，即被采取行政诉讼强制措施的人对该措施不服，其中只能对罚款和拘留向上一级法院申请复议，而对其他行政诉讼强制措施目前尚没有明确的救济途径。

四、行政强制措施

行政强制措施，是指为维护和实施行政管理秩序，预防或制止违法行为和危害事件的发生，行政机关在获得法律授权的情况下，针对特定公民、法人或者其他组织的人身、行为及财产进行约束与处置的限权性强制行为，如驱散、扣押、查封、冻结、拘留、检查、留置盘问等属于行政强制措施。为准确把握行政强制措施，应当注意行政强制措施与下列几个概念的区分：

（一）行政强制措施与行政处罚

行政处罚，是指行政机关或其他行政主体依照法定权限和程序对违反行政法规尚未构成犯罪的相对方给予行政制裁的具体行政行为。由于行政强制措施与行政处罚都属具体行政行为，而且两者的某些行为手段在形式上相同。例如，作为行政强制措施的“扣留机动车驾驶证”与作为行政处罚的“暂扣机动车驾驶证”两者在形式上就基本相同。因此，有必要将两者进行正确区分。

1．实质不同。行政处罚与行政强制措施，其法律效果是不同的。行政处罚是对行政相对人权利的最终处分，如没收财产之所以是行政处罚，因为它是对相对人财产所有权的最终剥夺，即处分。而行政强制措施是对相对人权利的一种临时限制，如查封财物之所以是行政强制措施，因为它不是对该财物所有权的最终处分，而仅是在短期内对该财物使用权和处分权的临时限制。

2．对象不同。行政处罚是一种行政制裁行为，因而必然以行政相对人的行为违法为前提；行政强制措施不是一种行政制裁行为，因而与行政相对人的行为是否违法没有必然联系。它可以针对相对人的违法行为，也可针对相对人的合法行为。

3．结果不同。行政强制措施是一种中间行为，它是为保证最终行政行为的作出所采取的一种临时性措施，它没有到达对事件最终处理完毕的状态。例如，扣押财物，扣押本身不是最终的目的，它是为保证而后行政处理决定的最终作出和执行所采取的临时措施。行政处罚则是一种最终行政行为。它的作出，表明该行政违法案件已被处理完毕。例如，没收财物，它表达了行政主体对该财物的最终处理。

4．适用频率不同。行政强制措施可以适用一次，特殊情况下也可以对同一相对方持续适用，直至其停止对社会的危害或迫使其履行完义务。行政处罚则应适用“一事不再罚”原则，即一事一罚，或一次性处罚，不能对同一事多次处罚。

5. 诉讼结果不同。行政强制措施是羁束行政行为，诉讼中对行政强制措施违法使用不当，人民法院只能判决撤销。部分行政处罚是自由裁量的行政行为或具有裁量权的因素，对其中显失公正的，人民法院可以判决变更。

6. 程序不同。行政强制措施的程序一般比较简便，目的是及时有效。行政处罚的程序比较严格、繁杂。

（二）行政强制措施与行政命令

行政命令既可作为抽象行政行为的一种形式，也可作为具体行政行为的一种形式。具体行政行为的行政命令，是指由行政主体作出的强制要求相对人进行一定的作为或不作为的意思表示。不少行政强制措施在实施时同时都伴随行政命令，几乎大多行政强制措施都以行政命令为程序上的辅助手段，如要驱散人群，必然同时命令被驱者离开。因此，有必要对两者进行一下区分。

1. 如果行政主体在前面作出一个行政命令，而且该命令尚未最终生效，事后根据该命令实施一种强制行为，那么，事前的行政命令作为独立的具体行政行为对待，事后的行政强制行为也作为独立的行政强制措施行为对待。

2. 如果行政主体在前面作出一个行政命令，并且该命令已获得最终效力，事后根据该命令实施一种强制行为，那么，事前的行政命令作为独立的具体行政行为对待，事后的行政强制行为便作为“行政强制执行”而不是“行政强制措施”对待。

3. 如果行政主体在实施行政强制措施过程中或与实施行政强制措施同时作出行政命令，那么，这种命令只是行政强制措施中的一个程序上的告诫环节，它被行政强制措施行为所吸收，不能作为一个独立的具体行政行为存在。

（三）行政强制措施与刑事强制措施

行政强制措施作为行政主体实施行政管理所采用的一种强制

性手段与刑事强制措施，特别是限制人身自由的行政强制措施与刑事强制措施有许多相似之处。例如，公安机关将行政强制措施（主要是限制人身自由）与刑事强制措施（如拘传、监视居住）不加区分地使用，引起许多行政争议。两者的差别在于：

1. 对象不同。刑事强制措施是对犯罪嫌疑人、被告人、现行犯或已决犯采用的，即其适用对象只能是已被追究刑事责任、有重大犯罪嫌疑有可能对其追究刑事责任的人。行政强制措施的适用对象是违反行政法律规范的相对人，或具有自我危害性，或虽对社会公共利益、公共安全有危害性，但其主观没有恶性，或基于紧急情势，而对其财物施以强制的财物或权益的所有人、使用人等相对人，总之，不是对有犯罪嫌疑或已被追究刑事责任的人实施的。

2. 目的不同。刑事强制措施的适用以保障侦查和审判的顺利进行为主要目的。行政强制措施主要是为了排除相对人的具有社会危险性和自我危害性的行为，或为了公共利益的紧迫需要，或为了保障行政管理活动的顺利进行而实施的。

3. 实施主体不同。刑事强制措施只能由公安、司法机关实施。行政强制措施的实施主体则呈现出多样化，除限制人身自由的行政强制措施只能由公安机关实施以外，其他强制措施则往往分别由不同的行政主体来实施，如工商、海关、税务、审计、卫生、文化等部门均有程度不同的采取行政强制措施的权力。

4. 适用依据不同。刑事强制措施必须严格依照《刑事诉讼法》的规定进行。行政强制措施的适用依据则往往散见于不同的行政程序法律规范当中，而且刑事强制措施的适用往往必须履行严格审批手续。行政强制措施有的需要经过审批，有的则由行政主体的工作人员灵活掌握，自由裁量，当场采取。

五、行政强制执行

行政强制执行，是指为实现行政决定的内容，在法律授权的情况下，有关国家机关在当事人拒不履行业已生效的具体行政行为的条件下，对负有履行义务的当事人实施有关强制手段，迫使其履行义务，或者达到与履行义务相同状态的行为。例如，强行划拨、加收滞纳金、加处罚款、强制拍卖等属于行政强制执行。[①] 将行政强制措施与行政强制执行作一比较，会发现两者的相同之处是都具有强制性，都需要有法律的授权，都存在以基础决定为前提的执行性情形。另外，由于具体的强制方式是中性的，[②] 所以，有时行政强制措施与行政强制执行可采用同一种强制性方式。例如，在火灾扑救中，消防人员对毗邻建筑物的强制拆除属于行政强制措施；而在城管中，行政机关对逾期不自行拆除的违章建筑物予以强制拆除则属于行政强制执行中代履行的一种方式，但是其又显然是两种不同的行政行为。两者的区别主要有：

（一）前提不同

实施行政强制执行的前提是行政相对人不履行已经生效行政决定所设定的义务或者法定义务，如只有被罚款人逾期不缴纳罚款时才可以强制执行。行政强制措施却不以当事人负有某些法定义务为前提，而是以可能产生危害社会的行为或事件为前提。例如，对醉酒人的约束，对火灾现场周围易燃建筑物强行拆除等。

（二）起因不同

行政强制执行的原因只能是义务人不履行义务的行为，包括

---

① 应松年. 行政强制立法中的几个问题. 宪法学、行政法学（中国人民大学复印报刊资料），2006（9）：35

② 邓国良，杨泽万. 公安行政执法的理论与实践. 中国人民公安大学出版社，2003，228

作为或不作为的行为，如对应当依法纳税而不纳税的人科以滞纳金。引起行政强制措施的原因，既可能是行为，也可能是某种状态或事件，例如，对违法集会闹事的人群进行的强行驱散、带离现场等。

（三）目的不同

行政强制执行的目的在于迫使义务人履行义务或达到与履行义务相同的状态，如对拒不缴纳罚款的人，从其工资中强行扣抵等。行政强制措施的目的在于预防、制止危害社会行为或事件的发生或蔓延等，如对危险路段进行交通管制，以防止交通事故的发生。

（四）依据不同

行政强制执行的直接依据是行政处理决定，而行政强制措施的实施则并不一定有行政处理决定为依据，有时是直接源于法律、法规的规定。例如，人民警察对违法犯罪嫌疑人实施当场盘问、检查的强制措施就是依据法律的直接规定。

（五）主体不同

行政强制措施只能由行政机关实施。行政强制执行除行政机关实施外，还可以申请人民法院执行。

（六）性质不同

行政强制措施是独立存在的实体性具体行政行为。行政强制执行是程序性活动，通常属于某个实体性具体行政行为中的一部分，即执行程序部分。例如，罚款处罚是一个实体性的具体行政行为，而罚款又分为实体上的决定和程序上的执行两个部分，其中从被罚款人银行账户上强制划拨款项就是行政强制执行，它属于全部罚款中的执行罚款这一程序部分。

（七）程序不同

行政强制执行一般要求必须严格按法定的程序执行。行政强制措施虽然也有程序要求，但相对比较灵活，尤其即时强制可以不受一般程序的限制。

（八）救济不同

依据行政复议法和行政诉讼法的相关规定，行政强制措施具有可救济性已是不争事实，法律对其审查的范围既包括执行行为，也包括被执行的基础行为。在行政强制执行中，法律的审查范围只包括执行行为。因为行政强制执行是对先前行政决定内容的实现，其实施本身一般不产生新的行政法律关系，引起争议的主要是先前的行政决定，所以其是否具有可诉性，就不能一概而论。从“阶段论”的角度看，行政强制执行中的“告诫”和“强制执行的决定”具有可诉性，而“强制执行的实施”则不具有可诉性。① 此正如应松年教授所想：“行政强制执行是在行政机关作出行政处理决定后，当事人既不履行又不起诉的情况下才可能采取。既然当事人对行政处理决定没有起诉，就不可能再对执行该决定起诉。除非是执行机关在执行过程中有错误，才可能提起新的诉讼。”②

第二节　行政强制的法理基础

一、法理基础的意义

“强制的本意是凭借手中的力量，迫使他人作既定的服从。”③ 然而，这“手中的力量”正当吗？其合理性是什么？这就必须研究强制的法理基础。何谓法理基础？法理基础就是要回

---

① 邓国良，杨泽万. 公安行政执法的理论与实践. 中国人民公安大学出版社，2003，228

② 毛雷尔. 行政法学总论. 法律出版社，2000，485

③ 陈光中. 刑事诉讼法学. 中国政法大学出版社，1990，114

答有关法律现象的根本性问题。未经理性反思的“制度”，缺乏理论上的正当性和在实践中的合理性，没有法理根基或法理根基浅薄的制度容易沦为任人置喙的工具，最终侵蚀的是个人的权利与自由。[①] 具体地说，法理基础的意义有如下几个方面：

（一）能在立法上支持国家对法律规范的表述

“为了回应迅疾变化的社会，为了加强对社会的组织管理，因此产生了现代的规模化的法律生产——‘立法’，即以理性设计的方式，以一般性的文件颁布法律，为社会设定规则。”[②] 行政法作为公法，大多是经由立法制定出来的，它是意志行为为了特定目的而刻意创制出来的。然而，行政法的这一属性并非承认了它的绝对意志性，恰恰相反，它更需要用规则来约束立法者的恣意，用知识来论证它的正当性，用法理来支撑它的合理性。在这里，法理承担着规制与阐释的重任。

（二）法理基础能在法律实施中提供解释

从阐释科学视角，任何法律的适用过程都是解释的过程。在法律的实施中解释法律，从根本上是源于成文法的局限性和社会生活的复杂性。[③] 通常法理基础对于法律解释具有两个方面的作用：一是提供法律解释的技术支持，增进形式的合理性。二是提供法律解释的内容资源，增强解释的说服力。解释法律者应有扎实的法理基础，深谙法律解释的方法。同时，法律解释方法还是一种地方知识。这就要求一定法域内的法律职业者要努力发现隐藏在法律实践中法律解释规律和解释者的实践理性，这些便构成了法理基础，它能为法律解释提供理论支持。当然，法理基础能

---

① 胡建淼．行政强制．法律出版社，2002，32

② 苏力．现代化进程中的中国法治．学问中国．江西教育出版社，1998，185

③ 徐国栋教授认为成文法存在四大局限：不合目的性、不周正性、模糊性和滞后性（徐国栋．民法基本原则解释．中国政法大学出版社，1992，137～143）。

直接作为法律解释的解释理由，探寻法律的精髓，主要是体现在伦理解释中。因为在伦理解释中充斥着目的选择、政策判断，因此更需要用法理来填充其解释理由，使其更具有说服力。尽管在现代，法理一般不具有正式法源的地位，但是仍可作为法律解释的当然理由。①

（三）法理基础还能引导人们对法律规范的服从

关于人们对法律规范的服从，归纳起来，大致有以下几种观点：第一，功利是守法的基本动机，但不是唯一的动机。第二，法律获得遵守并不仅仅在于统治者的强制和权力。第三，理想的守法境界是内心的服膺、主动守法。人为何要守法？法学、心理学、政治学、社会学及组织理论都曾对这个问题进行过论证。这些学科的研究结果大多倾向于这样一个结论：人遵守法律是受到自利（self - interest）的驱使，也就是说，人的守法动机来自对惩罚的恐惧；而人对执法部门的评价，又来自于个人的输赢的结果。② 有美国学者则认为，人的不同发展阶段，存在不同的守法层次。有的守法只是为了避免惩罚或获得利益，有的守法是因为它们是规则而已，是为了履行自己的义务或是对权力的尊重，有的守法是出于对道德准则的支持而与权力的要求无关。③ 也有美国学者通过调查发现，人在感受到法律当局为正当的时候，更愿意主动守法，法律当局只有建立一个合理的可预期的守法环境，然后才可以期待人民普遍而主动的守法。④ 为何需要“主动的守法”？如何才能实现“主动的守法”？笔者认为，人类离不开良好的社会秩序，而良好的社会秩序需要公民自觉地守法。法律旨

---

① 张文显．法理学．法律出版社，1997，77～78

② 周天玮．法治理想国．商务印书馆，1999，107

③［英］罗杰·科特威尔．法律社会学导论．华夏出版社，1989，165～166

④ 周天玮．法治理想国．商务印书馆，1999，106～107

在创设正义的社会秩序（just social order）。社会秩序的实现有赖于社会中每个人自觉地守法，相互沟通与调适，从内部建立一种平衡，而被动守法或迫于权力威胁下的守法是难以实现良好的社会秩序的。同时，公民自觉遵守的是有法理根基的法律。在现实中，为何人们常常对法律制造秩序的努力无动于衷？其中基本的原因：一是法律没有充分体现法理。因为法理来自于社会秩序，充斥法理精神的法律对社会将有更大的亲和力，人们也能产生认同感。二是法理没有充分说服人们、引导人们的行动。法理的生命力在于理性的说服力，然而在现实中，这一功能往往被忽略了。因此，要使公民自觉守法，必须用法理来引导人们的行动。

二、行政强制的法理基础

行政强制的法理基础，就是要回答行政强制权的正当性、合法性基础和运作的原理。行政强制的法理基础，并非学术本身的逻辑要求，而是学术所附着的生活世界使然。

（一）义务应当履行

根据一般法理，“普遍服从良法”是法治的基本原则之一。由此推之，“任何人都应当履行义务”是行政强制的法理基础之一，也是行政强制存在的理由之一。法律义务本质上意味着利益负担及责任后果，积极履行义务能够避免更大的利益负担及责任后果，这是人们基于自身利益所作的判断和选择，从根本上看是符合理性人假设的。传统法理学认为，法律通过规定法律上的权利与义务来分配利益，影响人们的动机和行为，进而影响社会关系。美国著名的社会学法学创始人庞德从社会秩序和公共利益出发阐释了履行法律上的义务是基于社会秩序的需要。① 因此，出

① ［美］庞德. 通过法律的社会控制：法律的任务. 沈宗灵，杨昌裕译. 商务印书馆，1984，143

于社会秩序的维护，任何人都必须履行法律上的义务。哈耶克在重新发掘了萨维尼的“法律为自由之基础”的法律观的基础上，提出了“法治下的自由的理想”，社会中的个人服从法律、履行先定义务成了实现个人基本自由的基础。这些法理学说和理论都从不同的视角阐释了人为何必须履行义务。“义务应当履行”在当下中国的法治实践中或许更具有现实基础和语境化的合理性。[①] 试想，如果行政机关已经作出了公民必须履行某一特定义务的决定，而公民却置之不理，行政机关对此也无能为力，那么，行政机关就将无法履行其保护公共利益、保护公民合法权益的职责；或者，它将毫无权威，国家行政管理将无法顺利进行。

进一步分析，义务应当履行还隐含了“义务应当得到平等的履行”的要义，而这一要义在行政强制制度中有其特殊意义。因为行政强制制度的设置是针对个别不履行义务者，按照“义务应当得到平等的履行”的要义，行政强制应当平等适用于所有不履行义务者，不能有所选择，有所区别对待，否则不仅侵犯了个体的尊严，而且也会最终削弱行政强制制度的可信赖性。因此，行政强制是通过对个别不履行义务者的作用而对法律上全体义务主体受平等对待的一种制度保障。

“义务应当履行”作为行政强制的法理基础，在实施行政强制的过程中必须注意：一是行政强制要以义务的存在为基础。行政强制的内容来自法律的明确规定，没有义务为基础的强制不具有存在的理由。二是行政强制要以公民不履行义务为前提。只有存在“不履行义务”的事实状态，才能引导出行政强制的实施。三是行政强制只能适用于公领域的义务，而不能适用于私领域的义务。正如哈耶克所关注的外部规则不能侵扰或代替内部规则，否则内部秩序和植根于其间的个人的行动自由就会受侵犯并遭到

---

① 胡建森. 行政强制. 法律出版社，2002，42

扼杀。[①] 在我国实践中公权力侵入私领域的现象还是相当严重的，必须引起高度警惕，严格禁止。

(二) 促进与维护公共利益

“公共利益”（public interest）一直是法律中最重要的概念。因为无论在中国还是在西方，也无论是在学说还是判例上，它一直作为一般法律所追求的基本目标。问题是何谓公共利益？从字义上看，公共利益大致是一个与私人利益相对应的范畴，而当下试图给“公共利益”下一个精确的且被所有人完全认可的定义是一件非常困难甚至是不可能实现的事。但公共利益之实现必须借助于国家权力，且主要由政府提供，这是完全可以肯定的。因为国家政府被认为是凌驾于社会各利益团体之上的、以普遍利益的形式而出现的公共权力，唯有国家政府外在地超越于私人或集团利益；从社会契约与人民主权理论方面分析，人民只是把对社会公共事务的管理权授予了国家政府，政府扮演的角色只能是为公共服务的“公仆”，它所提供的服务是一种公共服务，也就是经济学家所谓的能够向社会所有成员提供服务的“集体产品”。当然，现代“公共集体产品”的提供者除了政府之外，还有非政府组织和公民，他们的参与也同样可以维护和增进公共利益，所以“政府并不是唯一的提供者”[②]。

国家权力实现“公共利益”包括两个方面：一是通过采取各种政策、措施以积极行为促进公共利益形成。二是国家为防止或纠正公民侵犯公共利益的行为发生，对公民权利进行限制，此种情形可以视为维护公共利益。无论是促进公共利益，还是维护公共利益，它既是国家权力存在的合法性基础，也是国家权力在

---

① 邓正来. 邓正来自选集. 广西师范大学出版社，2000，335

② 世界银行. 变革世界中的政府——1997 年世界发展报告. 中国财政经济出版社，1997，4

行使过程中接受制约的标准。因此，公共利益是任何一个公法行为合法性及界限的理由。

行政强制权是一种国家权力，公共利益对此显得尤为重要。这是因为：首先，在所有行政行为中，行政强制最能显现公权力的拘束力，它能对公民、法人或其他组织等施予最具有物理性的强制。因此，需要通过“公共利益”价值对行政强制是否正当进行衡量。其次，相对人违反行政义务并不是实施行政强制的唯一原因。就行政强制执行而言，其发生的条件是：行政机关作出行政决定，行政相对人拒不履行已经生效的行政决定所确定的义务。基于此可归责于行政相对人的原因，行政机关或人民法院可以运用强制力量督促其履行。因此，行政强制是“行政上确保义务履行的制度”①。但就行政强制措施而言，违反行政义务并不是采取行政强制措施的必要条件。行政机关为了维护公共利益，建立良好的社会秩序，在公民未违法、未违反特定行政义务时也可以对其采取暂时性限制措施。例如，公安机关交通管理部门，遇有严重雨、雪、雾等恶劣气候时，为预防交通事故的发生，对高速公路采取的临时性交通管制等。需要注意的是，采取强制措施必须要基于公共利益的需要，否则不得采取行政强制措施。

正如上述所言，由于“公共利益”概念的不确定性，致使一些行政机关以及公务人员滥用行政强制。例如，有的行政机关假借“公共利益”之名，行谋取个人、少数人利益之实；还有的行政机关以“公共利益”为正当性理由，肆意限制公民的各种权利和自由等。因此，如何从制度上真正保证行政机关能以公共利益作为实施行政强制的目的，就是一个非常重要的问题。笔者认为，加强对行政强制的立法控制是其基本路径之一。例如，

① ［日］盐野宏. 行政法. 杨建顺译. 法律出版社，1999，158

可以通过立法，将公共利益类型化，从而为行政强制的介入以及介入的程度提供一个具体的标准。正如 W. Lersner 所言，立法者在规定公共利益内容时，应当尽可能避免使用空泛和抽象的用语，而是将公共利益予以类别化、特别化，使人们通过法律条文能够得知立法者所要规范的公共利益条款、公共利益需要作限制或形成公民基本权利内容时，更显出将公共利益具体化的重要性。① 有学者提出将公共利益划分为直接形成公共利益和间接形成反射公共利益，就是进行公共利益类型化的一个有益设想。前者如政府兴建道路、休闲文化广场等公共设施给人们带来的各种便利和利益；警察维护公共安宁，取缔危害社会治安的行为所形成的良好的社会治安秩序等。对于上述情形，如果遇到严重影响行政目的实现的障碍，不采取强制措施将无法排除时，行政机关可以采取适当的行政强制措施介入，将其予以强制排除。后者如政府期待公司、企业的发展为其提供的行政指导或政策引导等。虽然公司、企业按照行政指导或政策去做会促进其发展，为国家创造更多税收利益，但这种公共税收的增加以及由此所导致国家的富强乃是间接形成的反射公共利益。对于此类情况，行政强制权则不宜介入。②

第三节　行政强制的作用

行政强制的理论是同行政权的性质和特征相联系的。效率是行政的生命。行政机关在管理和组织社会事务的时候经常不得不用行政强制措施来实现行政目的。

---

① 陈新民. 德国公法学基础理论（上册）. 山东人民出版社，2001，205～206

② 杨福忠. 从反思性公共行政看行政强制立法的价值取向. 南阳师范学院学报，2006（8）：26～32.

一、行政强制是实施法律的重要手段

强制性是法律的基本属性。这是因为，法律的价值是通过其在社会生活中的实施来实现的，而规则自身不会自动实施，它需要国家强制力作后盾。在任何社会里，总有一部分公民或者组织为了个人或者小团体的利益不遵守法律或者故意逃避法定义务。特别是在行政管理过程中，维护社会秩序和保障公民自由、维护公共利益和保障个人权利之间的冲突经常发生，运用强制手段解决冲突就成为政府实施法律的重要手段。

二、行政强制是依法行使行政权的有力保障

同民事行为以双方当事人的意思自治完全不同，行政强制具有单方性。虽然现代社会中行政管理相对人能够参与行政程序，表达自己的意见，但是依法确定行政管理相对人的权利义务最终取决于行政机关的意志而不是行政管理相对人的意志，并要求行政管理相对人必须服从和配合；在其不服从、不配合的情况下，依法强制就成为行政机关行使职权的保障。

三、行政强制是维护公共秩序的有力手段

行政管理秩序是一个社会最表面化的秩序，直接反映社会的文明程度和管理水平。从市容环境到城市规划，从市场秩序到质量监督，行政强制面对着社会和经济活动中多元行为主体。特别是在社会主义市场经济秩序逐步建立过程中，商品市场和生产要素市场都难免存在秩序混乱的状况，由于行政管理相对人行为不守规范直接导致行政强制不可避免。例如，2007 年全国共查处交通违法行为 2. 93 亿人次，其中查处机动车交通违法行为 2. 09 亿起，全国公安交通管理部门日均查处交通违法行为 80. 2 万起。可以试想，如果没有对这些行为的查处，道路交通秩序将会陷入

混乱。

四、行政强制是促进全社会遵守法律的有效方法

对违法或者不履行法定义务的公民、法人或者其他组织施以强制，迫使其履行法定义务，树立“有法必依，执法必严，违法必究”的社会氛围，对提高全社会的守法观念具有重要作用。目前，我国部分公民的自觉守法意识不强，特别是在个人或者小群体利益同社会利益发生冲突的时候，为了一己私利牺牲法律秩序的情况时有发生。在这种情况下，行政强制就成为维护法律权威的有效方法。

第四节 行政强制的局限

现代行政强制制度是现代政府职能的扩大和依法行政理念相结合的产物。行政强制是实施法律的重要手段，是依法行使行政权的有力保障，是维护公共秩序的有力手段，是促进全社会遵守法律的有效方法。实践证明，没有行政强制是不行的，在现实生活中是必不可少的，但是行政强制也绝不是万能的。行政强制对法律制度的良好运行和法律的实现具有一定的局限性。如果对行政强制的局限性不加以必要的控制甚至错误地实施或滥用行政强制，就会给公民、法人以及其他社会组织的人身权、财产权造成严重伤害。正如应松年教授所言：“因此，确实可以说，行政强制是一把双刃剑。”① 当然，行政强制尽管存在局限性，但并不能构成从根本上否定行政强制及其制度的理由。与此相反，它应当成为加强行政强制研究，完善行政强制制度的动力。具体地

---

① 应松年. 行政强制立法的几个问题. 宪法学、行政法学（中国人民大学复印报刊资料），2006（9）：35～37

说，行政强制主要存在如下局限：

一、行政强制可以强行限制人的行为，迫使其履行义务或者达到与履行义务相同的状态，但难以获得相对人的认同

强制不是说理，更谈不上沟通，它使被强制人的内心产生痛苦的感觉和厌恶的情绪，因而难以获得相对人的认同。尤其是不讲规则的一味强制，不仅可能引发人们的抵触情绪，而且还可能导致敌对状态，抗拒行政强制。例如，一些交通民警在执法过程中由于过分依赖强制手段，不仅执法效果不佳，还常常引起相对人不满、指责、谩骂甚至发生肢体冲突，更有极少数民警因滥施行政强制导致激烈冲突，引发恶性事件，造成严重后果。

二、行政强制存在侵犯人权的高度危险性

由于行政强制在行政行为中具有特殊性，它以国家强制力为后盾，对公民权益直接产生法律后果，是一种比行政处罚更为严厉的手段，是所谓高权行政中权力色彩最为浓重的行政行为，对公民权利、自由侵犯的可能性最大，对人权最具威胁性。因此，在实施中只要稍有不慎，就会直接导致对公民人身权、财产权的侵害，就可能损害政府形象甚至激化矛盾，造成严重的恶果。"事实上，如果有一百起强制执行案件，只要有一次或二起处理不当或错误，其影响将远远超过九十八起或九十九起正确处理的案件。我们对强制执行的运用，尤其是在目前一些社会矛盾比较突出的时期，必须慎之又慎。"① 因此，对于行政强制具有侵犯人权的高度危险性，政府、执法机关和执法人员必须予以高度重视，做到慎用行政强制权，少用行政强制权，不到迫不得已时不

---

① 应松年．行政强制立法的几个问题．宪法学、行政法学（中国人民大学复印报刊资料），2006（9）：35～37

用行政强制权。

第五节　行政强制的法律规制

一、规范行政强制的目的

行政强制涉及行政管理的效率和行政机关的权威，更涉及对公民人身权、财产权等合法权益的处分或者限制。从当下我国行政强制法律实践的情况来看，“由于没有统一的法律规范，一些行政机关在执法过程中，既存在对某些严重违法行为因缺乏强制手段处理不力的情况，也存在行政强制手段滥用的情况”①。由此可见，没有行政强制权不行，行政强制权失控也不行；行政强制必须作为行政管理的有效手段加以保留和运用，但又必须进行严加防范和约束。因此，规范行政强制的目的应当包括两个方面：一方面，法律应授予行政强制权，以保证行政管理和执法过程中的效率和权威。在许多情况下，需要通过行政强制措施和行政强制执行来确保行政效率、实现行政目标，需要授予行政机关必要的行政强制权来抑制私权利的滥用本性和失范现象，以维护行政秩序、公共利益。当然，维护公共利益的最终效果和归宿还是从整体上保障公民合法权益。另一方面，法律应控制行政强制权，保证行政强制权行使过程的法治化，以保护公民的合法权益。公权力侵害公民合法权益特别是人身权、财产权、知情权等

---

① 引自全国人大常委会法制工作委员会原副主任信春鹰教授于2005年12月24日在第十届全国人大常委会第十九次会议上所作《关于〈中华人民共和国行政强制法（草案）〉的说明》。不过笔者倒是比较赞同姜明安教授强调的不是“也存在行政强制手段滥用的情况”，而是“似乎应该说‘更存在’”行政强制手段滥用的情况。［参见姜明安．法律规范行政强制行为的意义和途径．宪法学、行政法学（中国人民大学复印报刊资料），2006（9）：38］

基本权利的问题广泛存在，在“人权入宪”的背景下如何依法有效地保障公民合法权益的任务日益突出。这也是规范行政强制的主要目的。如果执法者在行政执法中偏爱采用比较激烈、伤害风险大的手段，即滥用行政强制手段，就极易侵害公民的合法权益，导致行政机关与相对人的大量矛盾冲突。因此，必须通过立法来控制行政强制权的行使。同时还要看到，确保行政效率、实现行政目标，本身也蕴涵着保护其他公民合法权益的意义。

从总体上看，上述两个方面都要兼顾，不得对任何一方有所偏袒，做到私人利益与公共利益的兼顾，公民利益与行政权力的平衡，充分授予权力与严格控制权力的平衡，实体划界与程序约束并用。行政强制立法就是授予并控制的立法，从而在行政效率与公民权利之间寻找到一个适当的平衡点。但是，在当下乃至今后相当长的时期内，更应突出对行政强制权的控制。嗜好集权、秩序为本、缺乏透明等一直为人诟病的突出弊端在现实中还是相当严重的，在发展现代市场经济和民主政治的背景下，这些弊端与人们对行政权力运行机制的控制要求相去甚远。因此，人们在对行政权充满期待和信任的同时必须对此保持高度的警惕，防止具有扩张和滥用本性的行政权包括行政强制权异化为压迫公民权利、与民争利的超级暴力工具。从这个角度看，行政强制法应当是也必须是一部控制、约束行政强制权的法律。

二、规范行政强制的种类

从目前我国的现状分析，由于缺乏统一的法律规范，行政强制的形式繁多且名称五花八门，表现为“散”、“杂”、“滥”、“重”，同一行政强制措施存在多种表述。据浙江大学行政强制法课题组统计整理，中国从1949年至1999年法律、行政法规、部门规章所规定的行政强制措施，从手段、形式或名称上统计，共有263种（不含重复部分）。[①] 因此，从法律上对行政强制的形式加以规制，是一个亟待解决的问题。

为此，《行政强制法（草案）》对行政强制的方式进行了规制，共11种。其中，行政强制措施有6种：对公民人身自由的暂时性限制；对场所、设施或者财物的查封；对财物的扣押；对存款、汇款、有价证券等的冻结；强行进入住宅；法律规定的其他行政强制措施。行政强制执行有5种：排除妨碍、恢复原状等义务的代履行；加处罚款或者滞纳金的执行罚；划拨存款、汇款，兑现有价证券；将查封、扣押的财物拍卖或者依法处理；法律规定的其他行政强制执行方式。

三、规范行政强制的设定权

与行政强制的种类一样，行政强制的设定权目前也不是很明确，哪些机关可以设定行政强制没有法律规定，结果导致行政强制随意设定，法规、规章甚至政府部门内部文件都存在设定行政强制的现象，公民、法人和其他组织的合法权益得不到有效保障，也是造成行政强制乱和滥的主要根源之一。

究竟在何种情况下可以采用行政强制手段，采用何种行政强制手段和由哪一国家机关决定采用行政强制手段，其设定权应属于法律，应坚持法律保留原则。理由很简单，因为行政强制是较其他各种行政行为都更直接、更严厉地影响公民、法人和其他组织合法权益的实力行为。因此，行政强制必须由法律设定，非经法律授权，任何其他国家机关都不享有设定权。

对于限制人身自由的强制措施，《立法法》已明确规定只能由全国人大和全国人大常委会通过制定法律设定。而对于存款、汇款、有价证券等的冻结与强行进入住宅两种行政强制应由

① 胡建淼. 行政强制法研究. 法律出版社，2003，400

《行政强制法》设定。作为国务院的行政法规只能设定法律保留以外的行政强制并且必须进行必要的限制，即国务院行政法规可以在全国人大和全国人大常委会授权的前提下，对相应事项尚未制定法律的涉嫌违法的场所、设施和财产的查封或者对涉嫌违法的财物扣押的行政强制进行设定。如果全国人大和全国人大常委会对相应事项已制定了法律，而法律中没有设定行政强制，国务院的行政法规不得再增设行政强制。关于全国人大和全国人大常委会是否可授权地方性法规有某些设定权，目前尚有争议。但多数人认为，地方人大和地方人大常委会可运用地方性法规对场所、设施或财物的查封和对财物的扣押进行设定，但也必须受到严格的限制，即地方人大和地方人大常委会运用地方性法规设定行政强制的事项必须是在全国人大和全国人大常委会对相应事项尚未制定法律，国务院对相应事项尚未制定行政法规的前提下的地方性事务，同时还必须事先报告全国人大常委会，经全国人大常委会批准后设定。如果全国人大和全国人大常委会对相应事项已经制定法律，国务院对相应事项已经制定行政法规，而法律和行政法规中没有设定行政强制，地方性法规不得再增设行政强制。目前这一思路已写入了《行政强制法（草案）》中。

四、规范行政强制的主体

行政强制的乱与滥不仅表现在行政强制设定权上，而且还表现在行政强制主体上。一是未经法律授权，或者只是法规授权，没有行政强制权的行政机关自己采取强制措施。二是没有行政强制权的行政机关邀请公安机关或法院一起采取行政强制措施，公民分不清是谁作出的强制措施，无从寻求救济。

为此，对行政强制主体必须进行规范。就行政强制措施而言，行政强制措施只能由法律、法规规定的有行政强制实施权的行政机关或者法律、法规授权的组织在法定职权范围内实施。这里的法律、法规授权的组织应当符合下列条件和要求：第一，其必须是依法成立的具有管理公共事务职能的组织。第二，其具有熟悉法律、法规、规章和业务的工作人员。第三，其不得利用授权从事经营活动或有偿服务。就行政强制执行而言，其实施主体理应也必须由法律、法规规定。① 然而，《行政强制法（草案)》把赋予行政机关实施行政强制执行权严格限定在法律层面，把行政法规排除在外。这说明，《行政强制法（草案)》对行政机关自行实施的行政强制执行更加严格，只有法律有规定时，才能由行政机关实施行政强制执行，否则行政机关只能申请人民法院强制执行。这样实施的结果可能是，由法院依申请实施的强制执行的案件数量将必然增加。

值得反思的是，《行政强制法（草案)》作如此规定，是否合适、可行？最高人民法院的统计表明，近年来，全国法院每年受理的申请非诉讼行政执行案件在30万件以上，是行政诉讼案件数量的好几倍。非诉讼行政执行案件已成为法院执行机构的一项重要任务。在法院整体执行工作仍面临巨大压力，仍在很大程度上存在“执行难”的情况下，继续把更多的行政决定的执行任务通过立法的形式推给法院，恐怕不是解决问题的初衷。②

五、规范行政强制的程序

行政强制程序，是指行政主体实施行政强制行为时所应遵守的方式、步骤、时限和顺序等要素所构成的一个行为连续过程。

---

① 关于这一点，最高人民法院《关于执行〈中华人民共和国行政诉讼法〉若干问题的解释》第87条第1款规定：“法律、法规没有赋予行政机关强制执行权，行政机关申请人民法院强制执行的，人民法院应当依法受理。”由此可见，行政法规也是可以规定行政强制执行的实施主体的。

② 傅士成．关于《行政强制法》三个问题的看法和主张．宪法学、行政法学（中国人民大学复印报刊资料)，2006（9)：56

行政强制程序具有法定性与分散性之法律特征。行政强制程序的法定性，是指行政强制程序是由法律明确规定的一种具有强制性的法律程序。法定性意味着行政强制主体必须严格遵守行政强制程序，任何违反行政强制程序的都应承担相应的法律后果。行政强制程序的分散性，是指行政强制程序的各种具体规定散见于不同法律、法规和规章之中，分别规范不同的行政强制行为。这是由行政强制主体的多样性和执行对象的复杂性所决定的，行政强制程序必须适应这一客观情况。

程序是“法律的生命形式，因而也是法律的内部生命的表现”①。行政强制权滥用是对人权威胁最严重的行政权滥用，而导致行政强制权滥用的最重要的原因就是缺乏正当法律程序。如果行政强制立法不考虑这一特点，就不可能为行政主体提供切实可行的行政强制程序。行政强制法的最重要的任务就是为行政强制确立正当法律程序，以规范和控制行政强制权的行使。其规范与控制的基本路径是：

（一）对行政强制程序应进行分类规范

行政强制包括行政强制措施和行政强制执行。由于它们在作用、条件、实施主体等诸多方面有区别，所以行政强制措施程序与行政强制执行程序显然也是不同的，理应分别规范。每一类程序不仅要有一般性规定，而且也要有具体的包括一些特殊的程序规定。

（二）行政机关必须履行告诫义务

告诫是行政强制程序的重要步骤，是赋予行政相对人程序制约权，实现权利制约权力的基本保障，更是对行政相对人的基本人权的尊重。尽管行政相对人具有不履行法定义务的违法行为，但这丝毫不影响行政相对人应有的主体地位。人只能作为目的而

---

① 马克思恩格斯全集（第1卷）．人民出版社，1961，178

不能被当做实现某种目的的手段，成为他人任意支配的对象。所以，作为行政机关应当尊重和保护公民的人格，公民不再是行政权任意支配的客体，而是可以制约行政权的法律主体，公民不再是消极地等待行政权结果，而是可以主动参与行政权行使过程，并推动行政机关实施更加公正的行政行为。

就行政强制措施而言，行政机关必须向相对人出示身份证件；告知采取行政强制措施的理由、依据、救济途径；必须听取行政相对人的陈述和申辩等。行政机关进入公民住宅采取行政强制措施的，还应当出示县级以上行政机关的行政决定书。行政机关实施限制人身自由的行政强制措施的，应当当场告知或事后立即通知相对人家属实施行政强制措施的机关和地点；在紧急情况下当场采取行政强制措施的，应当在返回行政机关后的规定时限内（如6小时）补办手续。行政机关实施检查、调查等监督活动进入生产经营场所，必须告知相对人法律或行政法规的依据，没有法律或行政法规依据的，相对人有权拒绝。行政机关查询企业的财务账簿、交易记录、业务往来等事项，也必须告知相对人法律或行政法规的依据，没有法律或行政法规依据的，相对人有权拒绝。

就行政强制执行而言，行政机关应当事先向相对人发出催告书，相对人收到催告书后，有权进行陈述和申辩。对相对人进行的陈述和申辩，行政机关必须充分听取，并对相对人提出的事实、理由和证据进行复核，相对人提出的事实、理由和证据成立的，行政机关应当采纳。如果行政相对人具有法定理由的，可申请行政机关中止或终结实施行政强制。

（三）规范实施行政强制的期限

判断行政行为是否合法，行政机关选择行使权限的时机也是一个重要的判断依据。行政机关选择行使权限的时机被称为“时间上的合适性”或者“时间上的必要原则”。选择实施行政强制的时机是行政强制程序的重要环节。它有助于防止对相对人及其近亲属的身心健康造成不当的影响乃至损害。例如，行政强制执行不应在夜间和法定节假日实施，其目的就在于确保行政强制的实施对相对人的身心损害达到最小。又如，除非面对正在发生的危险，对相对人实施强行押解、拖移等强制行为时，应当避免在未成年子女在场的情况下进行，这不仅事关行政相对人的人格尊严，并能把对未成年人的身心健康的影响减到最低程度。

（四）规范行政机关对行政强制的内部审批

在现代，为规范、控制行政行为，不仅依赖正当的外部法律程序，还借助正当的内部程序，而行政机关的内部审批就是重要的内部程序。就行政强制的内部审批而言，主要应当包括以下内容：

1. 行政机关的执法人员采取行政强制措施前，必须向行政机关负责人书面或口头报告并经其批准；因情况紧急需要当场采取行政强制措施的或者在边远、水上、交通不便地区实施行政强制措施的，也应当在事后或返回后立即报告并在规定的时间内补办相关手续。

2. 对涉及重大案件或者数额较大的财物需要实施查封、扣押的，应由行政机关负责人集体讨论决定。

3. 行政机关作出冻结存款等的决定后，因情况复杂需要延长冻结期限的，应由行政机关负责人批准。

（五）实行行政强制的执行和解

和解作为一种双方合意式的争议解决机制，在民事领域显示出了极强的生命力，并已成为一些法治发达国家通行的制度。但在行政法领域，传统行政法学理论由于受到行政行为的效力理论和不可处分性观念的影响，认为行政强制不适用和解。[①] 行政权的不可和解性被认为是行政法的典型特征。《行政诉讼法》第50条规定："人民法院审理行政案件，不适用调解。"尽管如此，在价值与事实层面，行政强制不适用和解的规则是否正当而且有效却不无疑问。在实践中，法院以调解或者和解方式处理非诉讼执行案件的现象大量存在。只不过通常被称为"协调"等方式结案。这表明，现行立法对执行和解所采取的排斥态度并没有阻止事实上的和解在实践中的大量存在。与此相反，这种现状造成执行和解长期游离于法治之外，从而严重影响到行政、司法的公信力和权威性，也不利于解决行政争议、维护当事人的合法权益。由此可见，理论对社会现实和制度实践的回应需要重新审视行政强制中的和解问题。

和解制度有此正当性依据。其一，当今社会，行政裁量的广泛存在为行政权采取和解的行使方式提供了权力基础。随着现代法治从形式主义法治走向实质主义法治，现代行政从机械行政走向能动行政，从消极行政走向积极行政，行政机关被赋予愈来愈广泛的行政裁量权，以充分发挥行政权的能动性、创造性和形成性，从而积极主动地促进社会的发展。行政裁量的广泛存在意味着行政机关拥有一定权力处分的自治空间，可以根据时势的需要以及对行政目的的考量，作出灵活机动的判断选择，从而为行政权采取和解的行使方式提供权力基础。其二，回应型模式的现代行政中的公民参与是和解制度存在的必要性基础。执行和解是尊重相对人主体意愿的开放而弹性的行政方式，它有利于相对人能动精神的发挥，有利于公共利益与个人利益的协调，从而达成一种更加理性化的利益均衡的协议。执行和解与现代国家参与型行

---

① 胡锦光，杨建顺，李元起. 行政法专题研究. 中国人民大学出版社，1998，186

政或互动型行政的理念是完全相一致的。

因此，行政强制不管是行政强制执行，还是行政强制措施，行政机关都可以在不损害公共利益和他人利益的前提下，与相对人进行意志沟通，达成意思表示一致，实现执行和解。有人提出，行政强制执行可以进行和解，但行政强制措施不能进行和解。尽管行政强制措施的实施具有一定的紧急性，但这并不排除存在与相对人和解的可能性与必要性。

针对当下我国执行和解实践中普遍存在的依据不明确、过程不透明、程序不规范、结果不公开等问题，在行政强制法等法律、法规中，除了应当明确确立行政强制可以和解的基本原则外，还必须构建科学合理的执行和解程序制度。对此，应主要明确行政机关在和解中的职权职责，包括适时为相对人提供协商、对话的机会和场合，正确、公正地开示有关预测结果的信息。必要和可能时，提供协商讨论的和解方案并通过一定方式进行听证。

（六）实行行政强制的执行方式转换

在法律规定的范围内，执行机关具有选择行政执行方式的权限。“纵然在采取严格主义之依法行政国家，一般亦认为行政机关可以自行决定适当的执行方式。”① 赋予行政机关对执行方式转换的裁量，对于确保相对人在被执行过程中的权益受到最小限度的损害具有重要作用。随着行政强制执行程序的进展，如果行政相对人逐渐认可行政义务，愿意通过自行履行行政义务或者配合行政机关的执行，作为行政机关就应当通过执行方式的转换逐渐减轻行政强制执行的方式。当然，对于行政机关采取的行政执行方式，不能有效地控制、迫使相对人履行义务时，也可以采取逐渐加重行政强制方式来实现行政目的。例如，在采取罚金或滞

① 吴庚．行政法之理论与实用．中国人民大学出版社，2005，329

纳金的强制执行时，如果仍无法迫使相对人履行行政义务，可以采取在法定限额内逐次加重罚金或者滞纳金的数量的执行策略。又如，对于违规营业的场所，仍照常营业且无视怠金的处罚的，行政机关可采取先行吊销证照的直接强制方法，仍然无效的情况下，可以采取更为严厉的封闭其营业场所的方法。

（七）完善中止执行

中止执行，是指行政机关针对行政强制实施过程中，出现的特殊情况作出应变的裁量行为。当被执行人遭遇履行行政义务的实际困难或者强制执行过程中双方达成了和解或者相对人自愿履行行政义务或者第三人对执行标的主张权利时，行政机关就应当中止执行。这就给行政相对人承担行政义务或者行政执行提供了必要的缓冲。《行政强制法（草案）》确立了中止执行制度，概括了应当中止执行的几种情形：（1）行政机关认为需要中止执行的。（2）当事人履行行政机关的决定确有困难或者无履行能力，经行政机关同意的。（3）第三人对执行标的主张权利的。（4）执行可能造成难以弥补的损失，且中止执行不违背社会公共利益的。同时规定了：影响中止案件执行的情形消失，行政机关可以重新作出执行决定。对没有明显社会危害，涉案财物数量较少，或者当事人确无能力履行，经中止执行3年后未重新执行的，行政机关不再执行。

（八）强化人民法院的司法审查

对行政强制的实施，设置人民法院司法审查这一道关卡，其主要目的是阻止违法的具体行政行为直接进入强制执行过程，保障行政相对人的合法权益不至于因未提起诉讼而受到违法的具体行政行为的侵害，同时也有利于监督行政机关依法行使职权。为此，应着重从以下几个方面强化人民法院的司法审查：

1. 严格书面审查。行政机关向法院申请强制执行的，必须提交强制执行申请书、相应行政决定书以及作出决定的事实、理由、法定依据等材料；法院要对申请书及相关材料进行认真的书面审查，不仅要进行形式审，更要进行实质审。

2．注意运用听证程序来提高司法审查的质量。法院认为必要或经当事人请求，应当举行听证，以进一步查证行政机关作出具体行政行为的证据是否确凿、适用法律是否恰当以及行政机关是否存在其他违法行为。

3．客观、公正地作出裁定。如果行政机关作出的具体行政行为事实清楚、证据确凿，适用法律恰当，则应裁定予以执行；如果行政机关作出的具体行政行为事实不清楚、证据不足或者适用法律有问题或者存在其他明显违法并损害被执行人合法权益的情形的，可以在听取被执行人的意见和认定相应行政决定确实违法后，裁定不予执行。

4．法院应对作出的裁定承担责任。

六、规范行政强制的救济

世界上许多行政法治国家非常重视对行政强制行为进行规制以便为行政相对人提供法律救济，其中不少国家为此制定了行政强制方面的法律。[①] 对行政强制行为的性质的认识直接关涉到当事人能否对违法的行政强制行为提起行政诉讼，也关涉到一个国家如何构建行政强制的救济体系。关于行政强制的性质及其法律救济，我国学者与其他国家和地区的学者论述颇多，但论证的角度和表达的观点都不尽相同。

就行政强制执行而言，我国学者的代表性观点主要是：具体行政行为说、程序性行政行为说和行政事实说三种。这些观点在一定范围内都具有一定的合理性，但它们的缺陷也是显而易见

① 如奥地利 1925 年的《行政强制执行法通则》、日本 1948 年的《行政代执行法》、德国 1957 年的《莱茵州伯尔兹行政强制执行法》等。

的。它们都没能把行政强制执行当做一个动态过程来把握，忽视了行政强制执行行为结构的复杂性，较少考虑行政强制执行是有基础处分、告诫、确定强制执行、执行措施的实施等阶段复合而成，基本上是针对行政强制执行这个“大概念”笼统地进行论述。这就不可避免地出现行政强制执行定位模糊，以偏概全，以“部分”代替“整体”。这说明，我国学者在关于行政强制执行性质的研究中存在方法论问题。与此相反，大陆法系的德、日等国家和地区的学者，他们不是对行政强制执行行为的性质进行一概而论，而是首先把其整个过程分为若干阶段，然后针对各个阶段进行论述并得出结论。在此基础上，再讨论该阶段行为的可诉性问题。①

就行政强制措施而言，其性质通常存在行政处分说、事实行为说、拟制行政处分说等主要观点。它们都不排斥行政强制措施的救济。

综合有关国家和地区的实践，当事人对行政强制不服的，主要有下列一些救济途径：（1）声明异议。例如，葡萄牙、奥地利以及我国台湾地区，当事人对行政强制不服的，均可向执行机关声明异议。（2）行政申诉。这是当事人或利害关系人向有关机关申请行政机关救济的一种制度。例如，葡萄牙等国家都有行政申诉的救济渠道。（3）行政复议。其特点：一是在行政强制执行中，如果被执行人不服行政机关的基础决定以及强制执行措施，可以在法定期间内向上级机关提出异议，请求纠正或赔偿。二是行政复议机关一般为上级机关，属于行政系统内部监督形式。三是行政复议机关可以对行政强制执行的合法性及适当性加以审查，对于违法或不当的，可直接改正或责令行政机关改正或赔偿。（4）通过普通法院或行政法院获得救济。（5）国家赔偿。

---

① 胡建淼．行政强制．法律出版社，2002，290～295

执行人员在实施行政强制时，因故意或过失不法侵害公民的合法权益的，受害人可依照国家赔偿法向国家请求损害赔偿。对违法或不当的行政强制进行赔偿，世界各国都概莫能外。（6）行政补偿。这是针对合法的行政强制措施（多数属于即时强制）的一种救济途径。从理论上说，公民对于国家社会原本负有一定程度的社会义务，如果行政主体合法实施的行政强制措施导致公民人身或财产遭受的损失尚在其社会义务的范围内，公民就负有忍受的义务，国家不予赔偿。如果行政强制措施对公民权利义务的影响已经超过其应尽的社会义务的范围，国家就应当对其遭受的特别损失或特别牺牲，给予公平合理的补偿，以保障公民的宪法权利。

我国正在制定中的《行政强制法（草案）》对行政强制的救济也进行了必要的规制。其总则部分就行政强制的救济，规定了下列主要内容：（1）实施行政强制措施，应当告知当事人有陈述权和申辩权。（2）实施行政强制应当严格依法、文明执法，不得滥用职权，侵犯公民、法人和其他组织的合法权益。（3）公民、法人和其他组织对行政机关实施行政强制不服的，有权依法申请行政复议或者提起行政诉讼。（4）对行政机关违法实施行政强制造成损害的，受害人有权依法要求赔偿。（5）对人民法院在强制执行中因违法行为或扩大强制执行的范围给当事人造成损害的，受害人有权依法要求赔偿。

七、规范行政强制执行的体制

一般来说，行政强制执行体制可以分为三类：第一类是行政机关执行模式。第二类是司法执行模式。第三类是混合执行模式，即行政机关和法院都有对行政决定的强制执行权。我国现行的行政强制执行体制属于第三类。《行政诉讼法》第 66 条规定："公民、法人或者其他组织对具体行政行为在法定期间内不提起诉讼又不履行的，行政机关可以申请人民法院强制执行，或者依法强制执行。”这一规定有两层意思：一是条件，即对具体行政行为在法定期间内不提起诉讼又不履行的。二是途径，即行政机关可以申请人民法院强制执行，或者依法强制执行。这里的“可以”不是必须，它只是一个选择。由人民法院受理的这类案件称为非诉行政执行。自从行政诉讼法确定非诉行政执行制度以来，非诉行政执行制度在实践中不断改善，案件的数量一直在增长。根据最高人民法院的统计，近几年每年的受案数都在 30 万件以上，是行政诉讼案件的好几倍。

对我国行政强制执行体制，有人将其归纳为“申请人民法院执行为主，行政机关自行执行为辅”。这是学者根据赋予行政机关强制权的法律、法规在法律、法规总数中的比例而得出的概括性结论。这个结论容易使人产生误解，认为行政决定大部分是由法院强制执行的。事实上，行政相对人“对具体行政行为在法定期间内不提起诉讼又不履行的”，同履行行政决定或者在法定期间提起诉讼的行政相对人相比，就像守法的人和不守法的人相比一样，注定是少数。法院执行的 30 万件和全国行政决定的总数相比仍然是极少数。绝大部分行政决定还是行政相对人自己履行或者由作出决定的行政机关依法自行执行的。

关于行政强制执行的属性，我国学术界有三种不同的观点：第一种观点认为，行政强制执行权属于行政权。理由是执行权的性质取决于作出决定的国家机关的性质，既然行政强制的依据是具体行政行为，行政强制权就应当属于行政权。第二种观点认为，行政强制执行权属于司法权。理由是法院的行政强制执行是法院根据行政机关的申请所进行的执法行为，是法院在行政机关不能自己执行行政决定的情况下，依据明确的条件和程序实施的强制，已经转化为司法权。第三种观点认为，行政强制执行权应视个案不同，可以有行政权和司法权双重属性。理由是行政机关依法自行强制的是行政权；申请法院强制执行的，就转化成了司法强制，从行政权转变为司法权。持第一种观点的学者曾经建议改变我国现行的执行体制，在行政机关成立统一的执行机构，不仅负责执行行政决定，也负责执行司法判决。然而，2005 年下发的中央司法体制改革领导小组《关于司法体制和工作机制改革的初步意见》维持了我国现行的行政强制执行体制。

形成于 20 世纪 80 年代的现行的行政强制执行体制是行政强制执行制度乃至行政强制制度中极其重要的问题，也是学界、实务界争议最大的问题。从《行政诉讼法》第 66 条的规定看，行政机关申请人民法院强制执行，即非诉讼行政执行，是我国行政强制执行制度的主要组成部分。强制执行权虽然是由行政机关与法院分享，但更多的是配置给了法院，由法院根据行政机关的申请行使强制执行权。这说明，我国现行的行政强制执行体制是：以申请人民法院强制执行为原则，行政机关自行强制执行为例外。这种“一主一辅”的模式也是同国外的“一般都是以一种模式为主，另一种模式为辅或例外，绝对没有采取一种模式的国家”① 的行政强制执行制度发展潮流相一致的。

（一）以申请人民法院强制执行为原则

行政机关在公民、法人或其他组织对于具体行政行为在法定期限内不提起诉讼又不履行的，如法律没有授权其强制执行的权力，就都需要申请人民法院强制执行。需要注意的是，行政机关是申请人民法院强制执行，不是向人民法院提起诉讼。申请不同于诉讼，不需要经过诉讼程序。之所以采用申请的模式，主要是基于行政管理对效率的要求。当然，申请模式尽管较诉讼模式便捷，但它也绝对不是随意的或者可有可无的，这是保证行政强制合法、公正，防止不当或错误的一道关卡。这里有三个问题值得

① 陈亚平．各国行政强制执行制度之比较研究．法律科学，1991（6）：58

分析并加以明确。

第一个问题：申请人民法院强制执行行为是否必须有法律、法规的具体规定？笔者认为，无须以法律、法规的规定为限，只要行政机关所作的具体行政行为，公民、法人或其他组织在法定期限内不提起诉讼又不履行的，行政机关就可以申请人民法院强制执行。因为《行政诉讼法》第66条是关于行政强制执行的一般性规定，这不仅是行政机关的一项权利，更是一项义务。因此，申请人民法院强制执行无须以特别明示的其他法律、法规为依据。

第二个问题：法院对行政机关的申请强制执行的案件究竟应当进行形式审、实质审，还是形式、实质一并审？这是一个在学界与实务界颇有异议的问题。笔者认为，人民法院不仅应当进行形式审，更要进行实质审。因为行政机关的申请如果经法院批准、同意，原行政强制决定就要付诸实施，就要强迫当事人履行义务；如果经法院审查不合法，原行政强制决定将退回行政机关，不予执行。毫无疑问，法院必须对申请强制执行的案件进行审查所作出的结论负责，如果发生错误，法院理所当然应当承担责任。作为法院，对申请强制执行的案件进行审查不仅不能走过场，而且要切实地担负起责任，真正发挥监督、把关的作用。为此，笔者倒是非常赞同有人提出的通过设置听证程序来保证法院审查质量的设想。为使行政决定不至于出错，在法院认为必要时或者公民、法人请求听证的，人民法院应当举行听证，从而使法院的裁判更加准确、更加人性化。

第三个问题：法院作出准予强制执行的裁判后，具体由法院还是行政机关实施？现行的体制是由法院负责实施的。从实践来看，由法院负责实施，其结果是法院不堪重负，使法院执行难问题更是雪上加霜；从法理来看，由法院负责实施也不符合裁执分离的原则。因此，对行政强制执行的具体实施由行政机关负责比较合理。至于行政机关具体由哪个机构负责实施，这仍然是一个值得进一步研究的问题。有学者建议应相对集中统一，这样比较有利于节约行政资源和提高执行效率。例如，可在司法行政机关或财政机关内部设置专门的机构，特殊情形的执行也可单独由法律规定。

（二）以行政机关自行强制执行为例外

这里的所谓例外，就是限于法律规定的情形，[①] 即只有单行法律授权的，行政机关才能自行强制执行；没有单行法律授权的，一律向人民法院申请强制执行。据不完全统计，从 1949 年至 2001 年年底，中国共有 14 部法律、30 部行政法规赋予行政机关可以自行强制执行的权力。[②] 从我国这些法律、法规规定的情况来看，法律、法规授权行政机关享有强制执行权的，主要有以下两类情形：

1. 属于各专业范围内的强制执行。对于专业范围内的强制执行，一般通过法律专项授权给主管行政机关，主要涉及治安、交通安全、消防、海关、服兵役、税收、电力等专业范围。

2. 法律只授予少数行政机关强制划拨、强制拍卖财产等行政强制执行。按理强制划拨、强制拍卖财产等行政强制执行是各行政机关普遍需要的，原则上都需要申请人民法院强制执行，但基于少数行政机关，如税务、海关、审计等行政机关的特殊需要，法律将强制划拨、强制拍卖财产等普适性行政强制执行授予他们自行强制执行。

从行政机关强制执行的主体来看，我国法律、法规一般遵从

---

① 根据《最高人民法院关于执行〈中华人民共和国行政诉讼法〉若干问题的解释》第 87 条的规定，行政法规也可以授权行政机关自行强制执行。但《行政强制法（草案）》则限定在法律层面。

② 胡建森. 行政强制法研究. 法律出版社，2003，314

的是将强制执行权赋予原作出具体行政行为的机关的逻辑。其不足之处是：由于这个思路没有上升到理论的高度，因而导致在具体个别的立法中出现了行政机关强制执行权赋予的不严密性。例如，《戒严法》赋予戒严执勤人员强制执行权就是不合适的。因此，有必要在行政强制执行立法中对行政机关强制执行的主体作出明确的规定，防止出现强制执行主体的无序状态，以规范行政机关强制执行权的实施。

第六节　行政强制制度的历史演进

过去已经向我们显示未来，通过我们借以到达今天的路径的历史的追溯，从中可以发现某些对于未来的指导路线。[①] 作为法律制度的行政强制制度是典型的外在制度，它也毫无例外地经历了一个从产生到发展直至最终确立的过程。

20 世纪，许多国家通过立法的形式规定行政强制制度。例如，奥地利 1925 年制定了《行政强制执行法通则》，德国 1953 年制定了《联邦行政执行法》，美国 1946 年《联邦行政程序法》第 551 节从程序角度规定了行政强制执行，包括行政机关对行政管理相对人的监督和调查、对违法行为的指控和制裁以及对裁决强制执行的全部程序。

一、行政强制制度产生与发展的因素

强制，作为一种社会现象，可以说是与人类社会共同产生的。然而，作为以保护与促进个人权益、制约与规范国家权力为目的的行政强制制度，则是现代社会文明发展的产物。直接影响

---

① ［美］哈罗德·J. 伯尔曼. 法律与革命. 贺卫方等译. 中国大百科全书出版社，1993，1

行政强制制度产生与发展的主要因素大致有以下几点：

（一）法治理论与实践的发展

古希腊著名思想家亚里士多德认为，“法治应包含两重含义：已成立的法律获得普遍的服从，而大家服从的法律又应该是良好的法律”①。近代西方法治思想是在资产阶级革命和资本主义商品经济的孕育下首先在英国诞生并实践之，后来由于美国革命和法国革命的相继成功而得以巩固和不断完善。法治原则在行政法领域的投影就是依法行政，其主要包括：法律的法规创造力、法律保留和法律优越。依法行政意味着任何事情都必须依法进行，意味着行政权的行使必须有法律的授权并严格依照法律的规定实施，行政强制权也不例外。我国改革开放后，开始由人治逐渐转向法治且法治的进程在进一步加快，在这一背景下也导致了行政强制制度理论的探讨与行政强制立法活动的展开，也可以说，法治理论与依法行政的实践为行政强制制度的兴起与发展提供了前提性条件。

（二）人权理论与实践的发展

人权，即作为人享有或应当享有的权利。② 它是对人的一种尊重，对人之主体性的一种承认。古典自然法学派的创始人格老秀斯在《战争与和平的权利》一书中系统阐述了与天赋人权相关的自然法思想，强调各有其所有、各偿其所负，且这种权利连上帝也是不能剥夺的。人权是天生的尊严，任何人都没有权利利用他人作为实现自己的主观意图的工具，每个人永远都应当被视为目的本身。黑格尔也曾认为，理性生活的基本要求就是尊重他人的人格和权利。第二次世界大战后的纽伦堡审判与其说是一场关于法律的审判，还不如说是一场道德的审判或人权的审判，因

① ［希］亚里士多德．政治学．商务印书馆，1965，199

② 李龙．宪法基础理论．武汉大学出版社，1999，183

为其判决的依据显然超越了实在法的范畴。这是对人权超越法律或者说人权不依赖于法律的最好注释。第二次世界大战这场人类的大灾难极大地促进了战后人权的发展，使得人之主体性即人本身不是手段而是目的的理念更加深入人心。

第二次世界大战后，人权理论所包含的对人本身的关怀和尊重的伦理道义倾向，促使人们逐渐改变了先前关于行政命令权与行政强制权完全相统一的认识，直接促进了行政强制权设定及其行使的法律化，从而迎来了行政强制立法的第一个高潮。例如，战后的日本于1948年制定和颁布了《行政代执行法》，废除了原来的《行政执行法》，以代执行为核心构筑行政强制制度；1968年《瑞士行政程序法》第42条规定：官署所为之强制措施，不得逾越比例原则之要求；1996年《葡萄牙行政程序法》第151条第2款规定：在执行行政行为时，应尽可能采用能确保完全实现行政行为的目标，以及对私人的权利造成较少损失的方法；1998年我国台湾地区的“行政执行法”第3条规定：行政执行，应依公平合理之原则，兼顾公共利益与人民权益之维护，以适当之方法为之，不得逾达成执行目的之必要限度。上述各国与我国台湾地区的所谓法律中规定的这些内容，都比较明显地反映了对人的尊重与关怀，也可以说，人权理论与实践的发展，使得行政强制制度有了更加深厚的道义基础。

（三）正当法律程序理念的确立与传播

正当法律程序是英美法系的一大贡献，而大陆法系则没有正当法律程序的传统，它们只重视结果，不关心过程。第二次世界大战后，基于对第二次世界大战中人权被严重践踏的深刻反思以及美国强大国力的推动，大陆法系国家开始吸收英美的一些做法，旨在通过程序的引进来保障人权。例如，战后德国、日本等大陆法系国家的专门行政程序法都是在吸收英美法系正当法律程序的基础上而制定的。[1]

正当法律程序理念的确立与传播，对行政强制制度的产生与发展起了重要的推动作用。从某种意义上说，行政强制程序构成了行政强制制度的主体部分。行政强制程序之所以成为行政强制制度的主体部分，是因为行政强制程序是行政强制制度约束强制权的有力工具。行政强制程序预设了行政强制权的运作轨道，使得在行政强制权的实施过程中相对人有了更多的程序性权利，强制主体担负起更多的程序性义务。由此可见，正当法律程序理念的确立与广泛传播，使行政程序法得以逐渐成熟，进而也促进了行政强制制度的形成与发展。

（四）行政权的强化与膨胀

现代行政强制制度是现代政府职能的扩大和依法行政理念相结合的产物。严格意义上的三权分立使得行政权从诞生之时乃至之后相当长的时期内都被限制在极其狭窄的范围内。政府被界定为是民众的“守夜人”。其职能通常限于国防、外交、治安、税收等少数领域，政府一般管理中的强制权极其有限。“管得最少的政府是最好的政府”是当时人们普遍的信仰与追求。行政权之所以被限制在如此狭窄的范围内，或许是由于建立资产阶级国家的先驱者们对封建专制统治下君主的恣意和任性还记忆犹新；或许是由于当时自由主义倾向的资本主义市场经济发展的需要；或许是由于当时的行政管理人尚不足以形成巨大的压力去冲破议会立法的严格羁束；或许是上述因素的综合。[2]

然而，到了20世纪，尤其是20世纪30年代，人们的倾向开始倒向另一边，大量担负着监督管理经济和社会生活各个领域的行政机构接连不断地涌现出来。这是因为进入20世纪后，随

---

① 王万华．行政程序法研究．中国法制出版社，2000，62

② 胡建森．行政强制．法律出版社，2002，72

着资本主义经济的发展，资本主义国家自由竞争转向垄断，经济领域矛盾冲突不断激化，经济危机频繁爆发，社会关系日益复杂，新的社会矛盾和社会问题的产生，社会领域迫切需要政府推行社会保障制度，以解决工人工资、失业等社会问题。在这样的背景下，政府不得不增设机构和人员对社会生活加以干预，其职能也扩大至管理社会经济秩序、管理城市规划和乡镇建设、保护环境与资源、分配社会福利、直接组织大型工程建设等诸多领域。所有这些都客观上迫使行政权不断地扩大，政府角色开始从“守夜人”转变为管理个人“从摇篮到坟墓”一切事务的“全能型”政府。

行政权的不断扩大直接导致了行政强制权的强化。在履行政府职能过程中，对不履行法定义务的公民或者组织，通过强制手段迫使其履行法定义务，以达到社会管理的目标，从而使行政强制成为行使行政权力的重要方式。与此同时，这也大大增强了行政强制权侵害公民基本权利的强度与广度，使得行政强制权侵害公民基本权利成为日益突出的问题。实行行政强制制度化，借助法律制度来遏制行政强制权侵害公民基本权利也因此成为必然选择。由此可见，行政权的强化与膨胀是行政强制制度兴起与发展的社会现实原因。

二、行政强制制度的历史演进

（一）萌芽阶段

17 世纪中叶至 19 世纪末。萌芽阶段的行政强制制度只是在少数国家实施，在形式上也是分散的，没有专门的行政强制法，只是在一些部门行政法规或内部行政法规领域作了附带性规定，如德国 1850 年颁布的《警察行政强制法》、1872 年的《县区条例》、1876 年的《权限法》、1880 年的《邦一般行政组织法》等法规中涉及了行政强制。同时这些涉及行政强制的法规在内容上主要侧重于行政机关自身的规范，而缺少相对人权利性规范。例如，德国1880年的《邦一般行政组织法》第五章“强制权限”主要是对强制的管辖、方式手段进行规范，没有规定相对人程序性防御权。

（二）形成阶段

19世纪末至20世纪第二次世界大战前。这一时期最具代表性的行政强制法，是1925年奥地利的《行政强制执行法通则》。它被公认为首部行政强制法典，标志着行政强制制度已趋成熟。该阶段从内容上看，明显强化了对相对人权利的保护。例如，奥地利的《行政强制执行法通则》就明确规定了行政强制执行的比例原则，规定了用最轻微方法达到强制执行之目的、不影响义务人最低限度生活及不妨碍法定赡养义务履行等内容。同时，选择司法执行模式的国家的行政强制执行制度也通过判例得到丰富和完善。例如，美国1921年联邦贸易委员会诉美国烟草公司一案，确立了政府的行政调查权不得侵犯宪法规定的通讯自由和私人秘密保护规则。又如，作为典型的大陆法系代表，而行政强制执行却采取司法执行模式为主的法国，通过1902年圣·于斯特房产公司诉罗讷省警察局长案，确立了在无法律规定和迫切性的情况下，出于保证法律受遵守之必要，行政机关可直接实施行政决定的强制执行。另外，制定专门行政强制执行法的国家也在逐步扩大，如奥地利、日本等。

（三）发展阶段

从第二次世界大战后开始至今。第二次世界大战是行政强制制度的一个重要转折点。第二次世界大战后的行政强制制度进入高速发展时期，这主要源于第二次世界大战中人权被残酷践踏的现实，从而唤起人们对人权保护的强烈诉求。这一阶段较具代表性的是日本1948年的《行政代执行法》、德国1953年的《行政强制执行法》和我国台湾地区的“行政执行法”等。此阶段行政强制制度的法律化已成为全世界的普遍趋势，行政强制制度的内容也不断完善，更加强化了从程序过程中对相对人的权利进行保护，而不再仅限于先前的事后救济手段。

三、我国行政强制制度的历史发展

中国传统法律文化支持强大的行政权。在历史上，立法权和司法权统一在行政权之下的模式一直延续到清末变法之前。中国的行政强制制度起始于1911年辛亥革命胜利。1913年，北京政府制定了《行政执行法》，这是我国最早的一部强制立法。国民政府对前法做了极少修改后，公布施行了新的《行政执行法》。

新中国成立后开始逐步加强法制建设。在相当长的一段时间里，国家实行高度集中的计划经济体制，与之相适应的是庞大的行政权无处不在的管理模式。政府与企业、政府与公民的关系在很大程度上是组织体系内部的关系。行政机关通过指令性计划和行政命令指挥及控制企业和社会成员，行政强制具有极强的效力。偶有不履行义务的情况，行政机关有足够的手段迫使行政管理相对人服从。

行政强制制度的真正发展应当是在1978年的十一届三中全会以后。改革开放以来，行政权的行使方式发生了很大变化，与隶属型关系相适应的行政指挥与行政命令方式逐步退出，规范行政执法的法律、法规日益健全，依法行政成为政府的主导理念。从1978年至1999年，我国颁布的专门规定行政强制措施的单行法规性文件53件，至于涉及行政强制的成文法规范性文件则更多，共248件。[①] 据统计，《行政诉讼法》颁布之前，由国家法律、行政法规、规章所规定的具体行政强制措施和执行方式，名称就有200多种。作为一个法律制度，其最大的缺陷是没有对行

① 胡建淼．行政强制．法律出版社，2002，90

政强制措施和决定的可诉性作出规定，也缺乏关于法律救济的规定。行政管理相对人对行政强制措施和行政强制执行的侵权争议大都只能通过信访途径解决。

随着1989年《行政诉讼法》的颁布，形成了以申请人民法院强制执行为主，以行政机关自行执行为辅的具有中国特色的行政强制制度。1989年颁布的《行政诉讼法》第11条规定，人民法院受理公民、法人和其他组织提出的“对限制人身自由或者对财产的查封、扣押、冻结等行政强制措施不服的”诉讼和“认为行政机关侵犯其他人身权、财产权的”诉讼。1999年通过的《行政复议法》第6条规定，公民、法人或者其他组织“对行政机关作出的限制人身自由或者查封、扣押、冻结财产等行政强制措施决定不服的”，或者“认为行政机关的其他具体行政行为侵犯其合法权益的”，可以申请行政复议。上述规定把行政强制行为纳入行政复议与行政诉讼的范围之内，为行政管理相对人提供了法律救济途径。1994年通过的《国家赔偿法》规定，“违法拘留或者违法采取限制公民人身自由的行政强制措施的”，“违法对财产采取查封、扣押、冻结等行政强制措施的”，受害人有权取得赔偿。至此，我国的行政强制制度基本形成。

根据九届全国人大常委会立法规划，法制工作委员会从1999年3月开始行政强制法的起草工作，在大量调查研究和征求意见的基础上，于2002年形成了行政强制法（征求意见稿）。根据十届全国人大常委会立法规划，法制工作委员会继续进行调研和征求意见，对征求意见稿进行修改，最终形成了《行政强制法（草案）》，并于2005年12月24日提交十届全国人大常委会第十九次会议审议。一部具有划时代意义的《行政强制法》法典的诞生将是众望所归。

第七节　我国行政强制的立法现状与对策

一、我国行政强制的立法现状

据统计，截至2004年年底，我国现行法律中有62部对行政强制作出了规定，其中51部法律规定了行政强制措施，24部法律规定了行政机关的强制执行。现行行政法规中有72部对行政强制作出了规定，其中规定行政强制措施的有61部，规定行政机关有强制执行权的有22部，同时规定行政强制措施和行政机关的强制执行权的有11部。在72部规定了行政强制的行政法规中，有30部行政法规有上位法依据；在没有上位法依据的其他42部行政法规中，有27部规定了查封、扣押。从制定的时间看，对行政强制作出规定的72部行政法规中，有45部是在2000年之前制定的，其余是在2000年以后制定的。

法律规定的行政强制包括七大类：一是对人身自由的限制。共有9部法律，包括《戒严法》、《人民警察法》、《集会游行示威法》等；有5部行政法规，包括《强制戒毒办法》、《公安机关督察条例》等。限制人身自由的方式有盘问、留置、约束、强制带离现场等。二是对场所、设施或者财物查封。共有13部法律，包括《税收征收管理法》、《道路交通安全法》、《食品卫生法》等；有31部行政法规，包括《海关稽查条例》、《税收征收管理法实施细则》等。三是对财务的扣押。共有12部法律，包括《枪支管理法》、《海关法》、《产品质量法》等；有35部行政法规，包括《公安机关督察条例》、《道路交通安全法实施条例》等。四是对存款的冻结。共有2部法律，即《海关法》和《税收征收管理法》；有5部行政法规，包括《国家安全法实施细则》、《进出口关税条例》等。五是检查、调查、监管等涉及进入公民住宅、生产经营场所。共有39部法律，包括《国家安全法》、《消防法》、《食品卫生法》等；有32部行政法规，包括《海关行政处罚实施条例》、《行政监察法实施条例》等。六是遇有自然灾害、传染病暴发等严重危害公共安全的紧急情况下采取紧急措施。共有12部法律和12部行政法规。七是金融监管和技术性监控措施。共有7部法律，包括《证券法》、《银行业监督管理法》、《进出口商品检验法》等；有5部行政法规。规定行政机关自己强制执行的有20部法律，包括《集会游行示威法》、《海关法》等，有23部行政法规，包括《防汛条例》、《企业法人法定代表人登记管理规定》等。依照法律、行政法规的规定，被授权的行政机关和组织有：县级以上地方人民政府、公安机关、税务机关、防汛指挥机构等。此外，在涉嫌犯罪的情况下，公安机关可以按照刑事诉讼法的规定采取相应的强制措施；金融监督和监察机关对有证据证明有转移或者隐匿违法资金迹象的，可以申请司法机关予以冻结。

除法律、行政法规外，地方性法规、部门规章、地方政府规章也大量设立行政强制。有些地方和部门的规范性文件也有设定行政强制的情况。层级越低的规范性文件设定的行政强制越多。

二、完善我国行政强制的立法对策

目前，在实践中，行政强制主要存在两个方面的问题：一方面是“乱”，包括“乱”设行政强制和“滥”用行政强制，侵害了公民、法人或者其他组织的合法权益；另一方面是“软”，就是行政机关的强制手段不足、执法不力，对有些违法行为不能有效制止，有些行政决定不能得到及时执行。因此，制定行政强制法，既要治“乱”、治“滥”，也要治“软”。

基于我国行政强制的立法现状与问题，应通过制定统一的行政强制法来规范行政强制。在具体制度设计上，拟从以下几个方

面入手:

(一) 明确行政强制的设定权

设定权"乱"是行政强制"乱"的源头。行政强制涉及对公民的人身或者财产权利的限制,按照法治原则和依法行政的要求,行政机关限制公民的人身或者财产权利,需要有法律依据。由于没有统一的行政强制法,立法法也没有对行政强制的设定权作出明确的划分,行政强制的设定权不明确,不仅法律设定行政强制,法规、规章都在设定行政强制,甚至规章以下的规范性文件也在设定行政强制。有些地方规章以下的规范性文件设定行政强制的情形也不同程度地存在。行政强制设定权的"乱",直接导致了行政机关在实施管理过程中"滥"用行政强制,侵害了公民、法人或者其他组织的合法权益,也不符合依法行政的要求。因此,制定行政强制法的一个重要任务就是明确行政强制的设定权,解决行政强制设定权"乱"的问题。

(二) 统一行政强制方式

现行的行政强制措施的具体方式多种多样,名称千差万别。在法律、法规规定的行政强制方式中,有的实质内容相同,表述不一样,如强制销毁和强行销毁,强制拆除和强制清除,扣押、暂扣和封存,加处罚款和加收罚款等;有的同一概念,性质不一样,如取缔,在有的法规中是行政强制措施,在有的法规中是行政强制执行,在有的法规中又是一种行政处罚。这些问题的存在,给行政执法带来一定的困扰。行政强制法应当对现行法律、法规中的行政强制方式进行梳理,把几种常用的行政强制方式规定下来,统一行政强制的方式,并以此作为规范行政强制程序的基础。

(三) 规范行政强制程序

现行法律、法规对行政强制程序没有统一的规定。通常的做法是,由实施强制的机关自行规定程序,不一致、不统一。申请法院强制执行的，法院进行实质审查还是形式审查，是由行政庭受理还是由执行庭直接执行，在实践中，各地方的做法也不统一。由于缺少统一的程序规定，执行中随意性大，侵害公民、法人或者其他组织合法权益的情形时有发生。例如，查封、扣押的财物不制作清单，不给收据，随意使用被查封、扣押的财物；对不属于应查封、扣押的财物随意查封、扣押；对查封、扣押的财物不及时处理，造成财物的损失，如有的执法部门在暂扣车辆时，暂扣了几个月甚至一年多也不处理，风吹日晒，最后把车交还给车主时，车也快报废了。由于没有时限的规定，无从追究执法部门的责任。制定行政强制法，一个主要内容就是要规范行政强制的程序。借鉴国外的立法经验，结合我国的实际情况，行政强制法应当对行政强制措施和行政强制执行的程序分别作出规定，并对在实践中常用的几种强制措施如查封、扣押和冻结、划拨存款等作出具体规定，以保障行政强制权的公正行使，保护公民、法人或者其他组织的合法权益。

（四）完善申请法院强制执行制度

司法执行难，行政决定执行也难。在很多法制比较完善的国家，执行生效的法院判决、生效的行政决定是当事人的刚性义务，执行是通例，不执行是特例。在当事人不履行法定义务的情况下，社会有严厉的机制迫使其履行。当事人即使对法定判决或者行政决定不服，也必须通过法律程序提出，或者先履行法定义务再寻求法律救济。我国行政决定存在“执行难”问题主要表现在：申请人民法院执行，执行率不高；法院审查过多，程序不规范；执行的期限过长，影响行政效率；申请法院执行，行政机关要向法院交执行费等。制定行政强制法，需要解决现行的申请人民法院执行制度中存在的问题，完善申请人民法院强制执行制度，提高申请人民法院执行的效率，切实解决行政决定执行难的问题。

（五）规范行政强制权的主体

行使行政执行权的机关应为公权力机关，或者是由公权力明确授权的机关。而现状是，各地方、各部门自己成立名目繁多的执行机构和人员。[①] 政府职能部门几乎都设立了自己的执法队伍，去执行与自己部门相关的法律、法规、规章。社会上形象的说法是“七顶大盖帽管着一顶破草帽”。这种状况也助长了执法机构“打架”，有好处的事争着做，承担责任的事互相推。职权重叠交叉问题严重，多头管理，漏洞多多。有些地方已经形成了一种惯性思维，哪方面的法执行不力，就加强相应部门的执法队伍。结果是执法队伍越来越多，与民众的冲突也越来越多。针对这些情况，行政强制法需要对行使行政强制权的执法主体作出规定。

另外，为了有效地保障行政机关在自然灾害、传染病暴发流行以及其他严重危害公共安全的紧急情况下行使职权，行政强制法拟不调整因自然灾害、传染病暴发流行以及其他严重危害公共安全的紧急情况下采取强制措施的法律关系。行政强制权在这些领域的行使应由相关法律调整为宜。

第八节 域外行政强制制度与借鉴[②]

俗话说：“他山之石，可以攻玉。”尽管域外的行政强制制度都有各自不同的政治、经济、文化、伦理等形成与发展的背景，但这绝不应当成为我们汲取其有益之处的障碍。相反，域外

---

① 这些机构和人员往往成分复杂，有些执法人员甚至是临时工。直接面对民众的执法主体没有法律强制权，却可以任意实施行政强制，随便运用公共权力。这助长了低素质执法队伍滥用权力的倾向。

② 为了论述的方便，这里的“域外”界定为除中国大陆以外的地区。

的一些行政强制制度对完善我国的行政强制制度包括交通警察行政强制制度具有重要的借鉴价值。

一、域外行政强制法律渊源的概况

我国的法理学教科书普遍认为，法律渊源，是指法的表现形式，即由不同国家机关制定并具有不同法律效力的各种表现形式。在目前的法律渊源的种类中大致有四种：制定法、判例法、习惯法和一般法律原则。在英美法系国家，关于行政强制权的法律渊源可能更倾向于习惯法和判例法，而大陆法系的国家则更倾向于制定法。[①] 从域外制定法的情况来看，行政强制规范主要有单一的行政强制法规和在其他法规中规定行政强制法条两种形式。

（一）域外主要的专门行政强制法规[②]

1. 德国1953年行政强制执行法：该法1953年4月27日颁布，1953年5月1日生效，后经1977年税捐法实施修改。

2. 德国1957年莱茵邦柏尔兹行政强制执行法：该法1957年7月8日颁行，1958年1月1日施行。

3. 奥地利1925年行政强制执行法通则：该法1925年7月26日颁行，奥国联邦法律公报第267号。

4. 日本1948年行政代执行法：该法1948年5月15日颁行。

5. 中国台湾地区1947年“行政执行法”：该法1932年11月28日施行，1942年12月1日修正公布，1947年11月11日修正公布。

---

① 胡建淼. 行政强制. 法律出版社，2002，149

② 以下资料均来自：章剑生. 中外行政强制研究资料. 法律出版社，2003，1～96

6. 中国台湾地区 1998 年“行政强制法”：该法 1998 年 11 月 11 日公布。

（二）域外其他涉及有关行政强制法条的主要法规[1]

意大利 1955 年行政程序法草案；瑞士 1968 年行政程序法；美国 1976 年联邦行政程序法；奥地利 1991 年普通行政程序法；西班牙 1958 年行政程序法；西班牙 1992 年公共行政机关及共同的行政程序法；葡萄牙 1996 年行政程序法；捷克斯洛伐克 1974 年保安法；罗马尼亚 1969 年民警组织和工作法；德意志联邦共和国 1972 年边防警察法；日本 1951 年出入国管理法；日本 1958 年消防法；日本 1958 年携带枪炮刀剑类等管理办法。

（三）借鉴

从域外行政强制的制定法来看，许多国家和地区都制定了专门的行政强制法，以对该国或地区的行政强制进行统一规范，并具有共同的价值取向。同时，为兼顾各种具体行政强制的特殊情况等因素，许多国家还在其他的一些法律、法规中设置了行政强制的有关内容，而且根据上述统计资料来分析，大多数国家或地区都是在行政程序法和部分警察方面的法规中规定了行政强制的有关内容。笔者认为，域外采取这种专门法规与其他法规相结合的立法模式对我国的行政强制的立法有很好的借鉴。就目前我国行政强制的有关法律、法规来看，基本上都是分散在有关的法律、法规之中，而缺乏统一的具有普适性的行政强制法来规制。因此，笔者认为，我国也必须具有一部统一的专门的行政强制法。令人欣慰的是全国人大常委会已将《行政强制法》列入立法议程，笔者期盼这部法律的早日出台。

---

① 以下资料均来自：章剑生．中外行政强制研究资料．法律出版社，2003，97～162

二、域外行政强制的主体

（一）域外行政强制措施主体

在国外无论采用何种行政强制执行体制，均把实施行政强制措施的权力授予行政主体，特别是在传统上采用行政强制执行模式、强调行政效率的大陆法系国家，往往在行政强制法、行政程序法或其他法律中明文规定行政机关在必要时有即时强制的权力。[①] 例如，德国《联邦行政执行法》第6条第2项规定："必须采取即时执行阻止某一构成刑罚或罚款事实的违法行为发生，或排除某一迫切危险，而且行政机关署在其法定权限内行为时，行政强制的适用无需预告的行政行为。"值得注意的是，在有的国家法律要求实施某些行政强制措施时，必须得到法院的许可。例如，美国，当需要通过检查的手段确定当事人是否履行行政规则或行政决定时，宪法要求行政机关进入居所和商业场所进行检查或搜查，必须得到法院的批准。[②]

（二）域外行政即时强制主体

普通法系国家，虽然强调"司法优位"（Judicial Supremacy）及"法律支配"（Rule of Law）原则，但也将即时强制权作为一种例外，赋予行政主体。在美国，有即时强制必要，行政机关可以不经由行政上的诉讼程序或事前的司法承认而自行执行的情况就有四种。[③] 而大陆法系国家历来将即时强制权赋予行政主体。例如，德国《联邦行政强制执行法》第6条第2项规定："行政机关为阻止犯罪或违反秩序之违法行为，或为避免急迫危险之必

---

① 胡建淼. 行政强制. 法律出版社，2002，141

② 刘莘，张江红. 行政强制执行体制探析. 法商研究，2001（1）：106～113

③ 这四种情况是：（1）对负有缴纳国税义务财产的查封与扣押；（2）对外国人驱逐出境；（3）对妨害卫生的行为的排除；（4）妨害安全秩序之排除［城仲模. 行政法之基础理论.（我国台湾地区）三民书局，1999，288］。

要性在其法定权限内为即时强制时，得无先行作行政处分而行政强制。”又如，我国台湾地区1998年修订后“行政执行法”第37条第1项规定：“行政机关为阻止犯罪、危害之发生或避免急迫危险，而有及时处置之必要时，得为即时强制。”

（三）借鉴

从域外行政强制措施与即时强制的主体的设置来看，基本上都是由行政主体来实施的，同时笔者还发现，不论是普通法系国家，还是大陆法系国家，特别是普通法系国家对行政主体在实施行政强制措施和即时强制时，都规定了较为严格的条件。例如，美国规定了行政机关只有在四种情况下，才能实施即时强制。

从我国行政强制措施与即时强制的主体来看，也都是由行政主体实施的，这一点与域外相同，但在对实施主体的规定方面其严格性与域外尤其是普通法系国家相比还有差距，尤其在设定行政强制的情形时，必须慎重、严格，不仅要注意行政管理的效率，更要注意行政管理的公正。

三、域外行政强制的程序

程序是“法律的生命形式，因而也是法律的内部生命的表现”①。无论域外还是境内，行政机关实施行政强制，都必须遵循一定的程序要求。

（一）域外行政强制措施程序

西方发达国家对行政强制措施的程序控制模式主要以大陆法系和英美法系模式为主，他们要么通过制定统一的行政程序法或行政强制法对行政强制措施进行程序性控制，要么通过发达的司法程序来普适于行政强制程序对行政强制措施的执行加以控制，同时适当地兼采各家之长，这源于各国传统、习惯、国家体制和

① 马克思恩格斯全集（第1卷），人民出版社，1961，178

分权状况的差别，也与各国各具特色的行政法理论和认识有关。[①] 在德国，根据《联邦德国行政执行法》的规定，关于行政强制措施的基本程序是：一是强制方法的告诫。根据《联邦德国行政执行法》第 13 条的规定，行政机关的告诫需采用书面形式，同时还需包含一种确定的强制方法并指明其名称。二是强制方法的确定。根据《联邦德国行政执行法》第 14 条的规定，义务人在告诫所定期限内未履行义务时，由执行机关确定强制方法。三是强制方法的实施。根据《联邦德国行政执行法》第 15 条的规定，强制方法确定后，行政机关就进入强制方法的实际实施阶段，但必须按照确定的内容予以适用。[②] 在我国台湾地区，行政强制措施一般应遵循的程序：一是限期履行。根据我国台湾地区"行政执行法"第 27 条的规定，行政机关在执行前必须随同行政行为作出时规定义务人履行义务的期限或另以书面决定，令义务人限期履行。二是代履行或处以怠金。在行政机关限定的期限内，义务人没有履行义务的，在可代替性行为时行政机关可采取代履行措施，其费用可由义务人承担。无论是可替代性行为之执行还是不可替代性行为之执行，行政机关均可以科以义务人于一定期限内的怠金，以督促其履行义务。三是实际实施。根据中国台湾地区"行政执行法"第 32 条的规定，经间接强制不能达成执行之目的，或因情况急迫，如不及时执行，显难达成执行目的时，执行机关可以依直接方法执行之。[③]

（二）域外即时强制程序

行政即时强制程序是一般行政强制程序之简化，因其发动于紧急情况，行政主体如履行告诫程序就会延误时间，无法达到预

---

① 傅士成．行政强制研究．法律出版社，2001，344

② 胡建淼．行政强制法研究．法律出版社，2003，226

③ 胡建淼．行政强制法研究．法律出版社，2003，232

防或制止危害发生的目的。因此，在日本，行政紧急程序不包括告诫阶段，但其行为仍应符合“作出行政紧急强制决定、执行”这两个步骤。[①] 日本福家俊朗教授认为，取代直接强制请求那样的行政即时强制，不能缺少诸如告知、听证、附记理由或法院令状等那样完备的程序。[②] 日本盐野宏教授则进一步认为，从人权保障的观点看，作为权力性活动的即时执行应当要求程序的公正化，尽管从紧迫性角度分析也无法采取特别慎重的程序，但为人权保障，法官令状仍有考虑的余地，而时间紧迫也不能成为借口。[③]

（三）域外行政强制执行程序

在美国，宪法第5修正案规定：“任何人……不得未经法律正当程序，即被剥夺生命、自由或财产。”因此，行政机关行政决定的强制执行，必须符合行政程序的要求。在德国，其行政强制执行，是真正的“行政”强制执行，因为其执行主体都是行政机关。德国的行政强制执行在内容上包括：公法上金钱债权义务执行的程序和作为、容忍与不作为义务的执行程序两种。在日本，行政强制执行以代执行为核心。其行政执行的程序：一是告诫。二是发布代执行令书。三是代执行的实施。四是征收费用。[④]

（四）借鉴

从上述域外一些国家的行政程序的设置情况来看，都比较注意通过程序来约束、控制行政强制权的行使，而且尤其注意行政强制基本程序的规制以及针对行政强制执行、行政强制措施和即

---

① 胡建淼．行政强制法研究．法律出版社，2003，303

② ［日］室井力．日本现代行政法．吴微译．中国政法大学出版社，1995，139

③ ［日］盐野宏．行政法．杨建顺译．法律出版社，1999，182

④ 胡建淼．行政强制法研究．法律出版社，2003，326

时强制设置相应的程序。就我国行政强制的程序来看，还存在诸多不足，特别是缺乏行政强制基本程序，相比于域外一些国家和地区，差距更大，必须要加以改进。

四、域外行政强制执行的模式

（一）行政本位模式

行政本位模式也称德奥模式，以德国、奥地利和日本为代表，行政强制权主要由行政机关行使。其理论基础是行政权当然包括行政强制执行权，行政强制执行权应当由行政机关执行。[①] 1948 年，日本制定了《行政代执行法》、德国于 1953 年制定了《联邦行政强制执行法》。改革后的德、日行政强制执行制度对行政机关实施执行的条件和范围作了严格的法定限制，但形式上仍采用行政机关自力执行模式。德国《联邦行政强制执行法》规定，行政强制执行由作出行政行为的行政机关执行，或由其委托下级行政机关代为执行。奥地利《行政强制执行法通则》规定，行政强制执行原则上由行政机关行使，具体由县级国家行政官署负强制执行之责任。

（二）司法本位模式

司法本位模式也称美国模式。英美法系国家长期以来形成了“司法优先”的理念，在行政强制执行领域向来坚持司法权管辖原则，行政机关非经特别法律授权不拥有强制执行权。因此，当相对人不履行行政义务时，须由行政机关向法院提起诉讼，由法院强迫相对人履行行政义务。行政机关只有在特殊情况下且有即时强制执行之必要时，才可以自力执行。例如，在美国，其特点是行政机关在相对一方不履行行政义务时，原则上不能自己采取强制执行手段，只能向法院提起诉讼，请求法院以命令促使履

---

① 任志安．公安行政强制研究．中国人民公安大学出版社，2001，96

行，相对一方如果不履行法院命令，法院将以藐视法庭罪，处以罚金或拘禁，这就是藐视法庭程序。[①] 美国模式的理论基础是分权制衡理论，强调行政权必须受司法权制约，以有效控制行政行为，防止行政权的滥用、不公正。这种对公民极易造成损害的行政强制执行权从来属于司法权而非行政权，这是理解美国模式的关键所在。

（三）借鉴

从上述两种行政强制执行的模式的价值取向来看，德奥模式主要追求的是行政效率，而美国模式主要追求的是防止行政权的专断、滥用和不公正，即合法性问题。应当说，他们各有其利弊。例如，美国模式就存在效率低下的弊端，实行美国模式的国家为了行政效率的需要，已开始将一部分行政强制执行权交由行政机关行使，并有逐步扩大的趋势。但行政本位模式也有不足，有学者认为，行政本位模式在我国存在明显的制度性缺陷。所以，这两种模式启示我们，应当以平衡论为理论基础，既要保障行政效率，也要保证行政行为的合法性，实行行政机关自行强制执行与申请人民法院强制执行并行的模式。这对完善行政强制执行来说是非常有益的。

五、域外行政强制的法律救济

（一）英国的行政强制法律救济

英国的行政强制法律救济：一是对司法性强制执行的救济。其方法是，当事人如果觉得命令本身是超越管辖权或存在案卷表面错误，可以向上级法院申请司法审查。二是对行政性强制执行的救济。尽管英国行政性强制执行处于次要地位，但丝毫没有放松对这类强制行为的规制。针对可能给公民造成人身、财产之损

① 任志安．公安行政强制研究．中国人民公安大学出版社，2001，94

失的行政强制执行行为，英国早在19世纪就规定了特权令状的司法救济形式：禁止令和人身保护令。[①] 三是对行政程序中的强制措施及执行的救济。这类强制行为必须受到原则的约束和令状的管制。

（二）德国的行政强制法律救济

德国的行政强制法律救济：一是公法上金钱给付义务的强制执行的法律救济。根据德国1960年的《行政法院法》（VWGO）的有关规定，被执行人对行政机关不服的可向法院提起确认之诉、撤销之诉、义务自诉三种诉讼。二是对作为、容忍或不作为义务的强制执行的法律救济。[②] 三是行政即时强制的法律救济。德国《联邦行政强制执行法》第18条第1款规定："无预先的行政行为而适用强制方法的，对强制方法允许采取针对行政处分一般可采取的法律救济。"此外，一些警察行为的即时强制，如强制扣押等，依德国通说，亦属行政处分。关系人对此不服的，可以提起诉愿及撤销之诉等法律救济。[③]

（三）借鉴

英国和德国的行政强制法律救济还是很完善的，无论是对行政强制执行行为，还是对行政强制措施和即时强制行为，都给相对人提供了良好的法律救济渠道。而我国的现行法律、法规也给行政强制的相对人提供了一定的救济渠道，但还有许多问题，法律、法规没有对此作出明确规定，有些方面几乎还是"空白"。

---

① 贾苑生，李江，马怀德. 行政强制执行概论. 人民出版社，1990，117

② 德国《联邦行政强制执行法》第18条第1款规定："针对强制执行方法的告诫，允许采取与针对所执行的行政处分相同的被允许的法律救济。如果告诫与作为基础的行政的行政处分同时作出，则法律救济同时延伸及后者，但以后者尚未成为法律救济或司法程序标的为限。告诫未与作为基础的行政处分同时作出，且后者已不可撤销时，则只能在告诫本身所产生的权利损害范围内，可请求撤销告诫。"

③ 胡建淼. 行政强制法研究. 法律出版社，2003，366

六、域外确保行政法义务履行的新手段

（一）域外确保行政法义务履行的新手段[①]

日本近年来发现：受益行政行为的撤回、违反事实的公布、给付的拒绝、课征金等均能有效地起到间接强制的作用。韩国的行政立法与实践中，与行政罚具有同样担保义务履行效果的间接强制手段很多，如金钱上制裁、加算金、不当得利税、课征金、赋过金、犯则金、供给拒否、官许事业限制、公表制度等。

（二）借鉴

日本、韩国这种注意间接行政强制手段运用的新趋势，值得关注。不仅要关注他们的具体手段，更要关注他们采取间接行政强制的新理念。我国《道路交通安全法》第 24 条第 1 款规定："公安机关交通管理部门对机动车驾驶人违反道路交通安全法律、法规的行为，除依法给予行政处罚外，实行累积记分制度。公安机关交通管理部门对累积记分达到规定分值的机动车驾驶人，扣留机动车驾驶证，对其进行道路交通安全法律、法规教育，重新考试；考试合格的，发还其机动车驾驶证。"机动车驾驶人因道路交通违法行为被记满 12 分时，将暂扣机动车驾驶证，进行交通法规学习和安全教育，重新考试合格后发还机动车驾驶证。这是我国立法采用间接行政强制的一个新尝试。笔者认为，应当转变理念，更多地注意对这类新的间接行政强制手段的借鉴与创制。

---

① 余凌云．警察行政强制的理论与实践．中国人民公安大学出版社，2003，47～49

第二章　交通警察行政强制概述

第一节　交通警察行政强制的含义与特征

一、交通警察行政强制的含义

交通警察行政强制是行政强制的组成部分之一，是行政强制的具体化，包括交通警察行政强制措施和交通警察行政强制执行两个下位概念。

（一）交通警察行政强制措施的含义

交通警察行政强制措施，是指公安机关交通管理部门为了预防、制止或控制交通违法行为或者遇有交通事故等紧急情况时，为制止危害的扩大，对特定的人、物或行为依法直接采取暂时性控制，迫使其保持一定状态的警察行政行为。例如，为了调查交通事故，收集证据，交通警察采取扣留交通肇事车辆和扣留机动车驾驶证的措施；对涉嫌酒后驾驶机动车的，交通警察对驾驶人采取的检验体内酒精以及对醉酒驾驶机动车的人采取的保护性约束措施等均属于交通警察行政强制措施。

应当注意的是，交通警察在许多紧急情况下采取紧急措施，这种紧急措施尽管在诸多方面与上述一般的交通警察强制措施具有同一性，但其存在的区别也是十分明显的。这一类紧急性措施称为交通警察即时强制，可以把它界定为交通警察行政强制措施中的重要组成部分，紧急性是交通警察即时强制的显著特征。关于交通警察即时强制的详细内容将在第五章论述。

（二）交通警察行政强制执行的含义

交通警察行政强制执行，是指公安机关交通管理部门对不履行公安机关交通管理部门行政决定义务的交通参与者，可依法自行采取强制手段或申请人民法院强制执行，迫使其履行义务或者达到与履行义务状态相同的行为，[①] 如强制撤离事故现场、执行罚等。

交通警察行政强制执行通常包括：直接强制执行和间接强制执行。间接强制执行又可分为代执行和执行罚。直接强制执行根据强制执行的内容性质，可分为：（1）执行性强制执行，如罚没款的强制划拨、扣留车辆的拍卖等。（2）制裁性强制执行，例如，对6个月内发生二次以上特大交通事故且承担主要以上责任的专业运输单位，由公安机关交通管理部门责令消除安全隐患，未消除安全隐患的机动车，禁止上道路行驶。（3）制止性强制执行，例如，对拒不拆除在道路两侧及隔离带上种植树木、其他植物或者设置广告牌、管线等，遮挡路灯、交通信号灯、交通标志，妨碍安全视距的，公安机关交通管理部门应当向违法行为人送达排除妨碍通知书，规定履行期限，告知不履行的后果。违法行为人在规定期限内拒不履行的，予以处罚并强制排除妨碍。

这里有一个非常重要的问题，即人民法院是否属于交通警察行政强制执行的主体？我国现行的行政强制执行体制是以申请人

---

① 《行政诉讼法》第66条规定："公民、法人或者其他组织对具体行政行为在法定期限内不提起诉讼又不履行的，行政机关可以申请人民法院强制执行，或者依法强制执行。"由此可见，公安机关交通管理部门只有在法律作出具体规定时，才享有行政强制执行权。

民法院强制执行为原则，行政机关自行强制执行为例外，也就是说，根据现行的体制，法院属于行政强制执行的主体。但是，应松年教授认为："在法院作出准予强制执行的裁判后，具体由法院还是行政机关执行？目前的体制是由法院强制执行。笔者认为，根据裁执分离的原则，对于行政决定的强制执行的操作，可以仍由行政机关承担，毕竟从实质上说，具体实施是一种行政性质的行为。"[①] 笔者非常赞同应松年教授的观点，行政强制执行最终由行政机关来承担执行的职责比较合理。笔者以为，就交通警察行政强制执行来看，申请人民法院强制执行的主体还是公安机关交通管理部门较为妥当。

（三）交通警察行政强制的含义

基于上述分析，可以将交通警察行政强制定义为：交通警察行政强制是交通警察行政强制措施、交通警察行政强制执行的统称，系指公安机关交通管理部门为实现道路交通管理目的，对交通参与者（相对人）的人身、财产和行为等予以强制而采取的行为或手段。当然，无论是交通警察行政强制措施，还是交通警察行政强制执行，它们都是通过一些具体的强制形态，即"法律上的类型化措施（手段）"[②] 来表现的，如扣留车辆、扣留机动车驾驶证、交通管制、约束等。[③]

二、交通警察行政强制的特征

交通警察行政强制除了具有行政强制的一般属性，还具有自己的一些特性。初步概括出交通警察行政强制至少具有：主体的

---

① 应松年．行政强制立法的几个问题．宪法学、行政法学（中国人民大学复印报刊资料），2006（9）：36

② 余凌云．警察行政强制的理论与实践．中国人民公安大学出版社，2003，15

③ 据笔者初步统计，现行法律中共有21种具体的交通警察行政强制。

特定性、对象的特殊性和时间的紧迫性等特征。

（一）行政强制主体的特定性

有权实施交通警察行政强制的主体是公安机关交通管理部门。公安机关交通管理部门申请人民法院强制执行时，强制执行的主体仍然是公安机关交通管理部门，而人民法院主要是履行审查、裁定的职责。除此之外的其他任何公民、法人和其他组织都不能行使交通警察行政强制权。例如，实务中少数交通协管员参与交通警察甚至单独拦截车辆进行检查、扣车扣证就是不正确的，因为交通协管员不具备实施行政强制措施的主体资格。这就是交通警察行政强制的主体特定性。

（二）行政强制对象的特殊性

由于交通警察的职责是维护道路交通秩序，预防和处理交通事故，确保道路交通的安全与畅通，交通警察涉及的都是与道路交通直接有关的交通参与者、车辆、道路与交通环境等道路交通构成要素，所以交通警察行政强制的作用对象均与此有关。例如，拦截车辆、扣留机动车、扣留驾驶证、拖移车辆、交通管制等均与人、车、路有关。又如，检验体内酒精、国家管制的精神药品麻醉药品含量也只能针对驾驶机动车的驾驶人，约束也只能约束醉酒后参与交通活动的人等。由此可见，交通警察行政强制的实施对象具有一定的特殊性。

（三）行政强制时间的紧迫性

交通警察行政强制之所以具有时间的紧迫性，是因为道路交通具有动态性，几乎所有的交通违法行为、交通事故以及与道路交通有关的治安案件与事件都具有突发性。因此，交通警察在道路上执勤执法、指挥疏导交通或者接到处警命令时，必须迅速出警，立即加以制止、处置或者控制事态。交通警察的应急措施往往具有超乎寻常的强制力，具有“决定—执行”一气呵成的合成性行政行为的特征。例如，在城市道路上即使发生一次非常轻微的交通事故，如不迅速采取措施，就有可能导致严重的大范围交通阻塞甚至交通瘫痪。所以，在城市道路上如果发生轻微的没有人身损害的交通事故，驾驶人必须迅速撤离现场，如不撤离，交通警察将立即强制撤离。

然而，交通警察要想高效应对这些突发性问题，就必须增加其权变性、应变性能力，其采取的应急措施就很有可能缺少具体的法律授权，这也是立法能力有限性必然会造成的结果。那么，在这种情况下，显然存在着警察权与依法行政理念之间的某种“天然的”张力。尤其是在全面法律保留理论比较盛行的时代，民众更是容易对警察应急措施的合法性产生质疑。同时，以事后救济为特征的行政救济手段鞭长莫及，法依据似乎便成为相对人能够抓住的“最后一根稻草”。这使得法依据问题变得更加敏感与重要、更加引人注目。为此，人们努力将警察权的发动与运行纳入法治的轨道。

此外，还有一个值得探讨的问题，交通警察行政强制是否应当具有地域性（或称空间性）特征。例如，就交通事故来说，只有发生在道路上的事故才能构成道路交通事故，这里的“道路”就是必要条件。那么，交通警察行政强制是否也应当限于“道路”这个空间内？笔者认为，尽管在实践中交通警察行政强制总是发生在一定的地点（主要是在道路上），一般来说，它并不具有地域性，或者说，地域和空间并不是法律、法规本身对交通警察行政强制的要求。从合理性视角看，为了保证采取交通警察行政强制目的的实现，立法不应当也没有必要限制交通警察行政强制的地点和空间。

第二节　交通警察行政强制的分类

交通警察行政强制可以从不同的角度进行多种分类。

一、按交通警察行政强制的对象可分为：对人身的行政强制、对财产的行政强制、对场所的行政强制

（一）对人身的行政强制

对人身的强制措施主要是指公安机关交通管理部门，对那些有现实威胁或拒不履行法定义务的相对人采取的限制其人身自由或迫使其履行人身义务的强制手段。例如，检验体内酒精、国家管制的精神药品、麻醉药品含量就属于对人身的交通警察行政强制。根据《道路交通安全法》、《道路交通安全法实施条例》、《道路交通安全违法行为处理程序规定》、《道路交通事故处理程序规定》的规定，机动车驾驶人有饮酒、醉酒、服用国家管制的精神药品或者麻醉药品嫌疑的，应当接受测试、检验。对醉酒驾驶机动车的驾驶人采取的约束措施也属于对人身的交通警察行政强制。根据有关法律、法规的规定，交通警察涉及强制传唤、强制拘留、约束、强行驱散、强行带离现场以及使用武器与警械等也属于对人身的行政强制。关于武器与警械的使用，其主要法律依据为《人民警察法》、《人民警察使用警械和武器条例》。为有效驱散骚乱的人群、抑制暴力行为，警察可以使用非致命性武器（警械），必要时，甚至可以使用致命性武器（枪支）。这里需要强调，对于《公安机关处置群体性治安事件规定》中提出的“慎用警力，慎用武器警械，慎用强制措施”的原则，以及一线民警不得携带杀伤性武器的规定，基层民警在执行中有一些异议，赤手空拳面对情绪激动、随时可能失控的群众，警察自身的安全堪忧。从英国制止骚乱的经验看，应当极其重视对警察的自身保护，当事态有可能趋于严重，或者有可能发生对警察人身攻击时，应及时将非武装警察调出来，把有防暴装置的警察调进去。重视改进警察的防护装置，以加强对其人身安全的保障。因此，如何进一步平衡相对人权益保障与民警的人身权保障之间的

关系的确是应当认真权衡和思考的。

(二) 对财产的行政强制

对财产的行政强制主要是指公安机关交通管理部门对负有履行法定财产义务却拒不履行义务的相对方，所采取的迫使其履行义务或达到与履行义务相同状态的强制手段，主要有：扣留机动车、扣留机动车驾驶证、冻结、扣押、查封、划拨、收缴非法装置、强制拆除、强制报废、强制检验、强制排除妨碍、拖移机动车、强制撤离事故现场、拦截与追缉、强制征用交通通讯工具等。

(三) 对场所的行政强制

对场所的行政强制，是指公安机关交通管理部门为了公共安全或公共利益的需要，在一定区域内所实行的强制手段。例如，对群体性事件，在劝解无效的情况下，立即着手进行强制干预的行动，抢先一步控制交通要道，实行交通管制、现场管制；隔离冲突双方，疏散无关人员，强行带离拒不服从者。发生突发事件后，公安机关交通管理部门与当地政府、组织一同对现场进行封锁，设立警戒区、警戒哨、警戒线，维持秩序。例如，当发生危险化学品交通事故时，应当根据化学危险品扩散情况确定警戒区域进行警戒，并视具体情况进行动态调整。要严格控制进入现场的人员量，严禁围观。没有防护措施的人员一律不得进入警戒区域。

二、按交通警察行政强制的功能可分为：救助性行政强制、控制性行政强制以及协助性行政强制

(一) 救助性行政强制

这类是在突发事件中，为抢险救灾、解救处于危难之中的群众而采取的强制措施，如强制疏散、救助被困人员。这是基于人道主义而产生的警察义务。

（二）控制性行政强制

控制性行政强制，是以警察任务为核心的，实施具有预防性或者抑制性功效的强制措施，使其保持或回复到正常状态。为交通安全防范，公安机关交通管理部门为加强对重点地区、重点路段、重点人群、重点车辆（如校车、客运车辆、危险化学品车辆）等交通安全防范，交通警察采取的包括扣押、收缴、检查、盘查等在内的强制措施均属于控制性强制措施。

（三）制止性行政强制

制止性行政强制是对正在发生的危险行为和事件所采取的旨在避免或减少、缩小危害结果的强制措施。例如，对醉酒开车的驾驶人强制约束醒酒，对无证驾车人员的车辆予以扣留等。

（四）协助性行政强制

协助性行政强制是利用公安机关具有较强的强制力与手段等优势，协助其他行政机关采取和落实有关措施，具有补足性、补强性。

1. 专属于公安机关采取的、助成性的强制措施。在政府部门中，公安机关具有较强的强制力，能够有效抑制当事人的反抗。为了妥善保护公民的人身自由，在立法上一般将限制人身自由的强制措施，交付公安机关实施或者协助实施。但是，这类强制措施的行使目的仍然是协助性的，是助成其他行政机关的规制行为能够得以顺利实现。

2. 从属于其他行政机关的、配合性的强制措施。在有关突发应急事件处置中，都涉及要求公安机关交通管理部门配合其他主管行政机关实施隶属于后者的一些强制措施。这主要是考虑其他主管行政机关人力资源有限，无暇顾及方方面面，而公安机关在履行其职责过程中协助执行，有利于提高行政效率和处置效益。例如，公安机关在对现场实施封锁措施时，配合动物检疫部门对进出的运输鸡、鸭、鹅、鸽等家禽动物的车辆进行拦截、强制检疫。

（五）促进性行政强制

促进性行政强制，是指行政主体根据公共利益的紧迫或合理需要，对有关的并不负有义务的相对人的权益采取强制措施，以满足公共利益需要的行为，如强制征用、强制许可。

三、按行政强制措施是否为独立的行政行为可分为：独立的行政强制和从属性行政强制

独立的行政强制，是指行政强制本身就构成行政主体具体行政行为的全部，不以其他强制行为为前提，如强制撤离事故现场、强制醒酒、强制检查等。从属性行政强制则是属于某个具体行政行为的辅助性或保障性措施，构成某个具体行政行为的组成部分，如查封、扣押、冻结、强制传唤等。

四、按行政主体实施行政强制的紧急程度可分为：一般行政强制和紧急行政强制

紧急行政强制，是指行政主体基于相对人的危险行为或自然灾害等客观事件的紧急性而当场采取的强制措施，如强制扣留、扣押、约束、强制征用等。一般行政强制的紧要性程度弱于紧急行政强制，往往是在经过一定行政程序后才采取，而且一般也不是当场采取，这类强制措施包括强制许可、查封、冻结等。

五、按行政主体是否依职权主动采取行政强制可分为：依职权的行政强制和依申请的行政强制

行政强制在多数情况下是由行政主体依职权主动采取，如强制约束、强制遣返、强制隔离，还包括一部分查封、扣押、冻结、强制戒毒、强制治疗、强制传唤等。依申请的行政强制则是行政主体根据其他相对人的申请对某个相对人的人身或财产采取

的强制措施。例如，在某些情况下依当事人申请而采取的查封、扣押、冻结等。

第三节 交通警察行政强制的作用

交通警察行政强制的作用，是指交通警察行政强制对于保障道路交通法规所调整的社会关系，实现维护交通秩序、保障交通安全和提高通行效率的目标所特有的各种效能。笔者认为，交通警察行政强制具有预防、制止、保障三大基本作用。

一、预防

交通警察行政强制通过对特定相对人实施强制行为，保护某种处在被侵害危险状态的利益不被侵害或者已被侵害的利益的损失不再扩大。这样的作用主要来源于人们对公民权利的尊重、爱护和对公共利益的需求，当公民权利或者公共利益遭受危险或者正在发生侵害时，必然需要一定的力量来消除这种危险与侵害，以防危害结果的发生。

交通警察行政强制在维护交通秩序、预防交通事故与防范交通违法行为发生方面的作用，主要表现在：第一，有利于预防相对人准备实施危害交通安全和交通秩序的行为。例如，约束醉酒者，禁止其驾驶机动车等。第二，有利于预防相对人正在实施的交通违法行为发生损害自身或他人的安全和利益。例如，对公路运输车辆超载的人员或货物进行强制卸载，对严重违反交通法规的车辆实施拦截，以防发生道路交通事故。总之，交通警察行政强制具有防患于未然的预防作用。

二、制止

交通警察行政强制的制止作用，是指交通警察采取行政强制手段可以制止或排除正在实施的危害交通法规所保护的社会关系和交通秩序的危险事件和行为，使交通法规所保护的社会关系和交通秩序免遭危险事件和行为的实际损害。例如，对超速车辆予以扣留，强制排除影响道路交通安全的非法设施，对上路行驶的无牌无证车辆予以扣留等。超速行驶、影响道路交通安全的非法设施、无牌无证等交通违法行为极易引发交通事故甚至恶性交通事故，必须予以制止，而此时最迅速有效的措施，就是交通管理部门及交通警察采取扣留车辆、撤除非法设施等强制措施，使这些交通违法行为立刻得到制止。

三、保障

交通警察行政强制对公安机关交通管理部门及交通警察作出的并已经生效的行政决定得以实现具有保障作用。无论是交通警察行政强制措施，还是交通警察行政强制执行，都有助于保障交通行政处理决定的实现，从而实现维护交通秩序、确保交通安全、提高通行效率的道路交通管理目的。就交通警察行政强制措施而言，它通过强制传唤、强制检查、强制检测等手段获取证据，查清事实，从而为公安机关交通管理部门客观、公正地处理交通事故以及交通违法行为提供保证。就交通警察行政强制执行而言，公安机关交通管理部门通过代执行、执行罚等交通警察行政强制执行的手段，确保行政决定义务人履行义务或者达到与履行义务相同的状态。

第四节　交通警察行政强制的法律依据

具有强制性的交通警察行政强制，体现了一种重大的行政权力。它直接影响到公民、法人或其他组织的合法权益，而且运用时通常都具有紧迫性，很容易导致对相对人合法权益的侵害。因此，实施交通警察行政强制必须具有充分的法律依据。公安机关交通管理部门是否具有行政强制权，具有哪些行政强制权，在何种情形下适用交通警察行政强制，适用何种交通警察行政强制，适用何种程序、对象等，均应由法律、法规明确限定。

目前，我国有关交通警察行政强制的法律规定散见于不同的法律、法规和规章之中。其中规定公安机关交通管理部门及交通警察享有交通警察行政强制权的法律有：《人民警察法》、《道路交通安全法》等；涉及交通警察行政强制的行政法规有：《道路交通安全法实施条例》等；涉及交通警察行政强制的规章有：《公安机关办理行政案件程序规定》、《道路交通安全违法行为处理程序规定》、《道路交通事故处理程序规定》、《交通民警道路执勤执法规则》等。此外，还有一些地方性法规也涉及交通警察行政强制的内容，如各省、自治区、直辖市人大常委会制定通过的有关道路交通安全方面的条例等。

现阶段由于我国还没有正式出台行政强制法和行政程序法，有关交通警察行政强制的诸多问题还缺乏统一的合理的法律规定。立法上的滞后致使公安交通管理部门难以合法有效地利用这一制度达到维护道路交通管理的目的，同时，也致使滥用交通警察行政强制权的现象屡禁不止。因此，加强和完善行政强制立法，对于构建客观、公正、高效的交通警察行政强制制度具有根本意义。

第五节　交通警察行政强制的设定与规定

一、对行政强制设定与规定的概念辨析

交通警察行政强制的设定与规定是对交通警察行政强制实施法律控制的首要环节。作为分析问题的背景，必须对行政强制设

定与规定的关系作一简述。设定与规定的实质是以法的形式公平分配行政强制机关与相对一方的权利义务，并对其各自的违法后果加以规定。

行政强制的设定与规定，从其性质来看，应当是属于立法活动的范畴。设定从其本义上说具有“创设”、“第一次规定”的含义。行政强制的设定，是指拥有设定行政强制权的机关创造性地规定行政强制，使行政强制权从无到有。① 从制度设计的角度来看，设定主要包含两方面：一是由谁来设定，即设定的主体问题。二是设定什么，即设定的内容问题。这里还要提及与行政强制设定相对应的行政强制的规定问题。

行政强制的规定，是指有关机关对已创设的行政强制，依据法律加以具体化、细密化的一种立法活动。② 与设定相比，规定具有从属性、统一性和具体性等特点。行政强制设定是行政强制规定的存在前提，如果没有对行政强制的设定，也就谈不上对行政强制的规定，这就是行政强制规定的从属性；对行政强制进行规定时，必须符合法律对行政强制设定时所确立的行使主体、适用条件、强制手段等，也就是必须在其范围内规定，否则所作的规定不能产生预期的法律效力，这是行政强制规定的统一性；由于各种条件的限制，行政强制的设定往往比较原则，这给执行机关带来一定困难，因此需要通过行政强制的规定来将设定的行政强制加以具体化，使其更具可操作性，这就是行政强制规定的具体性。

交通警察行政强制是行政强制的组成部分之一。交通警察行政强制的设定与规定理应遵循行政强制设定与规定的一般原理。

---

① 胡建淼．行政强制法研究．法律出版社，2003，176

② 胡建淼．行政强制法研究．法律出版社，2003，185

二、交通警察行政强制设定与规定的现状

按理说，应当对设定与规定我国交通警察行政强制的整个法律、法规进行历史性统计分析。但是如果那样的话，说实话，仅靠本人的精力和能力难以在短期内完成此重任，故只能作为一件憾事留待以后努力弥补了。因此，这里只重点对设定与规定交通警察行政强制的现行法律、法规的状况进行简要归纳。

（一）《人民警察法》[①]

《人民警察法》设定的与交通警察行政强制有关的条文主要有8条：

1. 公安机关人民警察依法可以实施强制措施的一般规定，[②]属于概括性条款（第7条）。

2. 公安机关人民警察实施强制带离现场、强制拘留的规定（第8条）。

3. 公安机关人民警察实施盘查、留置盘问的规定（第9条）。

4. 公安机关人民警察使用警械的规定（第11条）。

5. 公安机关人民警察优先乘坐公共交通工具和优先通行的规定（第13条）。

6. 公安机关人民警察实施约束的规定（第14条）。

7. 公安机关人民警察实施交通管制的规定（第15条）。

8. 公安机关人民警察实施现场管制的规定（第16条）。

---

① 需要说明的是，《人民警察法》是一种组织法律规范，虽然授权作为人民警察具有依法实施行政强制的权力，但这并不意味着人民警察可以据此直接采取行政强制行为，还必须有具体的法律、法规。这就是下面将要进行归类统计的一些法律、法规和规章等。

② 这里的行政强制措施应当是广义上的，即本书所指的行政强制。

（二）《道路交通安全法》

《道路交通安全法》是2003年10月28日第十届全国人民代表大会常务委员会第五次会议通过并于2004年5月1日正式施行的。该法设定或规定的交通警察行政强制共15条：

1. 机动车超载的，公安机关交通管理部门有权扣留机动车（第92条）。

2. 上道路行驶的机动车未悬挂机动车号牌，未放置检验合格标志、保险标志，或者未随车携带行驶证、驾驶证的，公安机关交通管理部门应当扣留机动车（第95条）。

3. 伪造、变造或者使用伪造、变造的机动车各种标志、证书和证件或者使用其他车辆的各种标志、证书、证件的，由公安机关交通管理部门予以收缴，扣留该机动车（第96条）。

4. 未投保机动车第三者责任强制保险的，由公安机关交通管理部门扣留车辆（第98条）。

5. 驾驶拼装的机动车或已达到报废标准的机动车上道路行驶的，公安机关交通管理部门应当予以收缴、强制报废（第100条）。

6. 因交通事故收集证据的需要，可以扣留事故车辆（第72条）。

7. 非机动车驾驶人拒绝接受罚款的，可以扣留非机动车（第89条）。

8. 对累积记分达到12分的机动车驾驶人，公安机关交通管理部门扣留机动车驾驶证（第24条）。

9. 酒后驾车的，公安机关交通管理部门应扣留驾驶证，醉酒驾驶机动车的应约束至酒醒（第91条）。

10. 将机动车交由未取得机动车驾驶证或者机动车驾驶证被吊销、暂扣的人驾驶的，由公安机关交通管理部门扣留机动车驾驶证（第99条）。

11. 发生重大交通事故构成犯罪的或造成交通事故后逃逸的，应扣留机动车驾驶证（第101条）。

12. 机动车驾驶人不在现场或虽在现场但拒绝立即驶离、妨碍通行的，公安机关交通管理部门可以拖移机动车（第93条）。

13. 非法安装报警器、标志灯具的，由公安机关交通管理部门强制拆除，予以收缴（第97条）。

14. 在道路两侧及隔离带上种植树木、其他植物或设置广告牌、管线等，遮挡路灯、交通信号灯、交通标志、妨碍视距的，由公安机关交通管理部门责令排除妨碍，拒不执行的，强制排除妨碍（第106条）。

15. 当事人逾期不履行行政处罚决定的，作出行政处罚决定的行政机关可以采取：（1）到期不缴纳罚款的，每日按罚款数的百分之三加处罚款；（2）申请人民法院强制执行（第109条）。

（三）《道路交通安全法实施条例》

《道路交通安全法实施条例》2004年4月30日由国务院令第405号公布，自2004年5月1日起施行。其法律性质应属于行政法规。其设定的交通警察行政强制有2种：①

1. 对机动车驾驶人有饮酒、醉酒、服用国家管制的精神药品或麻醉药品嫌疑的，应当接受测试、检验（第105条）。

2. 对于未造成人身伤亡的交通事故，交通警察应在记录事故情况后责令其本人撤离现场，拒不撤离的，强制撤离（第89条）。

另外，第106条、第107条对《道路交通安全法》已设定的扣留机动车进行了细化。

---

① 作为行政法规的《道路交通安全法实施条例》能否行使设定权存有争议，但笔者认为，原则上不应具有设定权，下文将作具体阐述。

(四)《道路交通安全违法行为处理程序规定》

《道路交通安全违法行为处理程序规定》是2008年11月17日由公安部令第105号发布，自2009年4月1日起施行。其法律性质应属于部门规章。它设专章就交通警察行政强制的适用进行了规定。涉及交通警察行政强制的条文是：第22条、第23条、第24条、第25条、第26条、第27条、第28条、第29条、第30条、第31条、第32条、第33条、第34条、第35条、第36条、第37条、第38条、第39条，共18条。这些条文均是对《道路交通安全法》所设定或规定的各种行政强制进行细化的规定，属于规定权范畴，其内容主要侧重于行政强制实施程序方面的规定。

(五)《道路交通事故处理程序规定》

《道路交通事故处理程序规定》是2008年7月11日由公安部令104号发布，自2009年1月1日起施行。其法律性质应属于部门规章。它涉及交通警察行政强制的条文共10条。其中第16条（强制撤离事故现场）、第21条（交通管制、封闭道路）、第25条（抽血或者提取尿样）、第26条（强制检查、强制传唤）、第28条（扣留事故车辆、扣留机动车驾驶证）、第29条（扣押有关物品）、第32条（堵截和追缉）、第34条（扣留逃逸车辆或嫌疑车辆，传唤逃逸人或嫌疑人）、第41条（处理尸体）、第44条（依法处理扣留的车辆）是对《人民警察法》、《道路交通安全法》有关交通警察行政强制内容的细化，属于规定权。

(六)《交通警察道路执勤执法工作规范》

《交通警察道路执勤执法工作规范》是公安部2008年11月15日修订后发布，自2009年1月1日起施行的部门规章。其中涉及的交通警察行政强制措施属于规定权，其内容是：

1. 第48条、第49条、第50条规定：违法行为适用简易程序处罚的，交通警察对机动车驾驶人作出简易程序处罚决定后，应当立即交还机动车驾驶证、行驶证等证件，并予以放行。制作行政强制措施凭证应当做到内容准确、字迹清晰。依法采取行政强制措施，应告知机动车驾驶人接受处理的时限、地点。当事人拒绝在法律文书上签字的，交通警察除应当在法律文书上注明有关情况外，还应当注明送达情况。

2. 第51条规定：交通警察依法扣留车辆时，不得扣留车辆所载货物，并应当提醒机动车驾驶人妥善处置车辆所载货物。当事人无法自行处理或者能够自行处理但拒绝自行处理的，交通警察应当在行政强制措施凭证上注明，登记货物明细并妥善保管。货物明细应当由交通警察、机动车驾驶人签名，有见证人的，还应当由见证人签名。机动车驾驶人拒绝签名的，交通警察应当在货物登记明细上注明。

3. 第52条、第53条、第54条、第55条、第56条、第57条、第58条、第59条、第60条就交通管制的实施进行了细化规定。

三、对交通警察行政强制设定与规定现状的思考

以上对交通警察行政强制设定与规定的现状按照相关法律、法规与规章分别进行了归类，共约21种行政强制方式。它们是：扣留机动车、扣留非机动车、扣留驾驶证（含行驶证）、强制撤离事故现场、强制收缴、强制拆除、强制排除妨碍、强制检验（检测）、强制传唤、强制拘留、拦截车辆、盘问、强制检查、紧急处置、拖移机动车、约束、紧急征用、交通管制、现场管制、代执行、执行罚。总的来看，交通警察行政强制除了少数（共3种）由《道路交通安全法实施条例》（2种）和《交通民警道路执勤执法规则》（1种）设定外，基本上都是由《人民警察法》和《道路交通安全法》这两个法律设定的，国务院行政

法规和公安部规章主要是对行政强制进行细化，以便于操作。

交通警察行政强制的设定与规定是交通警察实施行政强制必须首先要解决的问题。这个问题不解决，交通警察行政强制就缺乏法律依据，其合法性就会受到质疑，对交通警察行政强制实施有效的法律控制就无从谈起。应当说，从目前的道路交通安全管理实践来看，虽然上述诸法律、法规设定的行政强制基本上能够满足实务的需要。但是冷静思索一下，就会感觉到还有一些问题值得反思。其一，行政法规和规章能设定交通警察行政强制吗？其二，《人民警察法》、《道路交通安全法》与将来的《行政强制法》应当是什么关系？下面就这两个问题作一探讨：

（一）交通警察行政强制必须由法律设定

之所以强调这一点，主要是基于两点原因：第一，法制统一性原则的要求，即从构建我国行政法制体系的角度看，对交通警察行政强制由法律设定是确保我国行政法制统一的重要内容。如果法律对其设定不作统一规定，而可以任意创设某种行政强制，则势必造成各种行政强制之间的冲突与混乱，势必造成在实践中对行政强制权的滥用，从而破坏行政法制的统一性。从道路交通安全管理实践来看，也确实如此。长期以来，行政强制设定权无明确规定，不用说一些规章滥设行政强制，甚至连一些县交警大队也自设行政强制乱收缴、乱没收、乱扣留，给广大人民群众的合法权益造成了很大侵害。近几年，随着依法行政，建设法治政府的不断推进，尤其随着《道路交通安全法》的通过与施行，这种滥设行政强制的现象得到了极大的遏制。第二，是法律保留原则的要求。公权力的设定问题，核心是如何对公权力进行约束、控制的问题。为实现这一目标，行政强制权就不能由某项行政决定权的行政机关自行设定，如果行政机关凭借拥有规章或其他规范文件的制定权为自己设定某项行政强制权，很显然就不可能实现控权的目的。同时，为实现控权目的，除了对交通警察行政强制设定主体法定外，还必须对行政强制的种类、适用情形、程序等行政强制的内容进行规制，否则仍然难以从立法上防止交通警察滥用行政强制权。当然，考虑到行政管理事务的复杂多变，行政法规可以视情设定临时性的针对财物的行政强制，一旦条件成熟，即由法律加以认可。①

综上所述，行政强制必须由法律设定，这是毋庸置疑的了。那么，行政法规和规章是不是就没有其存在的价值了？答案显然是否定的。事实上，任何一部法律都不可能规定得十分详细，相反，都需要有低位法来进行补充、细化，增强其可操作性，从而提高行政强制权的运行效力。就交通警察行政强制而言，从《人民警察法》、《道路交通安全法》中设定的行政强制的内容来看，基本上是简要地规定了行使行政强制的主体、适用条件以及强制方式。如果就此执行的话，公安机关交通管理部门及其交通警察会感到很不好操作，因此一定要通过其他规范性文件进行细化，即通过行使行政强制规定权来增强可操作性。这里又引出一个问题，就是由哪个层次的规范性文件来细化呢？从现行的立法看，基本上都是由公安部制定的部门规章来完成的，而《道路交通安全法实施条例》却涉及很少。对于这一问题，似乎目前认识也不太统一。有一种观点似乎更合理、更可行一些，即根据行政强制的强弱来进行划分，对涉及人身性的行政强制进行细化的法规范应高于涉及对财产性行政强制进行细化的法规范。这是因为财产性行政强制种类繁多，实际情况也比较复杂，很多情况下需要灵活处置。

笔者认为，行政强制应由法律设定，考虑到行政管理事务的复杂多变，行政法规可以视情设定临时性的针对财物的行政强制，一旦条件成熟，即由法律加以认可，其他任何规章、规定等

---

① 傅士成．行政强制研究．法律出版社，2001，82

规范性文件不能设定行政强制权；对于行政强制规定权，人身性行政强制可由行政法规行使，财产性行政强制可由部门规章行使（主要是对行政强制程序的细化性内容）。

（二）交通警察行政强制的设定必须和谐统一、合理划分

既然交通警察行政强制的设定必须由法律设定，且国家正在制定行政强制法，这就涉及与《人民警察法》、《道路交通安全法》等法律的关系问题。就现行的交通警察行政强制设定的现状来看，交通警察行政强制基本上是由《人民警察法》和《道路交通安全法》来设定的。人们不禁要问《行政强制法》与《人民警察法》、《道路交通安全法》[①] 如何协调？两者的范围如何界定？现在有一种思路：就是所有的行政强制都由行政强制法设定，其他都无权设定。[②] 如此做行不行呢？笔者认为，恐怕不行。原因是：第一，就行政强制法本身来说，其涵盖面需要相当广泛，必须规定实践需要的全部行政强制手段，这就给全国人大及其常委会的立法提出了很高的要求，其难度是相当大的。第二，就部门行政法来说，如果《人民警察法》、《道路交通安全法》等部门行政法没有具体的行政强制规定，又该如何保证它们的实施呢？所以，我觉得不应当完全排除其他法律的设定权，而是要进行合理的划分，发挥各自的功能，实现互补，而且从现行设定的情况来看，也确实需要《行政强制法》与《人民警察法》、《道路交通安全法》的合理划分。如何划分？作为《行政强制法》应注意对行政强制的具有共性的、基础性的内容进行规制，从而起到一个统领全局的功效。例如，行政强制的基本原则、行政强制的基本分类、行政强制的基本构成要件、行政强制实施的基本程序、行政强制的监督与救济、违法实施行政强制的

① 其实质是一般行政法与部门行政法之间的关系。

② 余凌云．警察行政强制的理论与实践．中国人民公安大学出版社，2003，56

法律责任等基本问题。而作为《人民警察法》、《道路交通安全法》等部门行政法应注意侧重具体的行政强制手段的设定，但其基本精神不能与行政强制法相冲突。这样既保证《行政强制法》和《人民警察法》、《道路交通安全法》的和谐统一，也使《人民警察法》与《道路交通安全法》等部门行政法得以有效实施并保证它们相互之间也实现和谐统一。

第六节 交通警察行政强制程序

一、交通警察行政强制程序含义与功能

交通警察行政强制程序，是指公安机关交通管理部门以及交通警察实施行政强制时所应当遵守的方式、步骤、时限和顺序等要素所构成的一个行为的连续过程。交通警察行政强制程序是行政强制程序中的一类具体程序。行政强制程序对于法治国家具有重要的法律意义。这是因为现代行政事务的复杂性、多变性，导致了行政实体法所规定的行政强制权（包括交通警察行政强制权）基本上而且只能是行政自由裁量权。然而，行政实体法对于如何确保行政自由裁量权的正当行使基本上是力不从心，难有作为。因此，如何控制行政自由裁量权就成为20世纪法治社会的一个中心议题。为此，人们首先想到的是肩负推行法治重任的法院。[①] 于是，不少国家的司法审查权便将自由裁量权也纳入司法审查的范围，以期修正自由裁量权的不良运作。通过行政诉讼中的司法审查权对行政自由裁量权进行法律控制，尽管取得了一

① 正如英国上诉法院院长丹宁勋爵所说：20世纪的法院面临的重大问题一直是：在权力日益增长的年代，法律如何对付滥用权力或误用权力的局面（[英] 丹宁勋爵. 法律的训诫. 杨百揆译. 群众出版社，1985，56）。

定成效，但事实上远没有彻底解决问题。其原因主要在于法院的司法审查只是一种事后控制，对行政自由裁量权的滥用只能是事后补救，而难以进行预防性的控制。

于是，人们又开始在行政自由裁量权行使之初和过程中找寻法律控制的基点。人们发现，通过健全、规范行政自由裁量权的法律程序，在行政自由裁量权行使之初和过程中控制其行为结果趋于合理性，可能是一种比较有效的法律控制方法。于是，作为控制行政自由裁量权新手段的法律程序开始为人们所关注。法律程序为什么对行政自由裁量权的滥用有一定的控制作用呢？尽管在认识上还不甚一致，但有一点是公认的，即法律程序能够驱使行政主体正当地行使权力，合理地承担义务、履行职责。在英美国家，具有重法律程序的传统，普通法中的自然公正原则和美国的正当程序理论，早已成了普通法院对行政机关提出行政权合法性的程序法律要求的依据，并通过日积月累的判例，逐步构成了一个控制行政自由裁量权的较为完整的体系。

就我国目前交通警察行政强制的现状来看，一些交通警察滥用行政强制权的现象还是十分严重的。之所以不少交通参与者对交通警察的执法不满、质疑、批评很多，许多都和一些交通警察滥用行政强制措施直接有关，如乱扣车扣证、乱拖移车辆等，在人民群众中造成了很坏的影响。为彻底消除这些不良现象，必须从制度入手，构建严密、公正、合理的行政强制程序来约束和规范交通警察行政强制。

“木直中绳”，“其曲中规”，“故木受绳则直，金就砺则利”。两千多年前，中国大思想家荀子留下这番至理名言，精辟之至。墨绳一弹，斧锯一动，一切都得按规矩办事，没有任何讨价还价的余地。同理，行使行政强制权必须遵循法律规定，弹法律之准绳，严格按法定程序，动法律之斧锯，一切都得按法律和程序规定办事。因此，交通警察在行使行政强制权时，必须精通法律条文，把握条文背后的准确含义，走出适用误区，以法律为准绳，用法定程序约束自己的执法行为，从而促进执法公正。

二、交通警察行政强制程序的特点

（一）交通警察行政强制程序具有法定性

无论是《人民警察法》、《道路交通安全法》等法律，还是《道路交通安全法实施条例》、《公安机关办理行政案件程序规定》、《道路交通事故处理程序规定》等法规、规章，它们都从不同的角度、不同的侧面对交通警察行政强制的程序作了规定。这些内容尽管大部分与行政实体内容混杂在一起，但笔者认为它较为全面地规定了交通警察行政强制程序的相关内容。例如，关于交通警察行政强制的方式、步骤、时限、顺序均有所涉及，有的还规定得相当精细。因此，笔者认为，我国现行的交通警察行政强制程序具有法定性特点，应当不算过分。

（二）交通警察行政强制程序具有分散性

分散性，是指交通警察行政强制程序的各种具体规定分散于诸多法律、法规和规章之中。正如上面所列举的各个法律、法规和规章中都有关于行政强制程序的规定，不过细细分析，这种分散还是有规律可循的：法律位阶越高，程序规定得越原则；法律位阶越低，程序规定得越具体，越具有可操作性；对各种具体的行政强制都规定了相应的具体程序。例如，扣留车辆有 9 种情形，法律、法规和规章都尽力对每种情形规定了相应的程序要求，尽管有些环节有遗漏或不太明确，甚至不少是属于手续性的内容，但基本上都涉及了。

（三）交通警察行政强制程序具有控权性

综合分析交通警察行政强制的相关法律、法规和规章，不难发现，立法者都比较注意试图通过设计合理的程序来实现对交通警察行政强制权的控制。每个具体的行政强制手段除限定了具体的适用情形外，几乎都设计了相应的时限、告诫、批准、执行方式等程序方面的主要内容。例如，《道路交通安全违法行为处理程序规定》专门用三个条文规定了扣留车辆的程序，除了第 13 条规定了可以扣留车辆的 7 种情形外，紧接着第 14 条限定了交通警察应在实施扣留车辆后 24 小时内将被扣车辆交所属公安机关交通管理部门，并规定不得扣留车辆所载货物；并通知当事人自行处理。当事人无法自行处理或不自行处理的，应当记录并防止丢失，对容易腐烂、灭失或不具备保管条件的物品，经批准，可以在拍照或录像后变卖，变卖所得按有关规定处理。同时，第 15 条规定了对机动车来历证明进行调查核实的时限。这样的程序规定既保障了扣留车辆权的有效行使，又能有效地制约交通警察滥用扣留车辆权，从而保护相对人的合法权益。

三、交通警察行政强制程序的基本环节

尽管交通警察行政强制包括行政强制措施、行政即时强制和行政强制执行，它们的程序并不完全相同，存在差异。但是，交通警察行政强制程序作为一个行政过程，它们都是由一定的方式、步骤等所构成的，它们的基本构成是相同的。大致来看，交通警察行政强制程序主要由告诫、决定和实施三个基本环节组成：

（一）告诫

告诫是行政强制程序的第一步。和其他行政强制一样，除非无须告诫的特殊紧急情形外，交通警察行政强制也必须履行告诫程序。告诫，是指当行政相对人不履行其义务时，行政机关通过法定形式向行政相对人发出通知，期待其自觉履行，并告知其如不自觉履行其义务，即产生不利的法律后果。之所以在行政强制中要设置告诫程序，从法理层面来分析，主要理由是：

1. 基于对行政相对人的尊重。现代宪法上基本人权的发达，

为行政强制程序中的告诫提供了丰厚的法理基础。基本人权，是指人作为人应当而必须享有的固有权利，它不可被转让与剥夺，它是其他一切权利的核心与基础。① 尊重和保护基本人权的核心问题是，人只能作为目的而不能被当做实现某种目的的手段，成为他人任意支配的对象。而宪法对基本人权的确认是实现公民基本人权的重要前提，它要求行政机关尊重和保护公民的人格，公民不再是消极地等待行政权结果，而是可以主动参与行政权行使过程，并推动行政机关做出更加公正的行政行为。而要真正实现之，构建公正、合理的行政强制程序必不可少，而告诫则是其中的重要一环。当遇有行政相对人不履行自己义务时，行政机关在对行政相对人实施强制前，应当通知行政相对人并期待其自觉履行，同时告知其不履行其义务的法律后果等。由此可见，这一切完全体现了对行政相对人的充分尊重。

2. 有利于弱化行政相对人与行政机关的对抗情绪。之所以行政机关对行政相对人要采取行政强制手段，关键的原因是行政相对人不履行其义务。但是，行政相对人为何不履行其义务呢？行政机关有没有听一听、问一问呢？如果行政相对人说得有道理，行政机关就要接受；如果说得不符合法律要求，就要有针对性地进行解释与说服，从而促使行政相对人自觉履行，行政强制得以避免，即使行政相对人仍然不能理解，行政强制难以避免，最起码也可能缓解行政相对人的对立情绪，从而避免冲突或者减轻冲突的程度。事实证明，行政行为是以力服人，还是以理服人，直接关系到行政行为的实效。所以，行政行为不仅要注意其合法性，还要注意其合理性。一个既合法又合理的行政行为，才能让行政相对人乃至社会心服口服地接受、认同，从而使行政行为的实效最大化。合理的行政行为应当是通过与行政相对人的说

① 郭道晖. 法的时代精神. 湖南出版社，1997，220

理、沟通、交涉过程来完成的，而行政程序则为这种说理、沟通、交涉提供了一个坚实的平台。“行政程序作为一种科学而严格的意思表示规则，至少能使行政主体做出错误意思表示的危险减到最小限度，为行政主体做出准确的意思表示提供一种最大的可能性。”① 这就是程序的价值、告诫的价值。

基于上述分析，笔者认为，行政强制的告诫应注意遵循下列两点基本要求：第一，行政强制告诫的主体必须是行政主体。这是因为行政强制是行政主体依职权做出的、影响行政相对人合法权益的行为，而行政强制的有效前提则是行政相对人知道或者应当知道该行政强制行为的存在，作为行政主体必须将行政强制行为依法告知行政相对人。第二，行政主体的告诫必须到达行政相对人，也就是说，行政相对人已经知悉行政主体的告诫。当然，这种“知悉”或者“到达”只能是一种法律上的“知悉”或者“到达”。例如，行政主体在行政相对人户口所在地公告告诫法律文书，在经过了法定期限后即可视为该告诫法律文书已经到达了行政相对人，而不管行政相对人是否真正收到或者知悉了行政强制，行政主体即可进入下一个行政强制决定程序。

（二）决定

决定是交通警察行政强制程序的第二步。作为交通管理部门及其交通警察，必须依据事实和法律慎重决定。决定，是指行政主体在经过告诫之后，行政相对人仍然没有依法履行其义务的情况下而确定适用强制手段的行政行为。通常情况下，行政强制决定的内容应当包括：被强制的行政相对人身份等基本情况；采取行政强制的事由、法律依据；实施行政强制的具体方法、时间；实施行政强制后，行政相对人的救济权利等。

行政强制决定应当是一种要式行为。因此，行政强制决定应

① 叶必丰．公共利益本位论与行政程序．政治与法律，1997（4）：8～12

当以书面形式作出，并告知行政相对人，必要时，还可以在适当的范围内公告，以取得社会和他人的理解与支持。除当场采取行政强制外，实施行政强制前须经行政机关负责人审批。在对财产的强制措施中，行政机关依照法律、法规规定对公民、法人或其他组织的财产需要查封、扣押，应当经行政机关负责人审批；对重大案件或者数额较大的财物需要实施查封、扣押的，除法律另有规定外，应当经过行政机关负责人集体讨论决定。冻结存款的强制措施中，冻结存款应由法律规定的行政机关决定。

行政强制决定作出后，必要时可以撤回行政强制决定。行政强制决定告知行政相对人后，如果行政性对人开始履行行政义务，或者行政主体认为行政强制已经没有必要，则可以撤回行政强制决定，终止行政强制程序。与此相反，如果行政主体置行政相对人已开始履行行政义务于不顾，仍然决定行政强制，则显然违反了行政强制的目的，构成行政违法。行政强制的目的是促使行政相对人履行义务，只要行政相对人能够在法律可以容忍的期限内履行其义务，行政强制就毫无必要。

（三）实施

实施是交通警察行政强制程序的第三步。行政强制决定作出后，如果行政相对人在行政主体确定的行政强制的时间之前仍然拒绝履行其义务，则行政主体应当依据行政强制决定实施行政强制，以实现行政的目的，维护法律的权威。作为行政相对人在行政主体实施行政强制时，应当履行容忍的义务，不得对抗、阻挠行政主体的实施，否则行政主体可以进一步采取必要的强制手段予以制止。

公安机关交通管理部门及其交通警察在实施行政强制时，必须遵循最小侵害原则，也就是说，公安机关交通管理部门及其交通警察在实施行政强制的过程中应尽力减少对相对人的合法权益造成损害，必须通过对行政相对人的最低损害来实现行政目的。

然而，交通管理实务中一些民警在采取行政强制时，随意扩大行政强制的范围，损害行政相对人合法权益的现象并不少见。例如，对超载车辆不仅扣留机动车驾驶人的车辆，而且还扣留车辆上所载的货物，同时对所扣车辆不注意拖移的方法和妥善保管，给机动车驾驶人造成了不应有的损失。

实施行政强制的程序包括：一是陈述和申辩。公安机关交通管理部门及其交通警察在实施行政强制前，当事人有陈述和申辩的权利，公安机关交通管理部门及其交通警察应当听取当事人的陈述和申辩。二是告知。公安机关交通管理部门及其交通警察实施行政强制，必须当场告知当事人采取行政强制的理由、依据、救济途径及当事人依法享有的权利。在采取人身强制措施时，公安机关交通管理部门及其交通警察应当当场告知或事后通知当事人家属实施行政强制措施的行政机关和地点，告知和通知应当以书面形式作出。三是实施。行政强制应当由公安机关交通管理部门两名以上的交通警察实施，交通警察应当出示执法证件表明身份及行政强制决定书。

交通警察实施行政强制应当注意做好现场记录。现场记录的意义在于行政主体为事后对抗行政相对人提出异议。通常情况下，现场记录应注意记录行政强制的时间、地点；行政强制的主要过程；现场见证人情况；行政强制标的物等。交通警察实施行政强制措施的过程中，应当制作现场笔录，现场笔录和清单由当事人或见证和执法人员签名或者盖章，当事人或者见证人员拒绝签名或盖章的，应当在笔录中予以注明。实施查封、扣押的，制作查封扣押清单，查封扣押清单一式二份，由当事人和公安机关交通管理部门分别保存。在对财产的查封、扣押措施中，公安机关交通管理部门当场实施查封扣押的，应当当场交给当事人查封、扣押清单，并应当在一天内补办查封、扣押决定书，送达当事人。发现当事人的财物已被其他国家机关依法查封的，不得重复查封。在对存款的冻结中，冻结存款应当书面通知金融机构。金融机构接到公安机关的冻结决定后，应当立即冻结存款，不得在冻结存款前通知当事人。冻结存款的数额应当与履行行政决定的金额或者违法行为的情节相当，已被其他国家机关冻结的存款，不得重复冻结。四是期限。在查封、扣押的行政强制措施中，查封、扣押的期限不得超过 15 日，法律对期限另有规定的除外。情况复杂，经公安机关负责人批准可以延长 15 日。在冻结存款的行政强制措施中，自冻结存款之日起 30 日内，行政机关应当作出处理决定。逾期行政机关未作出处理决定的，金融机构应当解除冻结的存款。五是保管。在查封、扣押的行政强制措施中，对查封、扣押的财物，行政机关应当妥善保管，不得使用或损毁。造成损失的，应当承担赔偿责任。对查封、扣押的财物，行政机关也可以指定当事人或者委托第三人保管，当事人或者第三人不得损毁或转移。因当事人的原因造成的损失，由当事人承担。因第三人原因造成的损失，由委托人和第三人共同承担赔偿责任。

交通警察行政强制实施结束后，应及时做好下列工作：一是及时处理。公安机关交通管理部门在实施查封、扣押的行政强制措施后，应当及时查清事实，在法定期限内作出处理。对违法事实确凿，依法应当没收的非法财物，将查封、扣押的财物没收。法律规定应当销毁的，依法销毁。对没有违法行为或者不再需要查封、扣押的，应当解除查封或将财物退还当事人。已将鲜活物品或者其他不宜保管的财物拍卖或者变卖的，退还拍卖或变卖所得。逾期行政机关未作决定的，被查封的物品视为解除查封，被扣押的物品当事人有权要求退还。违法行为构成犯罪，应当移送司法机关的，行政机关应当将查封、扣押的证据一并移送。除证据外，没收的财物一律上缴国库。在执行冻结存款的强制措施后，当事人自动履行行政决定或者不需要采取冻结存款措施时，公安机关交通管理部门应当及时作出解除冻结存款的决定。二是补偿。在查封、扣押的行政强制措施中，公安机关交通管理部门将鲜活物品拍卖或者变卖，拍卖或变卖的价格明显低于市场价格的，对当事人造成的损失，公安机关交通管理部门应当予以补偿。

四、现行交通警察行政强制程序的主要问题与对策

（一）现行交通警察行政强制程序的主要问题

笔者翻阅了几乎所有涉及交通警察行政强制程序的相关资料之后，有令人眼花缭乱，摸不着头绪的感觉，但掩卷思索之后还是略有感悟。尽管上述分析了现行交通警察行政强制程序的主要内容，但并不是说就尽善尽美了。其实还有不少问题值得研究和完善。笔者认为，现行的交通警察行政强制程序主要存在的问题是：

1．对交通警察行政强制的具体程序缺乏统一的具有共同价值取向的行政强制基本程序和基本原则的指导和引领。可以想象，在这样的情况下，具体程序设计的恣意性、盲目性、非科学性是在所难免的。当然，要解决这一问题，恐怕各专门性法律、行政法规和规章难当此任，只有指望《行政强制法》或《行政程序法》了。

2．不少的交通警察行政强制程序和交通行政实体规范混杂在一起，且处在配角的位置，从而使交通警察行政强制程序黯然失色，在实际执行中大打折扣，借助程序实现法律控制的功能未能得以有效发挥。

3．交通警察行政强制程序除了缺乏基本原则、基本程序的指导和引领外，而且行政强制措施程序、即时强制程序和行政强制执行程序三者之间的程序差异性体现不够。尽管这三者之间在程序上存在共性，但它们之间的差异也是十分明显的，立法时应

着力对它们的差异之处加以重点规制。

4. 交通警察行政强制执法实践中，程序遵守状况仍令人担忧。由于交通警察的素质参差不齐、程序意识普遍欠缺等因素影响，加之程序规定本身存在的片面性、非科学性，过分地追求行政效率，在实践中不按程序执法或滥用程序的现象还十分多见。随意扣车、扣证，随意拦截车辆检查，超期扣留车辆、证件等问题还是比较严重的。尤其是全国各地不同层次、不同地区连续不断实施的名目繁多的“交通秩序专项整治活动”，滥用行政强制手段，违反行政强制程序的现象就更是严重。对此，常常引起广大交通参与者的强烈不满，甚至发生冲突。例如，某市交警支队在短短一个月的交通秩序整治中就查处各类交通违法行为 22288 起，扣留无证照三轮车 453 辆、残疾车 107 辆，扣留机动车 430 辆，驾驶证 516 本，清除摊点 1936 处、违法占道 1472 平方米。在如此之短的时间内，采取了如此多的行政强制手段，怎么会不引起人们的不满呢？怎么会不对交通管理部门采取的行政强制程序的合法性、正当性问题产生质疑呢？又如，最近被媒体炒得沸沸扬扬的“隐性测速”问题。“隐性测速”有法律依据吗？没有。既然没有法律依据，怎么能实施？现代行政法的基本理念之一，就是法律禁止的，行政主体不能为；法律没有禁止的，行政主体也不能为。行政主体只能在法律规定的权限范围内作为或不作为。

（二）完善交通警察行政强制程序的几点建议

针对交通警察行政强制程序存在的问题，借鉴国外先进的立法经验和我国的具体情况，笔者认为应从以下几个方面加以完善：

1. 加强行政强制基本程序的统一立法。之所以强调统一立法，就是不赞成各行政领域（包括交通安全管理领域）在其部门行政法中设定基本程序。基本程序应当是指所有行政领域都必须遵循的处于基础地位具有普适性的程序。行政强制基本程序由一部普适性的法律来设定，更有利于行政强制法律制度与体系的统一，在实践中也容易协调、有序，避免各部门行政法之间产生矛盾与冲突。那么该由哪部法律来设定？笔者认为，设定行政强制基本程序的任务，要靠《行政强制法》来完成。目前，多数同志也都倾向于由《行政强制法》设定为宜，且世界上诸多国家和地区也都在行政程序法中排除了行政强制程序。例如，德国是通过《联邦德国行政执行法》，日本是通过《日本行政代执行法》、《行政执行法》来规定行政强制程序的。[①] 当然，也有人主张通过《行政程序法》来设定。但是，这是不是说，其他部门行政法在行政强制程序方面就无所作为了？答案当然是否定的。其实将来通过的《行政强制法》是不大可能也没有必要设定行政强制程序的所有内容。作为具有普适性的《行政强制法》，应重点设定行政强制的基本程序，然后再由部门行政法律、法规和规章依据《行政强制法》的基本程序，结合本部门的行政强制的具体情况规定具体的程序。就交通警察行政强制程序而言，一旦《行政强制法》出台，相应的《道路交通安全法实施条例》等法律、法规与规章应在《行政强制法》规定的基本程序指导或统领下进行细化、修正、完善。

2. 对交通警察行政强制的具体程序实行单独专章专节规定。这里的单独规定指的是与行政实体内容的分离。有人提出将行政强制程序与交通警察行政处罚程序和交通事故处理程序分开，独立规定，值得进一步研究。笔者倾向可以不分开，但要求在其中设立若干专门章节规定行政强制的具体程序。同时，可将具体程序分为：行政强制措施程序、即时强制程序和行政强制执行程序三个部分进行规制。

---

① 胡建淼．行政强制法研究．法律出版社，2003．262

3. 应尽可能借助程序约束、控制交通警察即时强制。即时强制是交通警察乃至于所有警种在维护社会公共安全和秩序中极其重要的一种行政强制形态。它主要是在遇有重大突发事故，以及其他严重影响国家、社会群体或人民利益的紧急情况下，公安机关依据职权直接采取的强制手段。它与行政强制措施和行政强制执行的主要区别之一就是时间上的紧迫性、突发性。这一特点在立法和执法中的集中体现就是对程序的冷漠。从交通警察即时强制的立法与执法来看，对程序的忽视是相当典型的。例如，《道路交通安全法实施条例》只是规定了醉酒后驾驶机动车的，由公安机关交通管理部门约束至酒醒，而对约束的程序只字未提。当然，由于时间的紧迫性、突发性，往往难以也没有必要过分强调程序的控制，从而削弱即时强制的实效。但也绝不是说，即时强制就可以不受任何程序的限制。如果那样的话，必然会使少数交通警察借即时强制之名，行滥用警察权、侵害公民权利之实。纵观外国的立法实践，大多通过严格规定即时强制的实行条件和事后的救济程序来予以控制。就目前我国交通警察即时强制法律规定来看，程序规定都显得十分粗疏、原则、笼统，甚至不作规定。笔者认为，对此应当加以修改、完善，使之更加明细、具体，严格即时强制的实行条件和必要的程序，明确即时强制的禁止性认定标准以及相对人的程序性权利，以确保相对人事后救济权的行使。交通警察即时强制除了要有严格的实行条件、排除性规则、事后的救济程序外，交通警察在具体决定实行即时强制前还应尽可能实行事先报批。如果由于情况紧急来不及事先报批时，也可在即时强制后补办手续。同时在实施中也要注意表明身份、说明理由，告知当事人救济权利等。虽然情况紧急，但原则上表明身份的程序不能省略，可在实行即时强制的同时表明身份。说明理由原则上在事后说明，但有些情况则可以在实行即时强制的同时进行，如口头说明，还可以用通告牌、交通电台、电予诱导显示屏等来说明。例如，遇冰雹、雨、雪、雾等天气需要对高速公路实行紧急交通管制时，就可采取上述各种方式来向车辆驾驶人说明理由。

当然，由于交通警察行政强制的多元性，决定了交通警察行政强制程序的具体性、针对性，使得每一种行政强制都有相应的程序规则，而不是“象征性”的一般程序。这些具体的、针对性的程序将在下面讨论具体交通警察行政强制时进行论述。这里就不一一叙述了。

第三章 交通警察行政强制的基本原则

为什么要研究交通警察行政强制的基本原则？因为交通警察行政强制的基本原则贯穿于整个交通警察行政强制过程之中，对交通警察的所有行政强制行为都起着统率、指导和控制作用，是交通警察行政强制的灵魂。

行政强制是政府权力直接面对公民、社会组织权利的领域，也是最直接表现“政府形象”的领域。由行政强制的广泛性、主动性、单方性和暴力性等特点所决定，任何国家都非常重视行政强制权力行使的规范与节制，形成了一些基本的法律原则。依据现代行政强制理论并结合我国交通警察行政强制的具体实践，笔者认为，交通警察行政强制应重点坚持下列几个基本原则。

第一节 人权保障原则

之所以坚持人权保障原则，是因为包括交通警察行政强制在内的行政强制是“高权行政”中权力色彩最为浓重的行政行为，是对公民权利、自由侵犯的可能性最大，对人权最具威胁性的行政行为。因此，《行政强制法（草案）》把“保护公民、法人或者其他组织的合法权益”作为第1条进行了明确规定。那么，为什么要把人权保障作为行政强制的基本原则呢？这是由人权的价值决定的。人权是作为人所应当享有的基本权利，是人按其自然属性和社会属性所应当享有的权利。长期以来，人类一直把享有充分的人权作为自己所追求的理想，其根本目的是为了满足人自身的各种需要和利益，是为了人的尊严和价值实现，是为了人类共同的利益和共同的道德。

人权基于人的本质而产生并以人的尊严和价值为目的，因而只要是人，不论其种族、肤色、性别、语言、宗教、政见、财产、教育等有何区别，都具有人权。人权具有普遍性。因此，世界各国都有义务采取措施，保障每个人的基本权利，尤其是第二次世界大战后，人们提出了保障人权的强烈愿望和要求。1945年在人类历史上第一次将人权规定在《联合国宪章》这个具有很高国际权威的国际组织的纲领性文件中。根据该宪章的要求，联合国1946年成立了人权委员会并于1948年通过了《世界人权宣言》，1966年制定了《公民权利和政治权利国际公约》和《经济、社会及文化权利国际公约》。我国一贯承认和肯定《联合国宪章》关于尊重和促进人权的宗旨与原则。长期以来，我国积极参与了联合国人权领域的很多活动，参加了人权委员会的各项工作，先后签署、批准、加入了《公民权利和政治权利国际公约》和《经济、社会及文化权利国际公约》。行政强制是政府权力对相对人直接采取强制力，这种强制性甚至暴力性的手段本身就具有侵害人权性，本身在一定程度上就有违于人权理念。因此，对于行政强制不是出于较大的公共利益、公共秩序和公共安全的需要就不得采用，即使采用了也要将侵犯相对人的基本权利降低到最小限度。

同时，在强调人权保障的基础上，还必须要兼顾效率。因为效率是行使行政权力的核心价值取向。一个没有效率的政府无法实现自己的政策目标。为了保障政府效率，现代国家在法律框架内赋予行政机关大量的自由裁量权。行政机关实行首长负责制就是这一理念的体现。行政权力与公民个人生活关系密切。一个人可能一辈子不同法院打交道，但是他从出生报户口开始直至死亡，都必须同行政机关发生关系。行政强制是行政权力行使的极端状态，如何实现行政效率和人权保障的平衡，是行政强制制度的核心问题。

作为交通警察必须牢固坚持人权保障原则。事实上，《道路交通安全法》就是一部坚持以人为本，生命至上，保障人权为基本原则的法律。因此，在维护道路交通秩序的过程中，必须做到服务至上，尽力在便民利民上狠下工夫，尽最大努力减少和控制行使行政强制权，尤其要杜绝滥用行政强制权。目前，在扣留车辆、扣留机动车驾驶证、拦车追车、拖移车辆等方面还存在许多问题，这些问题与人权保障原则是背道而驰的。

另外，坚持人权保障原则必须做到教育与强制相结合。现代行政强制理论与实践反复证明，采取行政强制措施只是手段。预防、制止违法行为和其他具有社会危害性的事件，或者为保障行政活动的顺利进行，实现行政目的，行政机关需要行政强制。但是，如果通过教育，当事人能够认同行政机关作出的行政决定，并愿意履行行政义务，达到行政管理的目的，就完全没有必要再实施行政强制。只有通过教育，当事人仍然拒绝履行，采取其他非强制性措施也达不到行政管理的目的，在这种情况下，行政机关才可以实施行政强制。所以，教育实际上在行政强制中是非常重要的。同时，通过教育还可以使当事人和群众认识到法律的权威性和不可抗拒性，从而逐渐养成自觉遵守法律、履行行政义务的习惯。这一点，在当下道路交通活动中显得特别重要。目前，之所以交通违法行为如此普遍，如此严重，最根本的原因还在于许多的交通参与者规则意识、安全意识不强。为什么许多的交通参与者规则意识、安全意识不强呢？原因固然是多方面的，但与交通警察过分青睐行政强制，不愿意也不善于在行政管理过程中进行有针对性的教育不无关系。欲增强交通参与者的规则意识、安全意识，交通警察采取必要的强制和处罚措施，固然不可少，但是，教育更不可少。如果只是一味地或简单地采取强制性管制手段，或许这样做能收到一时之效，但绝对不可实现长久之效，而且长此以往，必然使交通参与者产生抗拒、蔑视心理，最终使法律权威丧失、警民关系恶化，贻害无穷。因此，交通警察在执勤执法中，尤其在决定和实行行政强制措施的过程中要不失时机地善于对当事人进行宣传教育，慎用行政强制，从而减少当事人对执法机关的抵触情绪以及增强当事人对行政义务的认同感。

第二节　法定原则

之所以强调这一原则，是为了解决行政机关、地方立法机关随意设定行政强制权的问题，解决采取行政强制行为时缺乏程序制约的问题。行政强制的法定原则实际上是行政法上合法性原则在行政强制领域的贯彻与延伸。行政合法性原则就是指一切行政行为都必须依法行使，并受法律的约束。其具体内容包括法律优位原则和法律保留原则两个方面。法律优位原则，其含义是下位法不得与上位法相抵触，一切行政强制行为都要与法律规范相一致，不得与之相违背。① 它要求非法律规范不得与法律相抵触，同时不同法律规范之间也存在着优位问题，低层次法律规定不得与高层次法律规定相抵触。而法律保留原则是指行政行为只能在法律规定的范围内作出，法律没有规定就不得作出。② 与一般的行政管理权不同，行政强制权不能来自一般授权，必须来自法律的特殊授权，严禁行政强制主体自己给自己创设行政强制手段。法律保留原则，其含义是有些强制事项必须由法律作出规定。例

---

① 胡建淼. 行政强制法研究. 法律出版社，2003，108

② 胡建淼. 行政强制法研究. 法律出版社，2003，109

如，我国《立法法》第8条明确了只能制定法律的事项。《立法法》第9条规定："本法第八条规定的事项尚未制定法律的，全国人民代表大会及其常务委员会有权作出决定，授权国务院可以根据实际需要，对其中的部分事项先制定行政法规，但是有关犯罪和刑罚、对公民政治权利的剥夺和限制人身自由的强制措施和处罚、司法制度等事项除外。"其实质在于要求行政权的行使必须在代议机关的监控之下，没有代议机关的同意，行政权不得行使。交通警察行政强制是行政强制的重要组成部分，它包括交通警察行政强制执行、交通警察行政强制措施、交通警察即时强制。不论是哪一类行政强制，都会直接影响相对人的合法权益，是一种典型的干预行政，理应遵循法定原则。公安机关交通管理部门及其交通警察在进行道路交通管理的过程中，要采取行政强制手段，必须取得法律的授权，并严格在法律规定的范围内行使，凡法律没有规定的就不得行使，否则行政相对人的合法权益将无法保障。该原则应包括下列主要内容：

一、设定权必须法定

设定权就是创设新的行政强制手段的权限。该权限从许多国家来看，控制都非常严格。通常只有法律才能设定行政强制，特殊情况下行政法规经法律授权才可以有条件地设定行政强制，规章以下规范性文件，一般都无权设定行政强制。因此，行政强制必须依法设定，任何非依法设定的行政强制都是无效的。就交通警察行政强制设定的现状来看，并没有完全、彻底地杜绝这一现象。

二、行政强制的主体必须法定

行政强制虽然是道路交通安全管理中不可缺少的手段，但并不是任何主体都有权行使，相反只有法定的主体木有权行使。

《道路交通安全法》第5条第1款规定："国务院公安部门负责全国道路交通安全管理工作。县级以上地方各级人民政府公安机关交通管理部门负责本行政区域内的道路交通安全管理工作。"《人民警察法》第7条规定："公安机关的人民警察对违反治安管理或者其他公安行政管理法律、法规的个人或者组织，依法可以实施行政强制措施、行政处罚。"由此可见，有权实施交通警察行政强制的主体是公安机关交通管理部门，其他任何单位和个人都无权行使这一职权。从目前的道路交通安全的实践来看，主要的问题有两点：第一，少数交通协管员参与甚至单独上路实施拦车检查、扣留车辆、扣留驾驶证照等问题比较突出。目前的交通管理警力严重不足，① 因此全国各地公安机关交通管理部门都聘用了数量不少的交通协管员，而交通协管员的任务只是协助交通警察从事一些事务性的工作，不具备行使道路交通安全管理的执法资格，更无权行使行政强制权。从许多群众投诉的情况来看，有不少行政强制都是由交通协管员所为，尤其在农村地区、偏远地区，这方面的问题更为严重。第二，少数农村基层组织上路非法实施行政强制权。例如，有的村民委员会甚至是村民小组，在货物集散地周围的道路上或桥梁旁设卡拦截车辆，当然其主要目的是非法收取"过路费"、"停车费"、"过桥费"、"噪音费"等。对上述两个方面的严重问题，必须引起法律的关注，加强立法，遏制此类现象的蔓延。

三、行政强制的手段必须法定

很长一段时期以来，交通警察行政强制与其他行政强制一

---

① 据公安部有关资料统计，全国现有交通警察约30万人，要承担全国城市道路、近500万公里的公路（其中高速公路近5万公里）以及广大的农村道路、机动车已达1.5亿辆的交通安全管理的任务。

样，名目繁多，混乱矛盾，设定项目过滥，从而引起了广大交通参与者的强烈不满。不过令人十分欣喜的是，《道路交通安全法》敏锐地注意到了这一问题，首次从法律的高度设定了一系列主要的常见的行政强制手段。《道路交通安全违法行为处理程序规定》等与之配套的规范性文件进行了比较具体的细化。从目前实施的情况来看，交通警察的行政强制行为可以说得到了一定规范，滥施行政强制手段的现象可以说在很大程度上得到了遏制。不过，笔者认为，《道路交通安全法》设定的行政强制手段的范围等还存在一些问题有待完善，有的问题可能还有赖于《行政强制法》的统一与规范。

四、行政强制的程序必须法定

行政强制除了从实体上要加以规范外，还需要从程序上加以规制，使交通参与者（相对人）具有尽量充分的防御权。遗憾的是，《行政强制法》未出台，《道路交通安全法》也几乎没有涉及程序问题，而是主要由《道路交通安全违法行为处理程序规定》和《道路交通事故处理程序规定》等行政规章进行了规定。这样的立法安排是否正当，值得商榷。如此重要的程序怎能主要由规章设定？

第三节　期待履行原则

在现代社会，人与人之间不是对峙，而是要相互合作。因此，现代行政法并不像过去那样，只强调强制、命令，而是越来越强调行政相对人的主体地位，越来越强调服务和合作精神。这种精神渗透到行政强制中，就必须实行期待履行原则。[①] 坚持这

---

① 胡建淼．行政强制法研究．法律出版社，2003，121

原则不仅有助于行政主体节约行政成本，提高行政效率，实现行政目的，而且有助于获得相对人的理解和支持，大大减少行政争议。正如我国台湾地区学者陈春生所言："增加行政与相对人合作……可减少因法规范之不确定概念带来法不安全性，同时亦使避免潜在之冲突，降低事后法律争执之可能性。"①

期待履行原则，就是要求行政主体在实施行政强制前，应尽量使当事人自觉履行行政义务，不到万不得已的情况，不以行政强制执行去代替当事人的自我履行。有效地实施行政法规范的最佳途径，在于相对人能自觉遵守而非强迫服从。法律制度功效的首要保证必须是它能为社会所接受……强制性的制裁只能作为次要的辅助性的保证。所以，行政强制虽然是行政管理的一种必要手段，但也必须贯彻相对人的主体地位和行政合作精神，这些精神的贯彻体现就是尽量期待相对人自觉履行行政义务，不到万不得已时，不要采用，这就是行政强制的期待履行原则。就交通警察行政强制而言，理所当然应当全面遵循这一原则。目前，这方面存在的主要问题是：

一、不注意充分说明理由

由于交通警察行政强制手段对相对人的人身权、财产权构成直接威胁，因此交通警察稍不注意就容易与当事人形成激烈的冲突与对抗。在实践中，即使一起简单的骑自行车闯红灯，如果处置不当，也会引发交通警察与闯红灯者之间的激烈冲突。究其原因，当然很多，但往往与交通警察在处置过程中没能充分说明理由直接有关。交通警察在遇有交通违法行为时，应当根据具体情况尽力地进行说服教育工作，如果情节轻微，没有对交通构成直接影响，大多数情况下，就可以教育放行；如果必须依法给予处

① 方士荣. 议行政相对人. 中国政法大学出版社，2000，236

罚，也应说明理由，告知处罚的事实、法律依据以及当事人的基本权利；如果当事人拒绝处罚，仍然要履行告知义务，并催告当事人履行义务，督促当事人自觉履行，不到迫不得已时不要实施行政强制。即使实施了，应自始至终本着期待履行、充分说明理由的原则，使交通违法者的容忍度得以增强，从而得到他们的理解和配合。例如，有些交通参与者骑车闯红灯还拒绝处罚，被交通警察依法扣留自行车，就认为这是警察与我过不去，因此，常常可以听到有些人情绪激动地责问交通警察："那么多人都闯红灯，为什么你不扣，只扣我呢?"此时交通警察应当沉着冷静、充分说明理由，而不能态度冷淡或傲慢："扣的就是你！怎么啦！想造反呀！"如此武断、专横，当事人怎么会信服呢？即使实施这样的行政强制，又有多少真正的实效呢？要知道，交通参与者是有理性思维的人，这种理性思维决定了只有充分说明理由，而且不仅要说明作出决定的事实理由、法律依据，更要注意说明裁量的理由。只有这样，当事人才会信服，才会接受，才会予以配合，才会履行义务。

二、不注意充分告诫

交通警察向当事人已充分说明了理由，并向当事人提出了履行建议，履行期限内仍不履行怎么办？笔者认为，即便如此，也并非到了立刻对其采取行政强制手段之时，还必须进行必要的告诫，再给当事人一个反思的机会，以促其自觉履行。在告诫程序中，交通警察不能对当事人采取各种威胁手段，而应是一方面要采取各种方法劝说当事人自觉履行；另一方面，警察必须充分听取当事人的陈述与申辩，认真反思自己作出的行政决定是否合法、合理，当事人究竟是不愿履行还是不能履行等情况。只有这样，双方才会有沟通和合作的基础。在实践中，由于情况紧急等特殊原因，许多情况不容许“从容不迫”，必须立即采取直接强制，这是即时强制存在的理由。在这样的紧急情况下，说明理由、告诫程序等也应视情尽力为之。

三、不注意穷尽非强制手段

在保障人权日益成为现代主题的今天，行政强制将会越来越受到挑战。为顺应这一潮流，日本因此而废止了《行政执行法》，取而代之的是《行政代执行法》，直接强制、执行罚乃至即时强制均被受到严格的限制，“执行罚和直接强制的使用受到了极大限制，甚至有逐渐被废止的趋势”①。对此，笔者认为，坚持穷尽非强制手段，有其重要的现实意义。尽管道路交通安全管理是一种规制行政，担负着维持交通秩序与安全的重任，但是，笔者认为，这并不与穷尽非强制手段相矛盾。穷尽非强制手段意指只有在穷尽了所有的非强制手段，仍无法使相对人履行义务或消除社会危险和危害时，才能采取强制手段，即如果采取其他非强制方法同样能达到效果，就不得使用行政强制，只有迫不得已时才能采取。《人民警察法》、《道路交通安全法》等法律对于行政强制的采用大多使用了“可以”的法律用语，应当说是非常恰当的。同时，笔者认为，即便不得已采取行政强制，也要遵循间接强制优于直接强制的原则，也就是说，当期待履行失效后，交通警察不得已考虑采取行政强制手段，如果存在直接强制和间接强制的选择问题时，应优先考虑使用间接强制。只有间接强制也无法实施或无效的情况下，才可选择直接强制。即使选择了直接强制，也要注意做到对人身的直接强制要比对财产的直接强制更慎重。

基于上述分析，必须认真遵循期待履行原则，必须努力通过完善的法律、法规和有效的机制来对交通警察行政强制加以调整

---

① 余凌云．警察行政强制的理论与实践．中国人民公安大学出版社，2003，4

与控制，使交通警察行政强制得以合理地发挥作用。

第四节 比例原则

现代行政法面临的一个核心问题是如何将行政权的行使保持在适度、必要的限度之内，特别是在法律不得不给执法者留有相当的自由裁量空间之时，如何才能保证裁量是适度的，如何才能不会因为追求目的而不择手段。这关键要通过对手段与目的之间关系的衡量来解决，也就是要借助比例原则来进行有效的控制。行政法意义上的比例原则，是指行政权力的行使除了有法律依据这一前提外，行政主体还必须选择对相对人侵害最小的方式进行。[①] 我国台湾地区行政法学者陈新民教授在论及比例原则的重要性时指出："比例原则是约束行政权力违法最有效的原则，其在行政法学中所扮演的角色，可比拟诚信原则在民法居于'帝王条款'之地位，所以，吾人称比例原则是行政法中之'帝王条款'，当不为过。"[②] 从其历史渊源来看，比例原则产生于19世纪德国的警察法学。比例原则通常具有实体和程序两方面的含义。就实体而言，比例原则是指行政主体行使行政权，不可给予相对人超过行政目的之价值的侵害，否则就是不合比例。就程序而言，比例原则是指行政主体所采取的措施与所要达到的行政目的之间必须具有合理的对应关系。"程序合比例是实体合比例的保障，实体合比例是程序合比例的最终结果。"[③] 作为交通警察行政强制必须坚持这一基本原则，以保证正确、恰当地行使好行政强制。如何正确地把握这一原则呢？笔者认为，关键要注意以

---

① 胡建淼．行政强制．法律出版社，2002，150

② 陈新民．行政法学总论．（我国台湾地区）三民书局，1989，61

③ 胡建淼．行政强制法研究．法律出版社，2003，131

下几点：

一、行政强制的实施应具有合目的性

合目的性，是指行政强制手段的采取是为了达到法定目的。如果一项行政强制权的行使，不是为了达到法定目的，或者达不到法定目的，则违反了比例原则。因此，法律、法规必须明确规定交通警察应当通过目的取向，在法律许可的范围内，来选择能够达到预期效果的手段。在这一过程中，必须结合当时所处的具体环境和情况，运用自己的经验和掌握的知识，对行政强制手段的运用效果以及是否与相关法律目的相冲突等因素进行判断。这就使对合目的性的判断具有了相当的客观基础，而绝不是纯粹的交通警察自己主观判断。例如，交通警察在道路上拦截检查超载车辆，就要根据车辆的行驶速度、装载情况、轮胎的压力等客观情况进行全面观察、分析判断该车辆是否超载，而不能随意拦截车辆进行检查。可是，法律、法规对这方面的规定相当粗疏，致使交通警察随意拦截车辆的现象比较普遍。从现实来看，手段与目的不相符合的情形大致有：第一，行政强制手段过强、过滥，超出了法定的目的。例如，有些地方在交通秩序专项整治中对无牌无证的“五小车辆”采取一律收缴的强制手段，常常引起群众的强烈不满，这严重地侵犯了当事人的财产权。第二，行政强制手段过弱，未能实现目的。对于超载车辆，《道路交通安全法》只规定采取卸载的办法来消除违法状态。① 据笔者调查了解，目前对违法超载的车辆采取强制卸载的行政强制措施，其效果并不十分理想，致使超载问题至今仍未有根本好转。针对上述问题，应当注意依据比例原则加强研究，不断完善现行的有关法律、法规的规定，使其更具有针对性、合理性，更符合道路交通

① 《道路交通安全法》第106条。

安全的目的。

二、行政强制的实施应具有必要性

交通警察采取行政强制必须出于维护交通秩序、预防和减少交通事故、保护人身安全及交通参与者的其他合法权益等公共利益和公共秩序的需要。如果相对人的行为只涉及个人而不涉及公共利益和公共秩序，就不得对之采取行政强制。即使涉及公共利益和公共秩序，也要考虑实施行政强制应具有必要性。从具体操作层面上来看，必要性实际上是在诸种手段之间的选择问题，也就是要根据所要追求的目的和所采取的手段之间的适当比例进行选择判断，从而保证所要采取的强制手段既能够实现目的，同时又是诸种可供选择的强制手段中最温和、侵害最小的。例如，交通警察在道路上执勤时，经常会遇到一些驾驶机动三轮车、摩托车的驾驶人违反交通法规，交通警察示意停车时，反而加速"逃跑"，此时有的交通警察就会驾车猛追，这种追截行为是相当危险的，常常引发被追截人或追截人发生交通事故。采取这种行政强制手段显然就不符合必要性要求。其实遇到这种情况，完全没有必要选择如此激烈、充满巨大危险的行政强制手段，完全可以选择其他比较安全、柔和的行政手段。确有拦截必要的，可记下车号再通知前方执勤岗民警拦截。美国交通警察还常常采取"秘密"跟车的办法，待违反交通法规的车辆停车后或到车辆、行人稀少的地方再拦车查处。当然，如果遇有涉嫌交通肇事逃逸或劫车杀人、驾车撞人等具有严重社会危害性的暴力案件时，其时交通警察采取追截手段就是必要的，不过即使在此种情况下，交通民警仍应注意考虑必要性限制，尽最大努力减少损害，尤其要避免对无辜百姓造成生命安全的损害。如果逃逸者对他人生命、财产构成重大威胁或侵害，交通警察应立即采取追截、设置路障甚至开枪射击等即时强制措施，笔者认为，这不能说与必要性原则的要求相违背。目前这方面的问题主要是借助公安部的一些内部规定来调整的，而且零散、粗疏，相反通过法律、法规来系统规范的几乎没有。建议通过列举法和概括法并以列举法为主的模式对此进行立法规制。

三、行政强制的实施应具有利益相称性

利益相称性就是行政主体采取行政强制所保护的公共利益与相对人被损害的利益必须相称。因为行政主体在实施行政强制时，必然会涉及公共利益、相对人利益以及第三人利益，这些利益之间会产生一定的冲突。这就存在价值上的考量和权衡。这里的关键就是考量和权衡的标准，即上面所说的相称。笔者认为，原则上行政主体采取行政强制所保护的利益应大于其所损害的利益才叫相称。当然，在有些情况下，价值的衡量是比较困难的，特别是在可能涉及伤害他人生命健康时，必须慎之又慎。利益相称性在交通警察行政强制中尤其显得重要，然而，在具体实施行政强制的实务中，少数交通警察在这方面认识不足，违反了利益相称性原则。例如，扣留车辆的问题，尽管现行法律、法规中对扣留车辆的情形作了规定，但这不是要求交通警察在实务中遇有此类情形时就一定要扣留车辆，是否扣留，作为交通警察必须具体情况具体分析，必须进行利益衡量，慎之又慎，绝不能简单处置，否则的话，最终既不能真正实现行政的目的，也对相对人正当权益造成了不应有的侵害，同时也损害了警民关系。又如，《道路交通安全法》中对醉酒后驾驶机动车规定了可以采取约束措施。究竟要不要采取约束措施、采取何种方法约束、约束到何种程度等均应慎重对待。总体来看，目前这方面的问题比较多，原因也比较复杂，需要笔者认真加以研究。

总而言之，比例原则要求行政强制除了要有法律根据外，行政主体还必须选择以最恰当、最合理的方式实行行政强制。从实

体上说，行政主体依法实施行政强制，应当以实现行政管理所要求的目标为限。从程序上说，行政强制主体所采取的手段与要达到的目标之间必须有对应关系。从比例原则中延伸出行政强制的合目的性、必要性、相称性等要求。

第五节 最小侵害原则

一、最小侵害原则的含义与作用

最小侵害原则与比例原则实质上是一致的。最小侵害原则就是在有效实现行政目的的前提下，行政机关实施行政强制应当依照法定条件，正确适用法律、法规，选择适当的行政强制方式，以最小侵害当事人的权益为限度。最小侵害原则是公法上的一项重要原则。从比较法的视野看，德国法上最小侵害原则的概念最早源自 19 世纪的警察法学，认为警察权力的行使唯有在“必要时”，才能限制公民的权利，否则即构成“滥权”。① 这里的“必要”，就是“除此之外，别无他法”，即再也找不到对公民权利损害更小的方式可以替代实现某一公共利益之目的了。时至今日，最小侵害原则已经成为西方法治发达国家的普遍共识。在我国，最小侵害原则的实质内核，最早是在合理性原则的框架下得到初步释放的。②《行政处罚法》、国务院《全面推进依法行政实施纲要》确立了最小侵害原则的实质要求。

从近代自然法思想、社会契约到立宪主义格局基本确立肇始，暴力被国家所垄断，行政权伴随以国家暴力为后盾的强制力被认可为一种“必要之恶”。作为具有“直接的、实力的强制

---

① 陈新民．德国公法学基础理论．山东人民出版社，2001，375

② 郑春燕．必要性原则内涵之重构．政法论坛，2004（6）：116～122

性”的行政强制，尽管是行政机关确保行政行为效力的有效手段以及国家权力的自救形态，[①] 但显然，这种直接的、实力的强制性对公民权利的影响之大也是不容置疑的。因此，不少国家在普遍遵循法律保留原则的同时，都确立最小侵害原则作为对行政强制的实体性约束。而最小侵害原则自身所具有的品行，很好地契合了对行政强制权予以必要限制的要求，即最小侵害原则没有完全消融于价值衡量的洪流，它通过“最小侵害”的联结点，确立起相对清晰的评价标准，在一定程度上避免行政主体过度运用价值判断与利益衡量所带来的高度的主观化风险。面对充斥价值冲突的行政争议，尤其是一些特殊的社会性问题，最小侵害原则是一项具有可操作性的有效工具。

二、最小侵害原则对行政强制的实体约束

（一）行政强制只能作为实现行政目的的“最后手段”[②]

随着现代行政从压制型模式向回应型模式不断转变，那些通过单方的、不均等的并且以强制力为后盾的传统行政模式正在逐步衰减，而以兼顾公民意愿、鼓励民主参与的具有引导、沟通、选择等柔性化特征的指导性、契约性、奖励性等行政方式正日益扮演重要的角色。如果经过当事人的自由意志，就可以达到与“侵害处分”相同的效果时，作出行政处分的强制性方式就应当避免。早在20世纪初，德国行政法学家弗莱纳就指出，最严厉的手段只能作为迫不得已时刻用的最后手段，也就是说，只有在无任何可能替代的方法可以实现行政目的时，方能采用强制手段。“最后手段”的基本要求，在德国、法国以及我国台湾地区

① 胡建淼．行政强制．法律出版社，2002，43

② 胡建淼，将红珍．论最小侵害原则在行政强制法中的适用．宪法学、行政法学（中国人民大学复印报刊资料），2006（9）：43

等均已得到确认。我国也已基本确立了“最后手段”的基本理念：行政强制措施不得滥用，实施非强制性管理措施可以达到行政管理目的，不得实施行政强制措施。

（二）实施行政强制时应遵循的基本规则

实施行政强制时应注意遵循负担性强制行为优先于禁止性强制行为、间接强制优先于直接强制、对财产权的行政强制优先于对人身权的行政强制的基本规则。

1. 负担性强制行为优先于禁止性强制行为。负担性强制行为是公民在承担某种负担和代价之下实现某种权利，尽管对相对人科以不利的义务，但没有从根本上禁止其主要权利的实现，如扣押部分财物、限量供应、加收滞纳金等。禁止性强制行为是对某种具有社会危害性或者不符合社会理想的自由予以根本性禁止，这将会导致某种公民权利被暂时或者永久性剥夺，如责令停产停业、暂扣证照、责令拆除等。显然，禁止性强制行为的直接后果是剥夺某种自由的实施，对公民权利的影响较大。因此，如果存在负担性强制行为能实现行政目的，就不要实施禁止性强制行为，“如果有其他方法可以达成目的，警察不可行使禁止权”①。

2. 间接强制优先于直接强制。间接强制，是指行政机关通过采取间接手段促使义务人履行义务或达到与义务人履行义务相同状态的行政强制，如代执行、执行罚。直接强制是行政机关直接对义务人的人身或财产采取强制手段，以达到与义务人履行义务相同状态的行政强制，如强制拘留、强制传唤、约束、冻结、扣押、强制拆除等。之所以间接强制要优先于直接强制，是因为直接强制对相对人直接采取暴力，相比于间接强制，极易损害相对人的主体资格、人格尊严、财产权，与日益高涨的人权保障要

① 陈新民．德国公法学基础理论．山东人民出版社，2001，378

求不协调。直接强制由于缺乏必要的缓冲，极易引起相对人的抵触情绪，从根本上不利于和谐有效的社会秩序的形成。直接强制的后果严重，往往导致相对人人身和财产损害的不可替代性和不可恢复性。与此相反，间接行政强制所针对的对象都是可替代和可恢复的。这就使得因直接强制造成相对人合法权益损失，比间接强制造成相对人合法权益损失的救济成本更大。德国和我国台湾地区对此有明显的立法体现。例如，联邦德国《行政强制法》第12条规定："代履行或执行罚不能达到目的的，执行机关可强制义务人作为、容忍或不作为，或者自行执行。"因此，在间接强制与直接强制之间应当遵循间接强制优先于直接强制的规则，只有在无法适用间接强制或间接强制不起作用的情况下，才能适用直接强制。因此，适用直接强制的条件要比适用间接强制的条件规定得更严格。如果没有法律规定的构成条件，行政主体就不得采取直接强制手段，从而使行政机关在采取直接强制时，没有裁量的余地。与此相反，适用间接强制的条件就宽松多了，行政机关采取间接强制手段时，拥有一定的裁量权。

3. 对财产权的行政强制优先于对人身权的行政强制。之所以要严格控制使用直接实力的行政强制，这是因为越接近于基本人权谱系中的核心人权，如生命权和健康权，越是对最小侵害原则的"最小侵害"标准构成威胁，也就越需要更多的正当性论证。特别是利用武器和警械等暴力装备实施行政强制更要受到严格的限制，只有在十分紧急且必须使用的情况下才能实施。所以，作为交通警察在利用武器、约束带、手铐、警棍等警用装备实施行政强制时，必须慎之又慎，必须根据具体情况，严格根据《人民警察法》、《人民警察使用警械和武器条例》等法律、法规的规定实施。

（三）注意行政强制行为的构成要素对相对人权利的影响

实践证明，对于同一行政强制行为，由于实施的时间、场所以及标的不同，对相对人权利侵害的程度也不同。因此，强制行为的构成要素也是影响最小侵害原则正确适用的重要内容之一。

1. 时间要素。任何行政强制都是在一定时间内实施的，不同的时间，行政强制对相对人权利的侵害程度可能不同。按照最小侵害原则的要求，行政机关实施行政强制必须选择在对相对人权利侵害最小的时间进行，这就是所谓时间上的合适性或者时间上的必要原则。例如，交通警察在对相对人实施强制传唤时，应当避免在相对人的未成年人子女在场时进行，这不仅涉及相对人的人格尊严，而且影响未成年人的身心健康。行政强制也不得在夜间和法定节假日实施，因为这也涉及相对人及其子女的身心健康问题。交通阻塞或交通高峰时，交通警察应以指挥疏导交通和纠正交通违法行为为主，一般不要采取行政强制措施处罚交通违法行为。交通警察执勤检查时，如果发现运送瓜果、蔬菜等鲜活产品的车辆超载，应当当场告知驾驶人违法超载的基本事实，并迅速依照有关规定处理，但不得采取扣留车辆等行政强制措施。交通警察此时应特别注意时间问题，应以不影响车载生鲜产品的保鲜为首要考虑因素。交通警察遇有交通违法行为人驾车逃跑时，除交通违法行为人驾车逃跑对公共安全和他人生命安全有严重威胁以外，交通警察不得驾驶机动车追缉，可采取记下车号，事后追究法律责任，或者通知前方执勤交通警察堵截等方法进行处理。

另外，行政强制的期限也非常重要，它也涉及相对人权利被侵害的程度，是最小侵害原则的要求之一，也是相对人对法安定性期待的基本要求。因此，作为交通警察实施行政强制时，还必须受到行政强制期限的约束。

2. 空间要素。行政强制的实施还必须考虑空间的适合性，空间不同对相对人权利的影响程度也是不同的。例如，交通警察在公路上执勤时，执勤地点的选择就很重要。需要设点执勤或设置测速点的，应当根据道路条件和交通状况，临时选择安全和不妨碍通行的地点进行，避免引发交通阻塞或交通事故。需要在路肩上设置测速点的，应当在测速点前方200米处设置警示标志、警示灯，测速点与查处点之间的距离不少于200米。又如，交通警察发现高速公路交通中断或者阻塞的，应当立即在距现场最近的出口提前实施分流；造成单向长时间阻塞且分流有困难的，应当在对向道路实施借道通行、分流管制措施。因交通事故导致人员死亡需要检验尸体的，不得在公众场合进行。

交通警察究竟在怎样的时空条件下实施行政强制，由于情况的复杂性，往往构成无须授权的行政裁量权。因此，有必要强调交通警察在具体情况中要牢记最小侵害原则，以保障公民的基本权利。

3. 标的要素。行政强制的标的是行政机关意欲改变之权利义务的客体指向，如罚金或滞纳金的金额、被拆除的车辆上的非法装置、扣留的车辆等。行政强制标的在数额、幅度、规模等方面的差异性也是最小侵害原则必须考虑的因素。例如，普鲁士法院曾经作出的一个著名判决就是对其的很好诠释：对有倾倒危险的围墙，如果只拆除上半部，即无倾倒危险时，则不必全部拆除。[①] 就交通警察而言，在实践中，超范围、超强度采取行政强制的现象，还是经常发生的，特别是在定期与不定期组织的一些道路交通专项整治中就更为突出。

（四）注意尊重相对人对行政强制方式的选择权

最小侵害原则对行政过程的一个要求是：当有多数“效果相同”的行政措施可供选择时，原则上应当将行政手段选择权赋予相对人。这是因为，只有相对人自己才是权利损益的承受者、感受者，赋予相对人以选择权，正是追求“最小损害”的

---

① 城仲模．行政法之一般原则．（我国台湾地区）三民书局，1999，148

体现。[①] 例如，对行人、非机动车闯红灯问题一直非常令人困惑。近期一些省、市的公安机关交通管理部门采取措施，让闯红灯者在“看交通安全宣传教育录像”、“协助交通警察维持交通秩序”等行政强制措施之间进行选择，收到了比较好的执法效果。

三、最小侵害原则对行政强制的程序要求

最小侵害原则虽然更多的是体现为一种实体上的约束，但行政强制作出过程中的程序性价值，也是对实现最小侵害原则的一个重要评价。公正、合理的行政强制程序，是预防和控制行政强制权滥用的基本手段，是一种事中监督，是确保行政强制合法、公开、公正、效率的基本保障。程序不仅对社会矛盾和冲突获得公正、高效的解决具有决定性的功能，而且程序还有其自身独立的公正价值。因此，必须努力强化程序意识，使交通警察在实施行政强制时，能受到严格的行政强制程序的约束。最小侵害原则对行政强制的程序要求主要包括：

（一）行政强制的告诫制度

在实施行政强制的过程中，行政机关利用警告的方式，督促相对人自行履行义务，这便是告诫制度。其目的就是保证避免采取具有高度侵害性的行政强制，实现对相对人权利的最小侵害。在实施行政强制之前，应当进行督促催告，要求当事人履行义务，如果当事人履行行政决定，就不再实施行政强制。告诫制度不仅只是行政机关单方面的督促，也包括相对人提出申辩或者陈述理由，即相对人可以对告诫书进行答辩。如果经过告诫程序，相对人仍然不履行行政决定的，行政机关则可以作出行政强制决

① 胡建淼，将红珍. 论最小侵害原则在行政强制法中的适用. 宪法学、行政法学（中国人民大学复印报刊资料），2006（9）：45

定。这一切都是为了最小限度地侵害相对人的权利。

（二）行政强制的和解制度

受到行政行为的效力理论和不可处分性质观念的影响，传统行政法学理论认为，行政强制不适用和解。① 然而，在行政强制执行案件的现实中，双方和解的情况非常多见。由此可见，理论对社会现实和制度的回应需要重新审视行政强制中的和解问题。回应型模式的现代行政，需要选择开放而弹性的行政方式，尊重相对人的主体意愿，发挥相对人能动的参与精神，确立行政强制中的和解制度。和解制度不仅符合现代国家参与型行政或互动型行政理念，有利于公共利益和个人利益的协调，而且是保障行政强制行为实施中对相对人权利最小侵害原则得以落实的重要制度。因此，作为公安机关交通管理部门及其交通警察在实施行政强制过程中，不仅完全可以而且应当在不损害公共利益和他人利益的情况下，与当事人达成和解。即使是处于紧急状态下，只要有可能，只要不损害公共利益和他人利益，都要尽力选择对相对人最小侵害的和解方式，不到迫不得已时不要轻易放弃和解而付诸暴力。

（三）行政强制方式的转换制度

对于行政强制的实施，在有充分法律依据的情况下，行政机关对于行政强制方式的选择或转换应有裁量的权力。这对确保相对人在被执行过程中，其基本权利与权益的最小侵害具有重要作用。行政强制方式的选择或转换主要有两种基本形态：一是由侵害较重的行政强制方式转换为侵害较轻的行政强制方式。如果行政相对人在行政强制的过程中，逐渐认可行政义务，愿意配合行政机关的执行或者自行履行行政义务，就不应当再采取原来的行

---

① 胡锦光，杨建顺，李元起．行政法专题研究．中国人民大学出版社，1998，186

政强制方式，否则就背离了行政强制的目的，也违背了最小侵害的原则。为此，必须由重到轻实施转换，选择较轻的行政强制方式甚至完全放弃行政强制方式。二是由侵害较轻的行政强制方式转换为侵害较重的行政强制方式。如果行政相对人在行政强制的过程中，始终不认可行政义务，拒不配合行政机关的执行或者更不会自行履行行政义务，采取原定的行政强制方式仍然无法迫使相对人履行义务，在这样的情况下，就必须对行政强制方式进行转换，采取更为严厉的行政强制方式。例如，在公安机关交通管理部门作出的行政决定相对人不予履行而采取罚金或者滞纳金的行政强制方式时，如果仍然无法迫使相对人履行义务，就可以采取在法定限额内逐次加重罚金或者滞纳金的数额来迫使相对人履行义务。如果仍然无效，则可以由这种间接的强制方式转换为直接强制的方式迫使相对人履行义务。需要注意的是，在这种由侵害较轻的行政强制方式转换为侵害较重的行政强制方式过程中，仍然要注意遵循最小损害的原则，不过这时最小损害原则的遵循主要体现在行政强制方式的逐次加重选择上。

（四）行政强制的中止制度

行政强制的中止制度也是最小侵害原则的具体体现之一。行政强制的中止制度主要是行政机关针对行政强制过程中出现的特殊情况作出应变，暂时或永久停止执行的制度。行政强制的中止大致存在下列几种情形：一是行政机关认为需要中止执行的。二是当事人履行行政机关的决定确有困难或者无履行能力，经行政机关同意的。三是第三人对执行标的主张权利的。四是执行可能造成难以弥补的损失，且中止执行不违背社会公共利益的。影响中止案件执行的情形消失，行政机关可以重新作出执行决定。对没有明显社会危害，涉案财物数量较少，或者当事人确无能力履行，经中止执行一定期限后，行政机关不再执行。[①]

第六节　责任与救济原则

行政强制是行政机关单方对行政管理相对人的人身权利和财产权利的直接或间接限制或者处分。在实施行政强制的过程中，它有可能产生各种各样的违法行为，以致侵害或威胁相对人的合法权益，如超越权限、对不符合强制条件的行政管理相对人实施强制、程序违法等。为此，许多国家都通过设置救济制度、责任制度来保护相对人的合法权益，约束行政机关规范地实施行政强制。行政强制制度中的法律救济是平衡行政权与公民权利的重要方式。各国由于种种原因，救济制度设计并不完全相同，但一般都包括行政救济和司法救济。在程序上，无论行政途径或者司法途径都可以包括执行中的救济和执行完毕的救济。强制执行中的救济，有的国家规定了禁止令和人身保护令制度，前者适用于对财产的强制行为，后者适用于对人身的强制行为。如果行政管理相对人认为强制本身或者强制程序违法，可以在行政强制行为实施过程中依法向有权机关提出保护。强制执行后的救济包括要求行政赔偿或者通过诉讼获得赔偿。

在设置救济制度的同时还必须设置责任制度。责任制度是对行政机关及其工作人员违法强制、滥用强制权，追究其法律责任的制度。这里提出的救济与责任原则实际上是由救济原则和责任原则结合而成，相比于救济原则内容更丰富，更具有现实针对性。之所以将这两者结合在一起，是因为它们之间存在着紧密的联系。例如，救济和责任的根本日的都是保障人权，建立以人为本的责任政府。尽管救济侧重的是行政相对人侵权的补救问题，

---

① 《行政强制法（草案）》第41条。

而责任侧重的是行政机关及其工作人员违法强制、滥用强制权的法律责任问题，但是，它们是相互补充、相互促进的。对侵权行为实施救济，是责任政府的基本要求；追究滥用行政强制权或违反行政强制程序者的责任，特别是行政赔偿责任，是法律救济的题中应有之意。

作为交通警察在实施行政强制的过程中，必须始终遵循救济与责任原则，并注意做到以下几点：一是实施行政强制，应当告知当事人有陈述和申辩的权利。二是实施行政强制应当严格遵守法律、法规，并做到文明执法，不得滥用交通警察行政强制权，不得侵犯公民、法人或其他组织的合法权益。受到交通警察行政强制的当事人，有权通过下列途径获得救济：一是对交通警察实施的行政强制不服的，有权依法申请行政复议或者行使诉权，提起行政诉讼。二是对交通警察违法实施行政强制造成损害的，受害人有权依法要求赔偿。三是对人民法院在强制执行中因违法行为或扩大执行范围给当事人造成损害的，受害人有权依法要求赔偿。

第四章　交通警察行政强制措施

依法实施交通警察行政强制措施是交通警察执法中的一个极其重要的问题。这是因为：一方面，这是依法行政这一基本原则的根本要求。执法者对公民、法人或其他组织采取具体行政行为，都必须有明确的法律依据，否则要承担违法行政的责任。交通警察行政强制措施，对驾驶人、行人等交通参与者的人身权、财产权具有很大的甚至是最大的威胁。如果交通警察实施行政强制措施没有法律依据，如乱扣车扣证，就会严重地侵害他们的合法权益，按照有关法律、法规的规定，应当承担相应的法律责任。另一方面，这是交通警察提高执法能力必须全面掌握的重要内容。交通警察的具体执法任务，包括行政检查、行政调查、行政处罚，特别是采取行政强制措施都必须在法律的框架内完成。因此，一名合格的交通警察，必须准确理解、全面掌握《道路交通安全法》等法律、法规中所有关于行政强制措施的法律规定，在此基础上不断提高自己运用法律、法规处理各种道路交通问题的能力，从而为准确地适用交通警察行政强制措施奠定扎实的基础。

第一节　交通警察行政强制措施的含义与特征

一、交通警察行政强制措施的含义

一般来说，交通警察行政强制措施，是指公安机关交通管理部门为维护道路交通秩序，预防或制止交通违法行为和交通事故等案（事）件的发生，纠正与查处道路交通违法行为，客观、公正、有效地处理道路交通事故等，根据《人民警察法》、《道路交通安全法》等法律、法规对有关交通参与者的人身、车辆等加以暂时性限制，迫使其保持一定状态的强制性手段。例如，《道路交通安全法》中就规定了扣留车辆，扣留机动车驾驶证，拖移机动车，收缴非法装置，检验体内酒精、国家管制的精神药品、麻醉药品含量等交通警察行政强制措施。

二、交通警察行政强制措施的特征

基于交通警察行政强制的含义，并结合交通警察行政强制措施的具体实践，交通警察行政强制措施大致具有以下特征：

（一）法定性

法定性，即交通警察行政强制措施的设定和实施必须具有法律依据。交通警察行政强制措施的设定必须依照法律的规定，坚持法律保留原则。交通警察行政强制措施的实施必须由公安行政机关交通管理部门在法定职权范围内依照法定程序实施。不论是一般行政强制措施，还是即时强制，概莫能外，这是行政合法性原则的基本要求。

（二）强制性

交通警察行政强制措施具有很强的直接强制性。只要采取行政强制措施的条件成立，原则上不论相对人是否同意和接受，交通警察都可以对相对人的人身权、财产权或其他权益强行加以限制使其保持某一状态。由于交通警察行政强制措施通过物理性实力，直接限制和影响行政相对人的人身权、财产权，因此常能彰显其所谓的“权威性”。例如，这种“权威性”在交通警察查处交通违法行为时，表现得尤为突出。对一些交通违法行为人，扣车扣证就能起到立竿见影的“权威性”效果。正因为如此，交通警察行政强制措施经常被一些交通警察作为解决疑难问题的“灵丹妙药”，动辄扣车扣证，滥用行政强制措施的现象时有发生。

（三）非制裁性

交通警察行政强制措施，并不必然构成对相对人权利的直接处分，而只是一种对相对人权利的暂时性限制，使被强制对象处于或保持某种状态。这就是交通警察行政强制措施的非制裁性。交通警察行政强制措施可以针对违法相对人也可以针对合法相对人，但是均不涉及权利的处分，不是对相对人的结论性处置，即不具有制裁性，而且有的交通警察行政强制措施在客观上对相对人并非不利。例如，交通警察对醉酒人采取约束措施，显然这是有利于被管束者生命和健康的一种保护性措施，但对醉酒人的约束，就维护社会秩序的立法目的以及直接的效果而言，它无疑是对醉酒人人身自由的一种限制。因此，交通警察行政强制措施既不是行政赋权行为，也不是行政制裁行为，而属于行政限权性行为。这一特点在实践中有时被异化为具有制裁性的处罚，特别是行政处罚受到行政法的严格规范和约束的情况下，一些交通警察便利用行政强制措施代替行政处罚，变相对相对人进行制裁，对此必须引起注意。

（四）单方性

单方性主要表现为交通警察行政强制措施是单方面的行政行为，甚至单独一名交通警察就可以作出适用决定。这样，交通警察个人的品格、法律素养以及对他们的有效监督将直接影响行政强制措施适用的正确性。在实践中，一些交通警察由于个人素质差、对法律认知度低以及对其监督不力，因而其错误或不当行使行政强制措施权的情况并不少见。

（五）不确定性

交通警察行政强制措施的实施前提并不一定就是存在交通违法行为，也可能是合法行为或者事件。公安机关交通管理部门及其交通警察实施行政强制措施的目的也不是唯一的，它可能是为了预防与制止危害事件或者交通违法行为的发生与存在，也可能是为了预防或制止危险状态或者危害后果发生与扩大，或者为了保全证据、确保案件查处工作的顺利进行等。因此，交通警察行政强制措施具有不确定性。

（六）临时性

交通警察行政强制措施一般是在交通警察执勤执法过程中或遇有紧急情况时采取的一种对相对人权利的临时或暂时约束，而不是对这种权利的最终处分。一旦采取行政强制措施的法定事由得以排除，对相对人权利的临时或暂时约束将立即解除。例如，对醉酒人的强行约束，只是暂时限制其人身自由权，待其酒醒后将立即解除约束。因此，交通警察行政强制措施具有明显的临时性。

（七）可诉性

交通警察行政强制措施具有可诉性的法律依据是《行政诉讼法》第66条，其中明确规定了作为具体行政行为的行政强制措施属于行政诉讼的受案范围。可诉性实质上是权力制衡与监督的法治原则的具体体现。通过赋予交通警察行政强制措施被适用人的诉权，来制约交通警察行政强制措施的越权、超限适用，达到监督其正确实施的目的。然而，在实践中，交通警察行政强制措施被适用人往往关注的是自己违法行为的处罚结果是否正确，而忽略了行政强制措施适用的正确性。近年来，随着我国法治建设的逐渐深入，交通参与者对交通警察适用行政强制措施不服，从而申请行政复议直至提起行政诉讼的案件正逐渐增多。

第二节 实施交通警察行政强制措施的现状

本书第二章已就包括交通警察行政强制措施在内的交通警察行政强制的设定现状进行了简要的统计分析，这里再就实施交通警察行政强制措施的现状进行简要分析。《道路交通安全法》、《道路交通安全违法行为处理程序规定》等道路交通安全法律、法规虽对交通警察行政强制措施的种类、使用的情形及程序等作出了较为明确的规定，但公安机关交通管理部门及其交通警察在实施交通警察行政强制措施的过程中存在许多问题，滥用或错误实施行政强制措施的情况仍时有发生。例如，采取强制措施不符合非法定情形；采取强制措施超过法定期限；未经批准采取行政强制措施；未按规定发还扣留物品；对扣留的证件、车辆、物品保管不善造成灭失等。人民群众对此反应强烈，由此所引发的行政复议和行政诉讼案件也比较多，甚至引发其他社会治安案（事）件。归纳起来，目前公安交通管理部门实施交通警察行政强制措施，主要存在下列两方面的问题：

一、实施行政强制措施不慎重

《人民警察法》、《道路交通安全法》等法律设定了一系列行政强制措施。交通警察在执法过程中，因制止违法行为、避免危害发生、防止证据灭失的需要或者机动车驾驶人累积记分满 12 分的，可以依法采取下列行政强制措施：（1）扣留车辆；（2）扣留机动车驾驶证；（3）拖移机动车；（4）收缴非法装置；（5）检验体内酒精、国家管制的精神药品、麻醉药品含量。一些执勤交通警察在执法中对所有违反《道路交通安全法》的行为，只要主观上认为是制止违法行为或避免危害发生和收集证据的需要，而不分违法行为情节轻重，危害大小和违法情形，随意性地进行“自由裁量”，适用上述有关强制措施，从而导致越权、超限、超范围地行使行政强制措施权，引起不良法律后果。例如，乱扣机动车驾驶证问题就非常突出。在传统的道路交通管理执法理念的历史背景下，1988 年 3 月 9 日国务院发布的《道路交通管理条例》在对违章驾驶人处罚条款中，几乎逐条逐项都规定了吊扣驾驶证处罚。1999 年 12 月 10 日公安部发布的《交通违章处理程序规定》又将吊扣驾驶证处罚的适用程序规定为一般程序，并规定适用一般程序进行处罚时，应当扣留驾驶证。因此，交通警察在执法过程中对机动车驾驶人任何一种违章行为，都可以行使行政强制措施权扣留其驾驶证，而且无论从什么角度上看，扣留驾驶证都不为过，绝不涉及违法行使强制措施权之嫌疑。所以行政强制措施权被普遍运用，且使用频率极高，久而久之，扣证便成为交通警察的执法“习惯”。而这一“习惯”在《道路交通安全法》于 2004 年 5 月 1 日生效施行后，因行政强制措施权适用程序简单、可单方作出和可诉性易被处罚结果所掩盖等现象的客观存在，其不合法性往往得不到及时有效的纠正，导致这一“习惯”至今尚未彻底根除。又如，《道路交通安全法》第 108 条第 1 款规定：“当事人应当自收到罚款的行政处罚决定书之日起十五日内，到指定的银行缴纳罚款。”《道路交通安全法》第 109 条规定：“当事人逾期不履行行政处罚决定的，作出行政处罚决定的行政机关可以采取下列措施：（一）到期不缴纳罚款的，每日按罚款数额的百分之三加处罚款；（二）申请人民法院强制执行。”在公安交通管理执法实践中，对非本辖区内机动车违法行为人适用当场处罚，由其主动在 15 日内到指定银行缴纳罚款，几乎不可能。虽有每日百分之三的罚息性措施，但终因违法行为人远在千里之外，申请法院强制执行程序烦琐，执法成本太高，而难以兑现。于是出现了外地驾驶人屡次被处罚，而屡次不缴罚款，钻法律空子的现象。执勤交通警察苦于没有监管措施，只得变相适用行政强制措施代为“保管”驾驶证，致使违法行为人不去缴罚款，驾驶证将被无限期地“保管”下去。

二、遵循行政强制程序不严格

程序公正是实体公正的保障。程序权利是实体权利的保障。行政强制措施权的适用程序是行使行政强制措施权的步骤和方式，是保证公安机关对道路交通安全违法行为处罚合法、高效的重要手段。行政强制措施的运用，只有依照法定程序操作，才能保证强制措施权的正确行使。尽管法律规范赋予公安机关交通管理部门在采取强制措施时有比较大的自由裁量权，但这种自由裁量权是以遵循基本的法定程序为前提的，如必要的步骤以及法律文书和时效上的要求等。然而，在实践中，不严格按程序实施交通警察行政强制措施的现象还比较普遍。例如，乱扣事故车辆就是一大问题。目前，在扣留车辆方面的问题主要存在于交通事故的处理过程中。法律和行政法规规定，因收集证据需要可以扣留事故车辆，进行检验、鉴定。然而，扣留车辆的行政强制措施经常被“异化”为进行交通事故理赔的一种“担保”措施。于是，便出现了《交通事故认定书》早已作出并送达当事人，而交警部门却长期不通知当事人领取事故车辆的怪现象。这里所说的扣留事故车辆“异化”，实质上是交通管理部门及其交通警察不按程序扣留车辆。法律规定，扣留事故车辆只能用于收集证据，而不能将事故车辆以检验、鉴定之名，行扣押事故车辆，用于理赔担保之实；或者检验、鉴定完毕后，继续无限期扣押事故车辆。事故车辆不仅只能因检验、鉴定而扣留，而且扣留车辆其实也是有法定期限的。交通管理部门及其交通警察必须在规定的期限内进行检验、鉴定工作，而且必须在法定的期限内将事故车辆交还当事人，不可无期限扣留。[①] 交通警察为收集证据可以扣留事故车辆进行检验、鉴定。扣留事故车辆的期限包括：委托检验、鉴定期限，检验、鉴定期限，检验、鉴定后的通知期限，重新检验、鉴定期限等。[②]

第三节 实施交通警察行政强制措施的基本要求

一、实施交通警察行政强制措施，必须具有法律规定

依法行政原则是行政法的核心原则。依法行政原则不仅体现在行政处罚中，对行政处罚整个实施过程具有普遍约束力，而且体现在行政强制措施中，实施行政强制措施也必须遵循依法行政原则，正确实施行政强制措施。

（一）必须具备法定的前置条件

《人民警察法》、《道路交通安全法》、《道路交通安全违法行为处理程序规定》等法律、法规对交通警察行政强制措施作了较为具体的规定。例如，《道路交通安全违法行为处理程序规定》对交通警察实施扣留车辆、扣留机动车驾驶证、拖移机动车、收缴物品、检验体内酒精等交通警察行政强制措施进行了规定。其前置条件是：（1）适用行政强制措施必须是因制止违法行为的需要；（2）适用行政强制必须因避免危害发生的需要；（3）适用行政强制措施必须是因防止证据灭失的需要。虽然法

---

① 《道路交通事故处理程序规定》第 44 条第 1 款规定："检验、鉴定结论确定之日起五日内，公安机关交通管理部门应当通知当事人领取扣留的事故车辆、机动车行驶证以及扣押的物品。"

② 《道路交通事故处理程序规定》第 38 条、第 43 条。

律明确授权交通警察可以行使行政强制措施权，但在具体实施时必须要满足一定的前置条件，否则就不能适用行政强制措施。因此，在实践中，那些为了迫使交通违法行为人接受处罚或缴纳罚款，而暂时保管交通违法行为人的车辆、驾驶证的行为，甚至依据已被现行法律明令废止的法规和规章实施行政强制措施的行为，显然是违背了交通警察行政强制措施适用的前置条件，背离了法无明文规定不适用的原则。

总之，采取交通行政强制措施必须符合法定的情形、条件和程序。交通警察采取交通行政强制措施，作为行政管理相对人的驾驶人、行人等的人身权、财产权必然要受到一定的限制。为此，公安机关交通管理部门及其交通警察实施行政强制措施必须要严格遵循《人民警察法》、《道路交通安全法》和《道路交通安全违法行为处理程序规定》等法律、法规的规定，否则要承担违法行政的法律责任。

（二）必须符合法定的情形

公安机关交通管理部门及其交通警察实施行政强制措施不仅要满足一定的前置条件，而且必须严格依据法律、法规设定的情形采取相应的交通警察行政强制措施。法律、法规对于某种情形没有规定行政强制措施的，就不能采取行政强制措施。某种情形规定只能采取这种行政强制措施的，就不能采取那种行政强制措施。例如，规定只能采取扣留机动车驾驶证的，就不能采取扣留机动车的强制措施。不能因制止违法、避免危害发生和防止证据灭失的需要，就可以对任何一种交通安全违法行为任意采取扣留车辆、扣留机动车驾驶证等交通警察行政强制措施。采取交通警察行政强制措施必须严格遵循有关法律、法规的规定。例如，根据《道路交通安全法》、《道路交通安全法实施条例》的规定，适用扣留车辆（含非机动车）的情形限定为9种；扣留机动车驾驶证的情形限定为五种；拖移机动车的情形限定为2种；检验体内酒精、国家管制的精神药品、麻醉药品的含量的适用范围和情形限定为4种；收缴非法装置的情形限定为3种。[①] 交通警察执法过程中只能遵循上述规定，在限定的范围选用相应的强制措施种类，对法定的违法情形行使强制措施权。任何超越范围，另设种类和扩大适用情形的行为，都是违背法定原则的行为，应当承担法律责任。

（三）必须遵循法定的程序

尽管法律规范赋予公安机关交通管理部门及其交通警察在采取行政强制措施时有一定的自由裁量的空间，但这种自由裁量权的实施必须遵循基本的法定程序，如必要的操作步骤、一定的法律文书的制作和严格的时限规定等。因为遵循一定的程序是规范自由裁量权，防止其滥用的有效保证。《道路交通安全违法行为处理程序规定》对此作了比较具体的规定，作为交通警察对于规定的行政强制措施程序必须严格遵循。

二、实施行政强制措施要适当，控制好实施的现场强度

交通警察行政强制措施，大多数是在情况比较紧急时实施的。针对不同情况采取灵活、适当的行政强制措施，尤其把握好行政强制的现场强度对于实现行政目的，提高行政效率，防止事态扩大至关重要。控制好采取行政强制措施的现场强度，关键要遵循最小损害原则，遇到驾驶人和现场群众不理解的，要耐心地做好法律宣传解释工作，并严格控制使用行政强制的度，防止发生粗暴、滥用行政强制措施的问题。

---

① 《道路交通安全违法行为处理程序规定》根据《道路交通安全法》、《道路交通安全法实施条例》的规定进行了归类，具体可参见《道路交通安全违法行为处理程序规定》第25条、第29条、第31条、第33条、第35条。

三、适时变更或解除所采取的交通行政强制措施

公安机关交通管理部门在对相对人采取行政强制措施之后应根据被强制的相对人的态度、客观事件的变化等情势，及时改变或解除对相对人的人身及其财产等采取的强制措施，尽量避免或减少给相对人造成不必要的或过分的侵害。例如，被约束的醉酒驾驶人醒酒后应迅速解除约束；车辆超载的违法状态消除后，应当立即发还被扣留的机动车等。

四、培养法律素养，提高执法办案能力

交通警察行政强制措施是一种典型的具体行政行为，在现代法治社会必然要受到严格的法律规制。一些交通警察之所以不能适当地运用行政强制措施来充分地履行职责，主要是由于法律基础知识不牢，运用法律处理交通问题的能力不强。因此，交通警察要不断提高自身的法律素养，不仅要掌握道路交通安全法律、法规的基本内容和精神，全面掌握各类行政强制措施的具体法律依据、实施条件、注意事项，会熟练使用各种行政强制措施之法律文书，严格按程序执法，而且还要熟悉与交通行政执法有关的法律、法规，如行政、民事、刑事法律，特别是熟悉与公安行政执法有关的相关法律，认清法律的宗旨，把握法律的精髓，增强正确使用强制措施的法律能力。“底气”足，针对个案采取的手段就能多样化，就能极大地提高执法质量，最大限度地发挥行政强制的社会效果。

第四节 交通警察在道路交通管理中的行政强制措施

一、扣留车辆

扣留车辆是公安机关交通管理部门及其交通警察使用最多的行政强制措施之一。它对于维护交通秩序，预防和减少交通事故，保护人身安全，保护公民、法人和其他组织的财产安全，提高通行效率具有重要的作用，是进行交通管理的有效手段。然而，由于扣留车辆具有强制性和即时性，涉及对交通活动参与者财产权的限制，极易对公民、法人及其他组织的合法权益造成侵害。事实上从交通管理实践来看，这方面的问题也确实较多，人民群众反映也较为强烈。

（一）交通警察扣留车辆的法定情形

既然扣留车辆须由法律授权，那么，法律未授权的，就不能扣留，也就是说，只有符合法律所规定的情形的，才能扣留车辆。在实践中，那种不符合法定情形乱扣车辆的现象，均为非法行为，必须坚决予以禁止，以切实维护交通参与者的合法权益不受行政强制权的非法侵害。那么，允许公安机关交通管理部门及其交通警察扣留车辆的法定情形有哪些呢？《道路交通安全法》第89条、第92条、第95条、第96条、第98条规定了公安机关交通管理部门可以扣留车辆的具体情形。

1．公路客运或者货运机动车超载的。《道路交通安全法》第92条规定：“公路客运车辆载客超过额定乘员的，处二百元以上五百元以下罚款；超过额定乘员百分之二十或者违反规定载货的，处五百元以上二千元以下罚款。货运机动车超过核定载质量的，处二百元以上五百元以下罚款；超过核定载质量百分之三十或者违反规定载客的，处五百元以上二千元以下罚款。有前两款行为的，由公安机关交通管理部门扣留机动车至违法状态消除……”由此可见，公路客运车辆违法装载的情形有三种：一是载客超过额定乘员的。二是载客超过额定乘员20%以上的。三是违反规定载货。货运机动车违法装载的情形也有三种：一是货运机动车超过核定载质量的。二是货运机动车超过核定载质量30%以上的。三是违反规定载客。针对以上共6种情形，交通警察有权扣留车辆，直至违法状态消除。

这里要注意以下几点：一是客运车只限定为公路客运车辆，不包括城市车辆、单位班车。当然，如果城市车辆、单位班车载客上公路行驶则应属于公路客运车辆。二是公路客运车辆不准违反规定载货。因为公路客运车辆从设计到使用性能都是专门为乘客服务的，为保证乘客的安全及良好的乘车环境，公路客运车辆不能用来装载随身行李以外的其他货物。例如，公路客运车辆不得装载超限的不可解体的物品和危险物品等。三是货运车辆违反规定载客是指车厢内搭乘除作业人员以外的人员。即使是作业人员也必须保证车厢内有固定的或可移动的安全坐位、加固的车厢栏板、车扶手、密闭车厢等。

案例：某日上午，某交通警察在进行道路车辆检查中，发现蒋某驾驶的一辆东风大货车严重超载，而且该东风大货车3个月前就应当参加车辆年度检验，但未参加检验。在整个查验过程中，蒋某始终不予以配合。为此，该交通警察决定将蒋某所驾驶的东风大货车予以扣留，并当场开具了扣留机动车凭证，同时告知蒋某一星期之内到某县交警大队接受处理。对这一处理决定蒋某不服，认为自己当时没有违章驾车，仅是超载和未对车辆进行年度检验，该罚款就罚款，为什么还要扣留机动车。蒋某对交通警察的扣车行为提出申请复议。

评析：本案中，由于蒋某所驾驶的东风大货车严重超载，且未按要求参加年度检验，在处理过程中，交通警察有权依法扣留超载车辆，促使该车辆驾驶人尽快消除交通违法行为并接受处罚。《道路交通安全法》第92条第2款、第3款规定：“货运机动车超过核定载质量的，处二百元以上五百元以下罚款；超过核定载质量百分之三十或者违反规定载客的，处五百元以上二千元以下罚款。有前两款行为的，由公安机关交通管理部门扣留机动车至违法状态消除。”扣留违法机动车，属于公安机关交通管理部门的一种具体的行政强制措施。交通警察扣留蒋某所驾驶的超载车辆，其目的就是消除交通违法状况，是严格依法所实施的行政强制措施行为。所以，交通警察扣留蒋某车辆的行为符合法律规定。

2. 未按规定悬挂、放置、携带牌证、标志的。根据《道路交通安全法》等有关法律、法规的规定，未按规定悬挂、放置、携带牌证、标志的，交通警察有权扣留车辆。具体有以下几种情况：一是未按规定悬挂机动车号牌的。二是未放置检验合格标志、保险标志的。三是未随车携带行驶证、驾驶证的。四是未申领《剧毒化学品公路运输通行证》通过公路运输剧毒化学品的。需要注意的是，对于未按规定悬挂机动车号牌，未放置检验合格标志、保险标志的机动车，交通警察可以直接要求机动车驾驶人立即停车接受检查和处理；对于没有随车携带行驶证、驾驶证的，通常是交通警察在道路上检查处理其他违反道路交通安全法律、法规时一并发现的，交通警察不能以检查是否携带机动车驾驶证和行驶证为由，拦截正常行驶的机动车。

案例：2005年10月9日，宾阳县法院审结一起因原告何某质疑《道路交通安全法》中的“道路”范围，不服被告该县公安局交通警察大队行政强制措施案。一审判决维持被告作出的行政强制措施，驳回原告何某追还被扣车辆、赔偿经济损失的诉讼请求。

该院经审理查明：2005 年 5 月 23 日，原告何某不携带行驶证、驾驶证，驾驶未悬挂号牌的三轮摩托车，将自产的农产品拉到宾阳县王灵镇王灵圩出售。该圩是王灵镇的经济中心，是该镇及周边乡镇群众集市贸易的场所。在该圩上，被告宾阳县公安局交通警察大队经查认为原告何某的行为违反了《道路交通安全法》，将原告所驾的三轮摩托车扣留，并将强制措施凭证送达原告。原告何某认为，王灵圩不属于道路范围，不属被告宾阳县公安局交警大队权限所辖，被告扣车的行为是非法的，遂诉至该院。

该院经审理认为，宾阳县王灵圩街道允许社会机动车通行，属《道路交通安全法》第 119 条第 1 项所指的“道路”范围，被告作为负责宾阳县行政区域内道路交通安全管理工作的职能部门，有权在王灵圩街道内纠正交通违法行为。原告何某在王灵圩街道不携带行车证、驾驶证，驾驶未悬挂号牌的三轮摩托车的行为违反了《道路交通安全法》，被告依法作出扣留车辆的行政强制措施合法。综上所述，该院遂作出上述判决。

评析：目前许多农村地区机动车无牌无证的现象非常多见，而且很多村民觉得在家门口的集镇上跑跑，又不上路，交通警察管不了。作为交通警察也应从该案中获得启示：在执勤执法过程中，尤其在实施行政强制时，必须要严格依法实施。话说回来，如果该道路确实不属于交通警察管辖，那么，这样的扣车扣证行为就是非法的了，当事人诉至法院，交通管理部门则必败无疑。2008 年上半年在南京闹得沸沸扬扬的警察进小区对停在小区内的车辆粘贴罚单一事，之所以引起社会强烈反响，就是因为对小区内的道路，交通警察究竟是否具有管辖权不明确导致的。

3. 具有使用伪造、变造或者其他车辆的机动车登记证书、号牌、行驶证、检验合格标志、保险标志嫌疑的。根据《道路交通安全法》等有关法律、法规的规定，具有使用伪造、变造或者其他车辆的机动车登记证书、号牌、行驶证、检验合格标志、保险标志嫌疑的，交通警察有权扣留车辆。其具体有以下两种情形：一是使用伪造、变造机动车登记证书、号牌、行驶证、检验合格标志、保险标志、驾驶证的。二是使用其他车辆的机动车登记证书、号牌、行驶证、检验合格标志、保险标志、驾驶证的。这里需要注意的，交通警察在执勤中只要发现该车使用的牌证、标志带有虚假成分，不符合该车的真实情况，就可以认定为使用伪造、变造或者其他车辆的牌证、标志。

4. 未投保机动车第三者责任强制保险。实行机动车第三者责任强制保险是《道路交通安全法》的一项重大的改革举措，也是目前世界上许多先进国家的通行做法。强制保险，就是在我国大陆境内行驶的任何机动车都必须办理机动车第三者责任险。机动车第三者责任险，是指被保险人或其允许的合格驾驶人使用保险车辆过程中，发生意外事故，致使第三者遭受人身伤亡或财产损失，依法应当由被保险人支付赔偿金，由保险人按照法律和保险合同的规定予以赔偿的险种。根据《道路交通安全法》等有关法律、法规的规定，对于机动车实行强制保险制度，未投保机动车第三者责任强制保险的，交通警察有权扣留车辆。

5. 驾驶、出售非法拼装车、已达到报废标准的报废车的。根据《道路交通安全法》等有关法律、法规的规定，驾驶、出售非法拼装车、报废车的，交通警察有权扣留车辆。非法拼装车、报废车上路行驶是道路交通安全的严重隐患，是真正的马路"第一杀手"。因此，依法取缔非法拼装车、报废车是交通警察的一项重要职责。

6. 发生交通事故需要收集证据。在交通事故现场勘查中对涉及交通事故的有关车辆，因其所形成的痕迹、物证往往需要一定的时间进行检验和鉴定，对车辆的安全性能需要在专门的场所由专门人员进行进一步的检验，也需要一定的时间，这就需要将车辆暂时扣留，以保证收集证据的需要。在实践中，少数交通事故处理人员为催要交通事故赔偿费而扣留交通事故车辆的做法已被《道路交通安全法》所否定。

7. 非机动车驾驶人拒绝接受罚款处罚。根据《道路交通安全法》等有关法律、法规的规定，非机动车驾驶人拒绝接受罚款处罚的，交通警察可以扣留车辆。这里关键要注意对“拒绝”的理解，笔者认为，应当是拒绝接受交通警察裁决的罚款决定，而不是拒绝当场缴纳罚款。因为当事人有权选择当场缴纳罚款，也可以选择事后到指定银行缴纳。因此，对于不愿或不能当场缴纳罚款的非机动车驾驶人，交通警察不能以拒绝接受罚款为由而扣留其车辆。

8. 具有被盗抢车辆或者逃逸车辆嫌疑的。根据《道路交通安全法》等有关法律、法规的规定，发现被盗抢嫌疑车辆或者交通肇事逃逸嫌疑车辆的，交通警察应当立即扣留车辆。

（二）扣留车辆的程序

1. 向当事人告知扣留车辆的有关事项并听取当事人的陈述和申辩。交通警察应当口头告知当事人扣留车辆的基本事实以及有关法律依据，告知当事人有关依法享有的权利以及在规定的期限内到公安机关交通管理部门接受处理等基本情况。与此同时，还应当认真听取当事人的陈述和申辩，对于当事人提出的事实、理由或者证据成立的，应当采纳。应当告知当事人在15日内到指定地点接受处理。

2. 制作并当场交付行政强制措施凭证。行政强制措施凭证实际上就是公安机关交通管理部门作出的行政强制措施决定书，对公安机关交通管理部门和当事人均具有法律约束力，对双方都产生一定的法律后果，应当严肃、认真地对待。行政强制措施凭证应当载明下列事项：一是当事人基本情况和车辆牌号、类型。二是违法事实和采取行政强制措施的依据。三是申请行政复议或者提起行政诉讼的途径和期限。四是当事人签名。五是交通警察签名或者盖章，公安机关交通管理部门盖章。六是填发的日期。行政强制措施凭证应当由当事人签名、交通警察签名或者盖章、公安机关交通管理部门盖章。当事人拒绝签名的，交通警察应当在行政强制措施凭证上注明。然后，将行政强制措施凭证当场交付当事人。当事人拒收的，交通警察应当在行政强制措施凭证上注明。

3．公安机关交通管理部门作出行政强制措施决定后，可以由一名交通警察具体实施。公安机关交通管理部门扣留车辆的，不得扣留车辆所载货物。对车辆所载货物应当通知当事人自行处理，当事人无法自行处理或者不自行处理的，应当记录并防止灭失。对容易腐烂、灭损或者不具备保管条件的其他物品，经县级以上公安机关交通管理部门负责人批准，可以在拍照或者录像后变卖，变卖所得按有关规定处理。交通警察应当在实施行政强制措施后 24 小时内，将被扣留车辆和行政强制措施凭证（一式二联）存档联交到所属公安机关交通管理部门。公安机关交通管理部门对被扣留车辆应当妥善保管，不得使用。

公安机关交通管理部门必须严格遵循扣留车辆的期限。需要对机动车来历证明进行调查核实的，扣留机动车时间不得超过 15 日；需要延长的，经县级以上公安机关交通管理部门负责人批准，可以延长至 30 日。但机动车驾驶人或者所有人、管理人在 30 日内没有提供被扣留机动车合法来历证明、没有补办相应手续或者不来接受处理的除外。

因交通事故收集证据，需要对扣留车辆进行检验、鉴定的，公安机关交通管理部门应当自事故现场调查结束之日起 3 日内委托具备资格的鉴定机构进行检验、鉴定。对现场调查结束之日起 3 日后需要检验、鉴定的，应当报经上一级公安机关交通管理部门批准。公安机关交通管理部门应当与检验、鉴定机构约定检验、鉴定完成的期限，约定的期限不得超过20日。超过20日的，应当报经上一级公安机关交通管理部门批准，但最长不得超过60日。公安机关交通管理部门应当在收到检验、鉴定报告之日起2日内，将检验、鉴定报告复印件送达当事人。当事人对检验、鉴定结论有异议的，可以在公安机关交通管理部门送达之日起3日内申请重新检验、鉴定，经县级公安机关交通管理部门负责人批准后，进行重新检验、鉴定。公安机关交通管理部门应当在收到重新检验、鉴定报告之日起2日内，将重新检验、鉴定报告复印件送达当事人。检验、鉴定结论确定之日起5日内，公安机关交通管理部门应当通知当事人领取扣留的事故车辆。

（三）对被扣留车辆的处置

1. 对于因违法超载而被扣留车辆的处置。此种情形，扣留车辆应至违法状态消除，也就是说，违法状态一旦消除，应立即交还车辆。这里的“违法状态消除”是《道路交通安全法》的一个新的行政强制措施，将在下文专门论述。

2. 对于因未悬挂机动车号牌、未放置检验合格标志、保险标志，或者未随车携带行驶证、驾驶证而被扣留车辆的处置。此类情况，交通警察应通知当事人提供相应的牌证、标志或者补办相应的手续。需要注意的是，关于通知的方式，《道路交通安全法》并没有明确要求以书面的方式通知。既然如此，笔者认为，交通警察也可以采取口头的方式，在扣留车辆的同时，告知其应当办理的相关手续。一旦当事人提供了相应的牌证、标志或补办了相应的手续，交通警察就应及时退还机动车。当事人逾期不来接受处理的，并且经公告3个月仍不来接受处理的对扣留车辆依法处理。

3. 对于涉嫌使用伪造、变造或者其他车辆的机动车登记证书、号牌、行驶证、检验合格标志、保险标志而被扣留车辆的处置。这里的扣留车辆，主要是出于保证道路交通安全和查明车辆真正归属的需要。所以，一旦当事人提供了相应的合法证明或者补办了相应的手续后，交通警察就应当退还机动车。需要注意的是，这里针对的是有关机动车的牌证、标志问题，而不是机动车本身，且行为方式是使用伪造、变造的牌证、标志或者其他车辆的牌证、标志。

4. 对于未按规定投保机动车第三者责任强制保险被扣留车辆的处置。公安机关交通管理部门及其交通警察在执法中，如果发现机动车没有悬挂保险标志的，应当扣留该机动车。这里和上述第三种情形的区别是没有悬挂保险标志而上面第三种情形是悬挂了保险标志，但悬挂的是伪造、变造的或者是其他机动车的保险标志。因此，当依照规定补办了机动车第三者责任强制保险后就应当归还机动车。当事人逾期未接受处理，并且经公告 3 个月仍不来接受处理的，对被扣留的车辆依法处理。

5. 对于拼装车、报废车被扣留车辆的处置。公安机关交通管理部门及其交通警察在执法中，发现拼装的机动车或者已达到报废标准的机动车在道路上行驶的或者出售已达到报废标准的机动车的，应予扣留。扣留后，经县级以上公安机关交通管理部门批准，予以收缴并强制报废。这里有一个问题，笔者调查发现，交通警察反映，在偏远的农村地区，一些农用车没有牌证在道路上行驶，被扣留后驾驶人说车管所不给办牌证。为什么车管所不给上牌？原来这些车不符合《机动车运行安全技术条件》(GB7528－1997)，也就是说，这些车均属非法生产和销售的产品。依照法律规定，此类车辆应严格禁止并予以收缴。问题是目前这类现象在广大的农村地区还比较普遍，执法难度较大。看来要彻底杜绝这一现象，而仅靠公安机关一家，力不从心，难以奏效，需要政府协调，主动出击，实行综合治理，从源头上杜绝这类车流入市场。

6. 对于因交通事故需要收集证据被扣留车辆的处置。公安机关交通管理部门及其交通警察因收集交通事故证据的需要，可以扣留车辆。检验、鉴定完成后 5 日内通知当事人领取事故车辆。如果经检验、鉴定属拼装车或达到了报废标准，应予收缴，并强制报废。对无牌证、未投机动车第三者责任强制保险的依照有关法律、法规处理。对驾驶人逃逸的无主车辆或者经通知当事人 30 日后仍不领取的车辆，经公告 3 个月仍不来接受处理的，对扣留的车辆依法处理。需要注意的是，扣留事故车辆时，不得扣留车载货物。车载货物应在核实重量、体积以及货物损失后，当场交还驾驶人或车主。一时无法交还的，应妥善保管。对于容易腐烂、灭损或无法保管的物品，应当及时退还原主；对找不到原主的，经县级以上公安机关负责人批准，可以在拍照或录像后变卖，变卖所得按照规定处理。对于淫秽物品、毒品等违禁品，一律收缴，经县级以上公安机关负责人批准，统一登记造册后予以销毁。

7. 对于因非机动车驾驶人拒绝接受罚款处罚被扣留车辆的处置。当事人如果接受了罚款处罚，就应退还被扣非机动车，如果在规定期限内不来接受处罚，并且经 3 个月仍不来接受处罚的，对扣留车辆依法处理。

8. 对于被盗抢嫌疑车辆或者逃逸嫌疑车辆而被扣留的处置。公安机关交通管理部门及其交通警察能排除盗抢嫌疑的，应归还机动车；不能排除盗抢嫌疑的，移交有关部门处理；对于交通肇事逃逸车辆，经检验、鉴定后应予退还。

以上简要分析了几种被扣留车辆的处置，需要说明的是，对于逾期不接受处理的，对扣留车辆依法处理。这里的依法处理，就是由公安机关交通管理部门将机动车送交有资格的拍卖机构拍卖，所得价款上缴国库。如果是非法拼装的机动车，予以拆除，达到报废标准的，予以报废；如果机动车涉及其他犯罪的，移交有关部门处理。

二、强制消除违法状态

超载本来就是严重的交通违法行为，如果只对这样的行为给予罚款处理，而后放行，势必形成二次违法，这不仅容易造成重复处罚，损害当事人的利益，同时也构成交通安全隐患。因此，道路交通安全法律规范明确提出，在依法查处超载的同时，一定要消除其违法状态。违法状态消除就是指公路客运车卸载了超额部分的乘客，货运车卸载了超载部分的货物，不符合装载要求的，按照法律的规定进行了重新装载。① 这是“先纠正，后处罚”原则的集中体现。《道路交通安全法》第 92 条规定：“公路客运车辆载客超过额定乘员的，处二百元以上五百元以下罚款；超过额定乘员百分之二十或者违反规定载货的，处五百元以上二千元以下罚款。货运机动车超过核定载质量的，处二百元以上五百元以下罚款；超过核定载质量百分之三十或者违反规定载客的，处五百元以上二千元以下罚款。有前两款行为的，由公安机关交通管理部门扣留机动车至违法状态消除……”由此可见，公路客运车辆载客超过额定乘员或者违反规定载货的、货运机动车超过核定载质量或者违反规定载客的，交通警察不仅要予以处罚、扣留车辆，而且要强制卸载转运，消除违法状态。强制消除违法状态应注意以下几点：②

1. 在查处车辆超载时，必须要消除违法状态。车辆超载是严重的交通违法行为，如果只对这样的行为给予罚款处理，而不予以卸载，消除违法状态，这不仅容易造成重复处罚，损害当事人利益，更重要的是交通安全隐患并未真正消除。因此，《道路

---

① 公安部交通管理局. 中华人民共和国道路交通安全法适用指南. 中国人民公安大学出版社，2004，347

② 《道路交通安全违法行为处理程序规定》第 27 条。

交通安全法》明确规定，在依法查处车辆超载时，一定要消除其违法状态，即客运车辆的超额部分的乘客要卸载；货运机动车超载部分的货物要卸载。

2．严格认定车辆超载。对车辆是否超载的认定，不能凭交通警察的眼睛判断、估计来推定，必须通过“过磅”，使用称重设备进行核定，确定准确的超载量。为此，对于有超载嫌疑的车辆，交通警察应当引导车辆到指定地点进行核定。交通管理部门要合理确定卸载场地，配备必要的卸载人员和设施，确保卸载转运的畅通和便利。

3．卸载可采取当事人自行卸载转运或由交通警察联系车辆人员为其卸载转运的方法。违法行为人可以自行消除违法状态的，应当在公安机关交通管理部门的监督下，自行将超载的乘车人转运、货物卸载。违法行为人无法自行消除违法状态的，对于超载乘客的安置，一般由公安机关交通管理部门负责通知道路交通运输主管部门，由道路交通运输主管部门负责组织有关接受任务的运输企业，按照要求做好转运工作；对于超载的货物，应当在指定的场地卸载，并由违法行为人与指定场地的保管方签订卸载货物的保管合同，保管方应按照合同要求，妥善存放和保管，应避免货物失窃、损毁、失火、潮湿。

4．消除违法状态的费用由违法行为人承担。消除违法状态的费用应合情合理，客观公正，不能随意滥收费用。

5．违法状态消除后，应当立即发还被扣留的机动车。公安机关交通管理部门在采取扣留违法机动车的强制措施时，应当持谨慎的态度，避免因适用法律不当给公安机关带来不必要的行政诉讼和其他负面影响。

然而，从目前实践中执行的情况来看，消除违法状态的问题较多，交通警察执行中困难较大，主要表现在：一是交通警察在执行中的阻力太大，尤其是来自乘客和货主的阻力，有时甚至发生冲突。二是交通警察的执法成本太高，警力明显不足，力不从心。据笔者调查，一个十余人的交警中队，平均每天至多只能查处十余起违法装载的交通违法行为。究其原因，主要是：

第一，法律、法规不具体。对超载机动车强制卸载问题，《道路交通安全法》只是规定了由公安机关交通管理部门扣留机动车至违法状态消除，而《道路交通安全法实施条例》也只明确了公安机关交通管理部门依法扣留机动车后，驾驶人应当将超载的货物卸载，费用由超载机动车的驾驶人或者所有人承担。至于货物卸载过程中涉及的更敏感、更具体的问题，没有明确规定。例如，卸载措施、卸载认定、收费标准、交通警察监督职责等内容，均没有统一的硬性规定，从而导致弹性大，可操作性差。而基层民警实践水平和条件的有限性，决定了其具体做法难以达到系统性、规范性和稳定性，使法定执行内容的严肃性、统一性受到削弱。

第二，违法行为人乃至乘客对卸载有强烈的抵触情绪。卸载虽不属于行政处罚，但从实际效果看，它往往比行政处罚更加严厉。超载运输的目的是多赚钱，当事人因超载被交通警察查获后，根据有关法律、法规的规定，将被处以高额的罚款，同时卸载还需要花费时间和费用，因此，大多违法行为者不愿卸载，想方设法制造各种理由拖延、拒绝卸载，有的甚至暴力抵抗。

那么，究竟应当如何消除超载车辆违法状态呢？这一问题有待在实践中不断进行摸索，从制度上完善这一举措。笔者认为，完善运输体制、优化运输结构、降低运输成本、强化源头管理、完善有关法规、实行制度化管理、提供卸载的必要条件、加强宣传教育、实行综合治理等乃是解决车辆超载的基本之策。作为交通警察，目前的情况下，应尽力注意方式方法，把握立法精神，加强宣传教育，完善工作环节，提高工作效率，保护当事人利益，防止矛盾激化。

三、扣押事故物品

根据有关法律、法规的规定，因收集证据的需要，公安机关交通管理部门可以扣押与事故有关的物品，并开具扣押物品清单一式两份，一份交给被扣押物品的持有人，一份附卷。扣押的物品应当妥善保管。任何单位和个人不得借用、挪用、调换和侵占。交通事故案件变更管辖时，与案件有关的被扣押的物品应当随案移交。移交扣押物品时，由接受人、移交人当面查看清点，并在移交单据上共同签名。扣押期限不得超过30日，案情重大、复杂的，经本级公安机关负责人或者上一级公安机关交通管理部门负责人批准可以延长30日，法律、法规另有规定的除外。检验、鉴定结论确定之日起5日内，公安机关交通管理部门应当通知当事人领取扣押的物品。

四、扣留机动车驾驶证

（一）适用扣留机动车驾驶证的情形

《道路交通安全法》第24条、第91条、第99条第2项和第4项、第100条第2款、第101条规定了扣留机动车驾驶证的具体情形。《道路交通安全违法行为处理程序规定》第29条规定："有下列情形之一的，依法扣留机动车驾驶证：（一）饮酒后驾驶机动车的；（二）将机动车交由未取得机动车驾驶证或者机动车驾驶证被吊销、暂扣的人驾驶的；（三）机动车行驶超过规定时速百分之五十的；（四）驾驶有拼装或者达到报废标准嫌疑的机动车上道路行驶的；（五）在一个记分周期内累积记分达到十二分的。"

1. 饮酒后驾驶机动车的。酒后驾驶机动车极易发生交通事故历来为各国法律、法规所严惩。因此，《道路交通安全法》将酒后驾驶机动车的行为列为第一种单独规定处罚的严重道路交通安全违法行为。其中，饮酒后驾驶机动车的，处暂扣1个月以上3个月以下机动车驾驶证，并处200元以上500元以下罚款；醉酒后驾驶机动车的，由公安机关交通管理部门约束至酒醒，处15日以下拘留和暂扣3个月以上6个月以下机动车驾驶证，并处500元以上2000元以下罚款。饮酒后驾驶营运机动车的，处暂扣3个月机动车驾驶证，并处500元罚款；醉酒后驾驶营运机动车的，由公安机关交通管理部门约束至酒醒，处15日以下拘留和暂扣6个月机动车驾驶证，并处2000元罚款。1年内有前两款规定醉酒后驾驶机动车的行为，被处罚两次以上的，吊销机动车驾驶证，5年内不得驾驶营运机动车。由此可见，《道路交通安全法》对酒后驾驶机动车的处罚是相对严厉的，当交通警察在执勤中一旦发现酒后驾驶机动车行为的，应当立即作出扣留机动车驾驶证的行政强制措施。

2. 将机动车交由未取得机动车驾驶证或者机动车驾驶证被吊销、暂扣的人驾驶的。如果机动车驾驶人明知对方未取得机动车驾驶证或者机动车驾驶证被吊销、暂扣，仍然将机动车交由其驾驶的，将可能受到机动车驾驶证被吊销的处罚。当然，如果有足够的证据，证明机动车驾驶人有理由相信对方具有机动车驾驶资格，则不应对机动车驾驶人作出吊销机动车驾驶证的处罚。因此，交通警察遇有该情况在判断是否扣留机动车驾驶证时，也应充分注意到这一情况，慎重扣留机动车驾驶证。

3. 机动车行驶超过规定时速百分之五十的。在实际操作过程中，应当注意机动车超速行驶证据的取得。一方面，一般情况下仅凭交通警察的观察，不足以证明机动车的行驶速度，必须借助一定的测速仪器进行；另一方面，某一路段的限速，应当以该路段设置的限速标志为准，但不能超过道路交通安全法律、法规规定的最高限速。目前，无论是如何进行测速，还是路段限速的设定，均存在许多问题，且引起不少交通参与者尤其是机动车驾驶人的不满，必须认真加以研究并进行科学规范。

4. 驾驶有拼装或者达到报废标准嫌疑的机动车上道路行驶的。拼装车，是指使用报废机动车的“五大总成”（即发动机、方向机、变速器、前后桥、车架）以及其他零部件组装的机动车。报废车，是指达到国家报废标准，发动机或者底盘严重损坏，经检验不符合国家机动车运行安全技术条件或者国家机动车污染物排放标准的机动车。《道路交通安全法》第 100 条规定：“驾驶拼装的机动车或者已达到报废标准的机动车上道路行驶的，公安机关交通管理部门应当予以收缴，强制报废。对驾驶前款所列机动车上道路行驶的驾驶人，处二百元以上二千元以下罚款，并吊销机动车驾驶证……”由此可见，交通警察在道路上发现驾驶拼装或者已达到报废标准的机动车的，不仅要采取扣留拼装的机动车或者已达到报废标准的机动车的强制措施，还要采取扣留机动车驾驶人的驾驶证的行政强制措施。

5. 发生重大交通事故，构成犯罪的。《道路交通安全法》第 101 条规定：“违反道路交通安全法律、法规的规定，发生重大交通事故，构成犯罪的，依法追究刑事责任，并由公安机关交通管理部门吊销机动车驾驶证。造成交通事故后逃逸的，由公安机关交通管理部门吊销机动车驾驶证，且终生不得重新取得机动车驾驶证。”由此可见，凡是违反道路交通安全法律、法规的规定，发生重大交通事故，构成犯罪的，不仅依法追究刑事责任，还要吊销机动车驾驶证；发生交通事故后逃逸的，要吊销机动车驾驶证，且终生不得重新取得机动车驾驶证。因此，交通警察在处理交通事故时，如果认为机动车驾驶人违反道路交通安全法律、法规的规定，发生重大交通事故，可能涉嫌构成犯罪的，或者涉嫌发生交通事故后逃逸的，要采取扣留机动车驾驶证的行政强制措施。需要注意的是，只要涉嫌逃逸，就要采取扣留机动车驾驶证的行政强制措施，不论其造成交通事故后果的大小，也就是说，与驾驶人造成交通事故后果的轻重无关。

6. 在一个记分周期内累积记分达到12分的。《道路交通安全法》第24条第1款规定："公安机关交通管理部门对机动车驾驶人违反道路交通安全法律、法规的行为，除依法给予行政处罚外，实行累积记分制度。公安机关交通管理部门对累积记分达到规定分值的机动车驾驶人，扣留机动车驾驶证，对其进行道路交通安全法律、法规教育，重新考试；考试合格的，发还其机动车驾驶证。"由此可见，交通警察在道路上纠正与查处机动车驾驶人交通违法行为、处理交通事故等过程中，如果发现机动车驾驶人在一个记分周期内（1年）扣分已满12分，应当扣留该机动车驾驶证。

当事人具有上列前5种情形之一的，扣留机动车驾驶证至作出处罚决定之日；只对违法行为人作出罚款处罚的，作出处罚决定后，应当立即发还机动车驾驶证。对于上列第6种情形即在一个记分周期内累积记分达到12分的，扣留机动车驾驶证至考试合格之日。

（二）扣留机动车驾驶证的程序

扣留机动车驾驶证不同于暂扣机动车驾驶证，暂扣机动车驾驶证是一种行政处罚，而扣留机动车驾驶证是交通警察在执勤执法中使用频率很高的一种常用行政强制措施。扣留机动车驾驶证必须遵循一定的程序。

《道路交通安全法》第110条规定："执行职务的交通警察认为应当对道路交通违法行为人给予暂扣或者吊销机动车驾驶证处罚的，可以先予扣留机动车驾驶证，并在二十四小时内将案件移交公安机关交通管理部门处理。道路交通违法行为人应当在十五日内到公安机关交通管理部门接受处理。无正当理由逾期未接受处理的，吊销机动车驾驶证……"这是交通警察在道路交通管理过程中扣留机动车驾驶证的基本法律依据。这里首先应当对该条文中关于交通警察的“认为”有一个正确的理解。这里的“认为”实际上是交通警察对行政相对人交通活动的一种快速的主观判断。这个主观判断包括两层内容：一是行政相对人的交通活动是否违法。二是该交通活动如果违法，是否应当给予暂扣或者吊销机动车驾驶证的处罚。交通警察对此判断不是主观随意，必须根据所发现的情况并结合有关的法律、法规进行判断。如果交通警察根据所发现的情况并结合有关的法律、法规判断行政相对人应当受到暂扣或吊销机动车驾驶证的行政处罚，就可以扣留驾驶人的驾驶证。当然，交通警察扣留机动车驾驶证后，并不意味着相对人必然就要受到暂扣或吊销机动车驾驶证的行政处罚，因为交通警察没有当场作出暂扣或吊销机动车驾驶证的权力；反过来，相对人是否事实上受到了暂扣或吊销机动车驾驶证的行政处罚，也不应成为判断交通警察扣留机动车驾驶证正当性的依据。

基于《道路交通安全法》第 110 条以及有关法规、规章的规定，扣留机动车驾驶证应遵循下列基本程序：

1. 向当事人告知扣留机动车驾驶证的有关事项并听取当事人的陈述和申辩。交通警察应当口头告知当事人扣留车辆的基本事实以及有关法律依据，告知当事人有关依法享有的权利以及在规定的期限内到公安机关交通管理部门接受处理等基本情况。与此同时，还应当认真听取当事人的陈述和申辩，对于当事人提出的事实、理由或者证据成立的，应当采纳。

2. 制作并当场交付行政强制措施凭证。行政强制措施凭证应当由当事人签名、交通警察签名或者盖章、公安机关交通管理部门盖章。当事人拒绝签名的，交通警察应当在行政强制措施凭证上注明。然后，将行政强制措施凭证当场交付当事人。当事人拒收的，交通警察应当在行政强制措施凭证上注明。

3. 公安机关交通管理部门作出行政强制措施决定后，可以由一名交通警察具体实施。交通警察应当在扣留机动车驾驶证后24小时内，将被扣留机动车驾驶证交到所属公安机关交通管理部门。

五、拖移机动车

（一）机动车停放和临时停车

《道路交通安全法》第56条规定："机动车应当在规定地点停放。禁止在人行道上停放机动车；但是，依照本法第三十三条规定施划的停车泊位除外。在道路上临时停车的，不得妨碍其他车辆和行人通行。"

《道路交通安全法》第56条规定了机动车停放和临时停车两种方式。机动车停放，是指驾驶人离开车辆，在停车场或者准许车辆停放的地点，较长时间地停车的情形。临时停车，是指车辆在非禁止停车路段，通常在驾驶人不离开车辆的情况下，靠道路右侧按顺行方向作短暂停留，供上下乘客、装卸货物等。这里虽然称为临时停车，但并不以具体的时间长短为界，只要是在准许停车路段，在不影响其他车辆、行人通行的情况下，车辆适当的短暂停留，应当是允许的、合理的。《道路交通安全法实施条例》第63条规定："机动车在道路上临时停车，应当遵守下列规定：（一）在设有禁停标志、标线的路段，在机动车道与非机动车道、人行道之间设有隔离设施的路段以及人行横道、施工地段，不得停车；（二）交叉路口、铁路道口、急弯路、宽度不足4米的窄路、桥梁、陡坡、隧道以及距离上述地点50米以内的路段，不得停车；（三）公共汽车站、急救站、加油站、消防栓或者消防队（站）门前以及距离上述地点30米以内的路段，除使用上述设施的以外，不得停车；（四）车辆停稳前不得开车门和上下人员，开关车门不得妨碍其他车辆和行人通行；（五）路边停车应当紧靠道路右侧，机动车驾驶人不得离车，上下人员或者装卸物品后，立即驶离；（六）城市公共汽车不得在站点以外的路段停车上下乘客。”

（二）对机动车违规停放、临时停车的处置

1. 口头警告，责令机动车驾驶人立即驶离。《道路交通安全法》第93条第1款规定：“对违反道路交通安全法律、法规关于机动车停放、临时停车规定的，可以指出违法行为，并予以口头警告，令其立即驶离。”对于违反机动车停放、临时停放规定的，交通警察应当当场指出当事人的违法行为，给予口头警告，责令机动车驾驶人立即驶离。之所以规定比较轻微的口头警告处罚，是因为违规停放车辆行为本身并没有多大的危害性，主要是影响道路的通行，责令当事人立即驶离即可消除违法状态。

对于口头警告，有一种观点认为是行政处罚的先期告诫方式，本身并不具备行政处罚的本质属性，所以主张口头警告并非行政处罚。笔者认为，《道路交通安全法》规定的五种处罚之一的警告，既包含了口头警告也包含了书面警告，口头警告只是执行的形式不同于书面警告，但执行形式的不同并不妨碍这种处罚的性质。

2. 机动车驾驶人不在现场或者虽在现场但拒绝立即驶离，妨碍其他车辆、行人通行的，予以罚款处罚并可以拖移机动车。《道路交通安全法》第93条第2款、第3款规定：“机动车驾驶人不在现场或者虽在现场但拒绝立即驶离，妨碍其他车辆、行人通行的，处二十元以上二百元以下罚款，并可以将该机动车拖移至不妨碍交通的地点或者公安机关交通管理部门指定的地点停放。公安机关交通管理部门拖车不得向当事人收取费用，并应当及时告知当事人停放地点。因采取不正确的方法拖车造成机动车损坏的，应当依法承担补偿责任。”机动车驾驶人不在现场或者虽在现场但拒绝立即驶离，妨碍其他车辆、行人通行的，可以将该机动车拖移至不妨碍交通的地点或者公安机关交通管理部门指定的地点停放。这里包含两层意思：一是机动车驾驶人不在现场或者虽在现场但拒绝立即驶离。尽管机动车违反停放或临时停车规定，且影响了其他车辆和行人通行，如果驾驶人在场而且愿意服从指令，立即驶离，那么，交通警察就不应采取拖移车辆的行政强制措施。如果机动车驾驶人不在现场或者虽在现场但拒绝立即驶离，交通警察就可以实施拖移车辆的行政强制措施。二是机动车违反停放或临时停车规定，影响了其他车辆和行人通行。问题是如何认定“影响了其他车辆和行人通行”。笔者认为，交通警察在认定违反停车或临时停车的行为是否妨碍其他车辆和行人通行时，应以该车辆造成了妨碍通行的事实作为判断标准。例如，有一车辆停放在某禁止停车的路段，如果交通警察发现时，尽管尚未影响其他车辆和行人通行，此时交通警察一时又联系不上该车辆驾驶人，如不驶离，则必然在交通高峰来临时影响其他车辆和行人通行，那么，这种情况就可以认定为该车辆对其他车辆和行人通行构成影响，就可以采取拖移车辆的行政强制措施。如果此路段尽管禁止停车，但该车辆停放不会影响其他车辆和行人通行，则不应采取拖移车辆的行政强制措施，可以采取对该车辆粘贴违法停车通知书的办法，告知机动车驾驶人到指定地点接受处理。

总之，对于违反道路交通安全法律、法规关于机动车停放、临时停车规定的，如果机动车驾驶人在场，交通警察应注意对驾驶人指出违法行为，并予以口头警告，令其立即驶离；机动车驾驶人不在现场，对车辆行人通行妨碍较小的，可采取非现场执法的手段，拍摄违法事实，录入交通违法信息系统，并告知相关事宜。机动车驾驶人不在现场或者虽在现场但拒绝立即驶离时，且影响其他车辆、行人通行的，交通警察可以采取拖移机动车的行政强制措施，将该车拖移至不妨碍交通的地点停放。

（二）交通警察拖移机动车时的程序要求

1. 公安机关交通管理部门拖移机动车时应当记录违法事实。因违反机动车停放、临时停车规定，驾驶人不在现场，妨碍其他车辆、行人通行时拖移机动车的，公安机关交通管理部门应当通过拍照等方式记录违法事实。

2. 向在现场但拒绝立即驶离的机动车驾驶人告知拖移机动车的有关事项并听取当事人的陈述和申辩。交通警察应当口头告知当事人拖移机动车的基本事实以及有关法律依据，告知当事人有关依法享有的权利以及在规定的期限内到公安机关交通管理部门接受处理等基本情况。与此同时，还应当认真听取当事人的陈述和申辩，对于当事人提出的事实、理由或者证据成立的，应当采纳，在此基础上制作并当场交付行政强制措施凭证。行政强制措施凭证应当由当事人签名、交通警察签名或者盖章、公安机关交通管理部门盖章。当事人拒绝签名的，交通警察应当在行政强制措施凭证上注明。然后，将行政强制措施凭证当场交付当事人。当事人拒收的，交通警察应当在行政强制措施凭证上注明。

3. 可以将该机动车拖移至不妨碍交通的地点或者公安机关交通管理部门指定的地点停放。为什么要将违规停放的机动车拖移到公安机关指定的地点停放？有一种观点认为，这样规定容易助长交通警察滥用强制拖移权牟利。一般情况下，只需要将车辆就近拖移至不影响交通的地方停放就可以，但是，在当事人不在场合，如果将机动车拖移他处，会给当事人寻找被拖移车辆带来不便。此外，在城市目前的交通状况下，在违规停车的附近，一般很难发现一个可以停放车辆又不影响交通的地点，所以在具体的执法实践中，大多数违规停放的车辆被拖移至公安机关交通管理部门指定的地点。

4. 无论机动车驾驶人是否在现场，公安机关交通管理部门应当及时告知当事人被拖移机动车的停放地点。为了方便被处罚人及时领回被拖移的机动车，规定公安机关道路交通管理部门有义务及时告知当事人被拖移车辆的停放地点。公安机关交通管理部门应当公开拖车查询电话，并通过标志牌或者其他方式告知当事人。当事人可以通过电话查询接受处理的地点、期限和被拖移机动车的停放地点。这是尊重和保障当事人知情权的必然要求，是公安机关交通管理部门及其交通警察在实施行政强制措施时，必须履行的法定义务。

5. 交通违法行为人接受处理后，应当及时发还机动车。公安机关交通管理部门发还机动车时不得向当事人收取拖移机动车的费用。公安机关交通管理部门及其交通警察拖移机动车是履行法定职责，是一种执法行为。因此，不得向当事人收取费用，而且公安机关交通管理部门不得将车辆拖移至停车收费价格明显高于当地平均停车收费水平的停车场停放。此用意仍然是防止公安机关交通管理部门及其交通警察进行权力寻租、滥用强制权，防止对警察形象、执法权威以及公民的合法权益造成损害。这一制度性规定也有利于行政强制措施的规范与公正行使，避免公安机关交通管理部门及其交通警察滥用职权拖车牟利，防止某些交通警察受利益驱动，动辄拖车，给人民警察形象造成不良影响。

6. 拖移机动车不当造成被拖机动车损失的，应当依法承担补偿责任。《道路交通安全法》第 93 条第 3 款规定："因采取不正确的方法拖车造成机动车损坏的，应当依法承担补偿责任。"拖移违法停放机动车，应当保障交通安全，保证车辆不受损坏。交通警察拖车时必须小心谨慎，因采取不正确的方法拖车造成机动车损坏的，应当依法承担补偿责任。如何理解这里的"补偿责任"？

严格地讲，在民事法律概念中，补偿是基于公平理念而形成的损失分担制度，不属于民事责任的范畴。如果行政主体为了某种公共利益，由合法的行政行为对公民造成了超过正常的合理的损失，国家应给予补偿，[①] 但不是责任。《民法通则》、《行政许可法》等都有关于依法给予补偿的规定，但均未将补偿作为一种责任。就本条款而言，这里的“补偿责任”是由公安机关交通管理部门及其交通警察在执行拖移车辆的合法行为时，由于采取的方法不科学而造成的。因此，这里的“补偿责任”不是补偿。这里的补偿责任，其实质是一种赔偿责任，是因没有能够正确履行法定职责而成立的对当事人因此遭受的损失的赔偿，是一种国家赔偿责任。对因采取不正确的方法拖车造成的机动车损坏的赔偿标准，应当按照《国家赔偿法》第 28 条规定的侵犯公民、法人和其他组织的财产权造成损害的赔偿方式和计算标准确定，即应当返还的财产损坏的，能够恢复原状的恢复原状，不能恢复原状的，按照损害程度给付相应的赔偿金。

另外，除了因违规停放机动车或临时停车且机动车驾驶人不在现场或者虽在现场但拒绝立即驶离，妨碍其他车辆、行人通行的，公安机关交通管理部门可以拖移机动车外，根据《道路交通安全法实施条例》第 104 条的规定，机动车驾驶人存在某种严重影响交通安全的行为，又无其他机动车驾驶人即时替代驾驶的，交通警察也可以将其驾驶的机动车移至不妨碍交通的地点或者有关部门指定的地点停放。这些严重影响交通安全的行为是：(1) 不能出示本人有效驾驶证的。(2) 驾驶的机动车与驾驶证载明的准驾车型不符的。(3) 饮酒、服用国家管制的精神药品或者麻醉药品、患有妨碍安全驾驶的疾病，或者过度疲劳仍继续

---

① 对于合法的行政强制所造成的相对人损失，如果属于其社会义务的范围，那么，相对人负有忍受的义务。例如，因道路结冰，为防止发生交通事故而封锁易发事故路段，相对人被迫绕道而多付出的费用，就属于其社会义务的范围，不予补偿。但是，如果这种社会义务超出了正常的、合理的范围，变成了一种特别的牺牲或特别的损失，国家就应当给予适当的补偿。补偿只能基于公共利益，由国家的合法行为对相对人造成的特别损失而产生。

驾驶的。(4) 学习驾驶人员没有教练人员随车指导单独驾驶的。

六、收缴非法机动车牌证、标志

在现实中违法使用机动车牌证、标志的问题，还是十分严重的。例如，2008 年 5 月 1 日至 7 月 31 日，在公安部交通管理局部署开展的机动车涉牌涉证交通违法行为专项治理工作中，全国共查处了伪造、变造或者使用伪造、变造机动车牌证违法行为达 26.7 万起，使用其他机动车牌证等违法行为 11.4 万起。它不仅干扰和破坏了公安机关交通管理部门对道路交通安全的管理，而且严重地影响了正常的交通秩序，存在很大的交通与治安隐患。

《道路交通安全法》第 96 条规定："伪造、变造或者使用伪造、变造的机动车登记证书、号牌、行驶证、检验合格标志、保险标志、驾驶证或者使用其他车辆的机动车登记证书、号牌、行驶证、检验合格标志、保险标志的，由公安机关交通管理部门予以收缴，扣留该机动车，并处二百元以上二千元以下罚款；构成犯罪的，依法追究刑事责任。当事人提供相应的合法证明或者补办相应手续的，应当及时退还机动车。"这里涉及两种行为：一是伪造、变造或者使用伪造、变造的机动车牌证、标志。二是挪用其他机动车牌证、标志。而收缴适用于伪造、变造的机动车牌证、标志。涉及收缴的主要是伪造、变造或者使用伪造、变造的机动车牌证、标志。

(一) 伪造、变造或者使用伪造、变造的机动车牌证、标志的检查与识别

1. 检查车辆及车辆驾驶人是否具有可疑状况。执勤警察如果发现下列疑点的，应进行细致检查：车辆具有无号牌上路行驶；新车旧牌照或旧车新牌照；1992 年以后出厂的汽车前风挡玻璃左下角没有 17 位"VIN"码；车辆在道路两侧长期停放无人认领；发生交通事故后被遗弃等可疑迹象。

执勤警察如果发现下列疑点的，应仔细、认真地检查各种证件，同时要求驾驶人立即熄火、下车，接受检查，以防因为检查出车辆有盗抢或者假牌、假证违法嫌疑时，驾驶人做出过激行为，伤害执勤民警：驾驶人在驾驶车辆行驶过程中，有应急灯或大灯闪烁、车辆左右摇摆，不按规定路线行驶等反常情况；驾驶人衣着与所驾驶车辆不相符合；驾驶人口音与所驾驶车辆地域口音不相一致以及遇警察检查时其神情体态异常等情况。

执勤警察如果发现下列疑点的，应立即让驾驶人熄火、下车，接受检查：车辆车门有撬压痕迹、外观破损；车辆方向盘、点火器、变速杆损坏或更改；发动机号、车架号有凿改痕迹等问题。

2. 检查与识别驾驶证。使用假驾驶证主要有五种情况：一是驾驶证被暂扣或吊销，使用假证继续开车。二是持有真驾驶证，被查处违法行为时，出示假证欺骗民警对付扣分。三是驾驶证托人带回原籍地代办审验手续，使用假证不间断驾驶。四是驾驶证准驾车型与车辆不符，使用假证越级开车。五是根本没有驾驶证，使用假证瞒天过海。鉴别驾驶证真假，关键的是比对发证机关章。可从印章的大小方正、框线的粗细曲直、字体的大小形状、排列的疏密松紧等方面来捕捉差异。此外，真证准驾车型栏的英文字母采用特殊变形字体防伪；新版驾驶证编号“O”的字母中有特殊的机打点，假驾驶证“O”中的点常用圆珠笔点上去，这也是关键之处，应细加比对。

驾驶证的真伪主要从以下三点判断：一是证本上的字体。合法驾驶证字体按国家规定应当是仿宋体。二是证本上的印章。合法驾驶证上的“××省××市公安局交通警察支队”印章属印刷厂套印边缘清晰、字体工整、颜色鲜艳并且没有断笔。而假证的印章有些是扫描的，虽然整齐但是颜色不鲜艳，甚至有些刻制的印章模糊不清，有断笔，边缘不工整。三是证件的纸质。假证的纸质硬度大、表面光滑，而合法驾驶证的纸质柔软。如果发现以上几种情况，民警应当立即通过公安交通管理信息网上信息系统查询相关信息资料，确定证件是否是假证。

3. 检查与识别行驶证。使用假行驶证主要有六种情况：一是走私车辆无法取得合法身份而使用（假牌）假证。二是盗抢车辆改头换面而使用（假牌）假证（这类车辆其发动机号与车架号大都已更改）。三是超年限应淘汰而未办理报废手续的大小车辆使用（真牌）假证。四是已报废车辆重新流入市场而使用（假牌）假证。五是篡改吨位数少缴养路费、过路费的大吨位货车使用（真牌）假证。六是异地使用车辆年检期间将行驶证托人带回原籍地代办手续而使用（真牌）假证。鉴别行驶证真假，关键是比对发证机关章，识别印章的大小方正、框线的粗细曲直、字体的大小形状、排列的疏密松紧等。另外，号牌号码栏和车辆类型的汉字与数字，真证采用特殊变形字体防伪，也要重点比对。

行驶证应符合《机动车行驶证》标准，使用国务院公布的简化字，颜色为黑色。有些假行驶证的制作，采用复印或扫描等方法，字体与真的不一样，字体无防伪膜或颜色不正，真行驶证防伪膜上有白色线条勾勒出的古代车马图案。仔细比较真假证件的颜色、纸底，可以发现假证颜色与真证有细微差别，且假证的纸底比较软。在检查行驶证中，有时会发现行驶证的正、副页字迹、材料或颜色不相符，这种行驶证就有可能是一真一假。真行驶证年度检验条章是机打，颜色同行驶证登记车辆参数字体一致。其他检查技巧可以参考驾驶证的检查方法。同时，民警在检查过程中发现有可能是假证时一定要通过公安交通管理信息网上信息系统查询相关信息资料，进行判断。例如，1999 年 8 月的一天，某市交巡警队民警张某在查纠一辆解放牌 10 吨大货车违法行为时，发现该车行驶证上登记发证日期为 1993 年，而车况却已相当破旧，且其出示的行驶证也有假证嫌疑。民警张某没有简单处理了事，而是抓住疑点不放，不厌其烦地通过车管部门向发证机关传真查询档案，结果查明该车实际登记发证日期为1987年，1997年已报废，但一直未办手续。在事实面前，车主只得供认：车辆是在原报废车基础上用拆车厂废车部件拼装而成的，行驶证、养路费缴讫证等全部是买来的假证。被查获时，已走南闯北用了两年，还从未被识破过。

4. 检查与识别牌照。假牌照的识别主要从字形构架、笔画粗细、相邻字距、排列高低、颜色偏差等方面来捕捉细节差异。需要注意的是，许多使用真牌照的车辆也使用假行驶证。这主要存在于套用其他小型车辆真牌照的走私小客车、超年限应淘汰而未办理报废手续的车辆、隐瞒吨位数少缴养路费、过路费的大吨位货车。因此，认定牌照真实后，还应视车型、车况、厂牌等具体情况，仔细对行驶证进行鉴别。一是号牌在字与号码中间有一个黄色铜片的防伪标志。合法号牌无论新旧防伪标志都发黄发亮。假号牌的防伪标志一般经过一段时间以后都变成红铜色。二是合法号牌的字体一般都是制牌厂统一机压而成，表面清晰、整齐、着色均匀，没有皱纹、气泡、颗粒、杂质及漆层薄厚不一现象，反光材料或漆层与基材附着牢固。假牌一般为敲击而成，不够清晰、规整。三是合法号牌的喷漆工艺相当考究，边沿白漆、字体白漆与底色蓝漆边缘清晰、颜色纯正，而且都有反光作用，夜间灯光照射下特别清楚。假号牌由于工艺不达标，一般不反光，两种漆的交合处不是很清晰、平直。四是检查号牌背面。合法号牌由于机压，背面没有划痕，只有压制字体清晰、明显的凹凸点。假牌由于敲击而成，背面或多或少都有一些划痕。五是检查质地。合法号牌使用的铝板质地良好、硬度较大，不易折弯。假号牌一般使用劣质铝板，质地较软，容易折弯。

另外，为提高识别假牌证的能力，作为交通警察，平时还必须做到：一是通过大量观察和重复记忆，将各地牌照的字体特征熟记在“人脑信息库”里，一旦发现可疑目标，立即动用“人脑图像匹配技术”对牌照的字形笔画等进行比对，从貌似规范中找出差异。二是认真研究各地驾驶证、行驶证的制证特点，从底板的质地、颜色、图纹，文字的铅印、胶印、打印方式，字体的大小、形状，到各地发证机关的方章、扁章的刻法和油墨，都要一一仔细观察，汲取大量有用的信息。当检查两证时，做到一眼就能辨出真假。

5. 通过网上公安信息系统比对确认核实被查人员车辆的真实信息。随着电子计算机、手持电台、传真等科技装备在一线基层所队的普及使用，交通警察可以利用网络、传真快速查询比对假牌假证。一是利用全国机动车/驾驶人管理信息系统查询机动车、驾驶人信息。二是利用全国、全省被盗抢机动车信息综合查询系统查询比对被盗抢车辆信息。三是利用网上公安信息系统查询人员的真实信息。随着科技手段的不断发展，新版驾驶证、行驶证采用了更具有防伪技术的科技手段，但一些不法人员仍千方百计造假，交通管理中识假辨伪工作任重而道远。

如何不断利用科技手段强化提高识假技能，还需做到以下几点：一是要切实增强责任心。在工作中发现任何蛛丝马迹都要以认真的态度对待，这是发现和查获使用伪造牌证违法行为的前提和基础。二是要苦练基本功，首先要勇于学习，其次要敢于实践，通过对自身的“充电”加强对新的科技装备学习、应用的能力。三是要善于总结，经常与同事交流，让理论知识在实践中得到应用。

（二）收缴非法机动车牌证、标志的程序

1. 向机动车驾驶人告知收缴非法机动车牌证、标志的有关事项并听取当事人的陈述和申辩。交通警察应当口头告知当事人收缴非法机动车牌证、标志的基本事实以及有关法律依据，告知当事人有关依法享有的权利以及在规定的期限内到公安机关交通管理部门接受处理等基本情况。与此同时，还应当认真听取当事人的陈述和申辩，对于当事人提出的事实、理由或者证据成立的，应当采纳。

2. 制作公安交通管理行政强制措施凭证和扣押物品清单（一式两份）并当场交付。行政强制措施凭证应当由当事人签名、交通警察签名或者盖章、公安机关交通管理部门盖章。当事人拒绝签名的，交通警察应当在行政强制措施凭证上注明。然后，将行政强制措施凭证当场交付当事人。当事人拒收的，交通警察应当在行政强制措施凭证上注明。

3. 拆除并收缴非法机动车牌证、标志。通常情况下，交通警察应当首先让当事人自行拆除，然后将非法装置予以收缴。而对于拒不拆除的，交通警察可以代为执行。在整个拆除、收缴的过程中，交通警察应当向当事人讲明理由和依据，尽量取得当事人的配合。

4. 移交与销毁非法机动车牌证、标志。交通警察收缴非法机动车牌证、标志的，应当在 24 小时内将被收缴的非法机动车牌证、标志交到所属公安机关交通管理部门。对收缴的非法机动车牌证、标志除作为证据保存外，经县级以上公安机关交通管理部门批准后，予以销毁。交通警察不得未经批准擅自处理收缴的非法机动车牌证、标志，更不得私自使用、占有。

七、检验体内酒精、国家管制的精神药品、麻醉药品含量[①]

驾驶机动车要求驾驶人精神高度集中，控制力强，而酒精、

① 目前全国统一的饮酒和醉酒的标准是《车辆驾驶人血液、呼气酒精含量阈值与检验》（GB19522－2004）。全国统一的饮酒和醉酒的标准：酒后驾车临界值：0.2mg/ml；醉酒驾车临界值：0.8mg/ml。

国家管制的精神药品、麻醉药品会降低驾驶人的观察、判断、控制能力，对安全驾驶构成严重影响。因此，《道路交通安全法》第22条第2款规定："饮酒、服用国家管制的精神药品或者麻醉药品，或者患有妨碍安全驾驶机动车的疾病，或者过度疲劳影响安全驾驶的，不得驾驶机动车。"《道路交通安全法实施条例》第105条规定："机动车驾驶人有饮酒、醉酒、服用国家管制的精神药品或者麻醉药品嫌疑的，应当接受测试、检验。"

（一）检验体内酒精、国家管制的精神药品、麻醉药品含量的情形

《道路交通安全违法行为处理程序规定》第33条具体规定了检验体内酒精、国家管制的精神药品、麻醉药品含量的情形。

1. 对酒精呼吸测试的酒精含量有异议的。交通警察在执勤执法或处理交通事故的过程中，如果发现驾驶机动车摇摆不定的，或在与驾驶人接触、询问中发现当事人呼气有酒精气味或精神恍惚的，或其他当事人提出该当事人有饮酒等嫌疑的，应当进行测试。如果当事人对呼吸式酒精测试仪测试的结果有异议的，交通警察应当采取血液检验的方式，检验其体内的酒精含量；如果当事人对呼吸式酒精测试仪测试的结果无异议的，则无须再采取血液检验的方式，检验其体内的酒精含量，但对于测试结果为醉酒的驾驶人，还是应当采取血液检验的方式，检验其体内的酒精含量。当事人需要采取血液检验的方式检验其体内酒精含量的，应当由交通警察陪同前去有关医疗机构抽血检验，而不是由公安机关交通管理部门自行检验。

2. 涉嫌酒后驾驶车辆发生交通事故的。[①] 驾驶人是否饮酒对认定交通事故起着重要作用。因此，在车辆发生交通事故以后，交通警察发现驾驶人有饮酒嫌疑的，首先通过酒精测试仪检测其酒精含量，如显示驾驶人的酒精含量超过 0. 2mg/ml，确认为酒后驾驶的，还必须采取血液检验的方式检验体内酒精含量的行政强制措施，以获得准确有效的、固定的酒后驾驶的证据。

3. 涉嫌服用国家管制的精神药品、麻醉药品后驾驶机动车的。国家管制的精神药品、麻醉药品对人体的神经系统产生较强的作用，常人服用后会产生亢奋或抑制，人的判断能力、控制能力、反应能力均会大大下降。[②] 此时，如果驾驶机动车，则极易发生交通事故。因此，交通警察在执勤执法过程中，如果发现有机动车驾驶人服用国家管制的精神药品、麻醉药品嫌疑的，应当将其带至医疗机构提取尿液，通过尿液测试的方式检验其是否服用。

4. 拒绝配合酒精呼气测试等方法测试的。对酒后行为失控或者拒绝配合检验的，可以使用约束带或者警绳等约束性警械。

---

① 关于“酒后驾驶车辆发生交通事故的”情形，现实中常有人不愿接受检测或拖延检测，以逃避交通事故责任的情况。遇到此类情况，除了强制执行外，是否还有其他办法?《江苏省道路交通安全条例》第 51 条规定：“发生交通事故的机动车驾驶人不按照公安机关管理部门的要求接受酒精、国家管制的精神药品、麻醉药品检测的，承担全部责任，但有证据证明对方当事人也有过错的，可以减轻责任。”笔者认为，此举值得关注，具有很好的借鉴价值，它不仅大大提高了检测率，而且符合现代行政强制穷尽非强制方法的基本理念和发展趋势。笔者认为，《道路交通安全法》、《道路交通安全法实施条例》、《道路交通事故处理程序规定》等法律、法规应当予以吸收采用。

② 国家管制的精神药品、麻醉药品，是根据《精神药品管理办法》和《麻醉药品管理办法》而列入管制目录的药品。国家管制的精神药品一般包括：安纳咖、安眠酮、甲基苯丙胺等；国家管制的麻醉药品一般包括：鸦片、海洛因、吗啡、大麻、可卡因等麻醉性毒品。

（二）检验体内酒精、国家管制的精神药品、麻醉药品含量的程序

《道路交通安全违法行为处理程序规定》第23条、第34条具体规定了检验体内酒精、国家管制的精神药品、麻醉药品含量的程序。其主要内容是：

1. 口头告知驾驶人检验体内酒精、国家管制的精神药品、麻醉药品含量的基本事实和依据，同时告知其依法享有的权利，听取当事人的陈述和申辩，当事人提出的事实、理由或者证据成立的，应当采纳。

2. 制作行政强制措施凭证。行政强制措施凭证应当由当事人签名、交通警察签名或者盖章、公安机关交通管理部门盖章。当事人拒绝签名或无法签名的，交通警察应当在行政强制措施凭证上注明；将行政强制措施凭证当场交付当事人。当事人拒收或无法接受的，交通警察应当在行政强制措施凭证上注明。

3. 由交通警察将违法行为人带到医疗机构进行抽血或者提取尿液。

4. 对酒后行为失控的，可以使用约束带或者警绳等约束性警械。

5. 公安机关交通管理部门应当将抽取的血液或者提取的尿液及时送交有检验资格的机构进行检测，并将检测结果书面告知违法行为人。检验违法行为人体内酒精、国家管制的精神药品、麻醉药品含量的，应当通知其家属，但无法通知的除外。

案例：某日晚8时许，某大队民警在路面执勤巡逻中发现有一辆蓝色的“标致”汽车在行驶中呈蛇形轨迹，而且忽快忽慢，飘忽不定，初步判断有饮酒后驾车的嫌疑，当即责令停车检查。在检查中民警发现“标致”汽车驾驶人王某情绪比较激动，说话有些语无伦次，为了全面收集证据，查清事实，遂决定对驾驶人王某进行抽血检验，以确定王某是否酒后或者醉酒驾车。当民

警要把王某带到医院抽血时，却遭到其强烈反对，王某双手死死抓住车门，拒不上车，民警只好对其采取强制措施：用手铐将其约束后带到医院抽了血。两天后，检验结果出来了，王某血液中酒精浓度为 18mg/100ml。据国家标准：血液中的酒精含量大于或等于 20mg/100ml、小于 80mg/100ml 的驾驶行为，界定为“酒后”驾驶；大于或等于 80mg/100ml 的驾驶行为，界定为“醉酒”驾驶。王某血液中酒精浓度未达到 20mg/100ml，不能认定为酒后驾车，当然更不属于醉酒驾车了。窝着一肚子火的王某把交巡警大队告上了法院，认为自己并没有酒后驾车，交巡警大队对其进行强制抽血的行为违法，侵犯了其人身权。

评析：行政主体实施强制检验旨在执行法律和保障行政目的的实现。强制检验是行政强制调查的一种方式，是行政主体为了收集证据、查明事实，依靠技术手段和方法，对相对人一定情况进行强制获取有关信息的行为。这种信息收集行为具有迫使相对人服从的强制性效力。从本案来看，这里的强制检验应当是采取强制抽血的方式进行检验。问题是交通警察在执勤中发现涉嫌酒后驾驶的，应当先对其进行酒精呼吸测试，如果对酒精呼吸测试的酒精含量没有异议的或呼吸测试时予以配合的，就不再进行抽血检验；如果对酒精呼吸测试的酒精含量有异议的或呼吸测试时不予配合的，则应通过抽血的方式检验其体内酒精含量，如果相对人拒绝抽血，可强制进行。因此，本案中问题的症结是交通警察没有先进行酒精呼吸测试而是直接对驾驶人王某进行了抽血检验。如果对王某进行酒精呼吸测试，或许后面的冲突就完全可能避免了。结果由于交通警察直接决定并实施对驾驶人王某进行抽血检验，导致了王某的强烈反对，双手死死抓住车门，拒不上车，于是交通警察采取强制措施，而且还采取了使用手铐的错误方式。综观整个过程，交通警察是一错再错，对此，必须引以为鉴。

当然，涉嫌酒后驾驶车辆发生交通事故的，按照《道路交通安全违法行为处理程序规定》第33条的规定，则必须对其检验体内酒精含量，而不论是否进行了酒精呼吸测试。

第五节　交通警察在预防和先期处置道路治安问题中的行政强制措施

随着社会经济的发展，整个社会结构进入急剧转型期，社会各种矛盾呈高发态势。就道路交通而言，在道路交通突飞猛进的同时，不仅道路交通问题日益复杂，而且道路治安问题也变得十分严峻。作为公安机关交通管理部门及交通警察不仅要履行维护道路交通秩序、确保道路交通安全与畅通的职责，而且还要承担预防和先期处置道路治安问题的重任。这里就交通警察预防和先期处置道路治安问题的主要行政强制措施进行简要论述。

一、盘查

（一）盘查的法律规定

盘查，是公安机关的人民警察在执行职务过程中，发现、识别、判定违法犯罪嫌疑人的基本手段。盘查具体由盘问和检查两部分组成。近年来，公安机关高度重视盘查工作，以开展“三基”工程建设为契机，坚持信息主导警务，研究涉车涉路案件特点、规律，提高盘查堵控的针对性、实效性，坚持科学用警，运用科技手段，提高盘查的整体控制能力，不断总结盘查堵控经验，探索堵控查缉战术，提升治安卡口查控、快速反应和整体作战能力，抓获了一大批杀人、抢劫、贩毒等重大违法犯罪嫌疑人。[①] 同时，盘查作为一种即时强制措施，在实施过程中也极易对公民的人身、财产等基本权利造成侵害。因此，对于盘查必须给予严格的法律控制。《人民警察法》对“盘查权”进行了设定和规范，它规定了盘查的主体、对象与适用程序等。这是我国法律首次对盘查进行规范，这无论对于法治建设还是维护社会治安秩序无疑都有其积极意义。《人民警察法》第 9 条规定：“为维护社会治安秩序，公安机关的人民警察对有违法犯罪嫌疑的人员，经出示相应证件，可以当场盘问、检查；经盘问、检查，有下列情形之一的，可以将其带至公安机关，经该公安机关批准，对其继续盘问：（一）被指控有犯罪行为的；（二）有现场作案嫌疑的；（三）有作案嫌疑身份不明的；（四）携带的物品有可能是赃物的。对被盘问人的留置时间自带至公安机关之时起不超过二十四小时，在特殊情况下，经县级以上公安机关批准，可以延长至四十八小时，并应当留有盘问记录。对于批准继续盘问的，应当立即通知其家属或者其所在单位。对于不批准继续盘问的，应当立即释放被盘问人。经继续盘问，公安机关认为对被盘问人需要依法采取拘留或者其他强制措施的，应当在前款规定的期间作出决定；在前款规定的期间不能作出上述决定的，应当立即释放被盘问人。”《人民警察法》第 9 条主要包括下列几点基本内容：（1）当场盘查。为维护社会治安秩序，公安机关的人民警察对有违法犯罪嫌疑的人员，经出示相应证件，可以进行当场盘问、检查。（2）继续盘问。经当场盘问、检查，有被指控

① 例如，2007 年，江苏省治安卡口民警共盘查人员 219.1 万余人次，车辆 221.9 万余辆次，查询比对信息 1400 万余次；查破、协破刑事、治安案件 11771 起，抓获违法犯罪嫌疑人 12007 名，查获被盗抢嫌疑机动车 2735 辆。参见《关于表扬全省“优秀道路治安卡口”和“优秀盘查堵控能手”的通报》（苏公政［2008］50 号）。

有犯罪行为的，或者有现场作案嫌疑的，或者有作案嫌疑身份不明的，或者携带的物品有可能是赃物的，可以将其带至公安机关，经该公安机关批准，对其继续盘问；对于不批准继续盘问的，应当立即释放被盘问人。（3）时限。对被盘问人的留置时间不超过24小时，在特殊情况下，经公安机关批准，可以延长至48小时，并应当留有盘问记录。（4）告知。对于批准继续盘问的，应当立即通知其家属或者其所在单位。（5）处理。经继续盘问，公安机关认为对被盘问人需要依法采取拘留、逮捕或者其他强制措施的，应当在上述继续盘问的时限内作出决定；对于在上述继续盘问时限内不能作出决定的，应当立即释放被盘问人。

另外，公安部《关于公安机关执行〈人民警察法〉有关问题的解释》、《公安机关适用继续盘问规定》等对盘查进行了进一步的细化规定。

（二）盘查的基本原则

1. 坚持依法盘查的原则。盘查作为一种即时强制措施，在实施过程中极易对公民的人身、财产等基本权利造成侵害。因此，在盘查过程中一定要注意必须严格遵循《人民警察法》、公安部《关于公安机关执行〈人民警察法〉有关问题的解释》等有关法律、法规。盘查只能针对有违法犯罪嫌疑的人员，不得任意扩大盘查对象。同时，盘查必须严格遵循法定的程序，不得随意盘查，滥用职权，伤害人民群众的感情。

2. 坚持细致周到原则。如果在盘查过程中，因为经验不足、判断不准、盘查动作不够规范、语言语气使用错位等，再加上一些不确定的外在因素，可能引起被盘查人或围观群众的不理解、不支持，造成被动。这时就需要冷静地洞察被盘查人或围观群众不理解、不支持的原因，本着对人民群众高度负责的精神，主动、坦诚地与被盘查人交换意见，得到被盘查人的理解、支持，切忌要特权、摆威风，侵害被盘查人的合法权益。

3. 坚持逢疑必查的原则。要充分利用警务信息平台，对途经治安卡口的嫌疑车、人、物做到“见疑必查，一查到底”。在实践中，对违法犯罪嫌疑人员的发现大致可从下列几个嫌疑点切入：身份可疑者；行为可疑者；携物可疑者（如随身携带物品被怀疑是作案工具或违禁品，或携带说不清正当来路的钱物）；与他人相处关系可疑者；身带可疑痕迹者；体貌可疑者；衣着可疑者等。民警必须通过敏锐细致的观察分析，从不确定对象中发现、确定形迹可疑或有违法犯罪嫌疑的人员，做到“纠违必查疑，查疑必彻底”，有的放失地开展工作。总之，盘查时既要做到有理有据，见疑必查，不放过任何一点蛛丝马迹，又要严格按照法律、法规的规定进行盘查，防止可能造成工作被动，造成人民群众的不理解，影响盘查作用的发挥。

4. 坚持安全防范原则。人民警察的盘查往往会遇到违法犯罪嫌疑人的反抗，且犯罪嫌疑人的反抗具有突然性，使得民警在盘查行动中面临很大的危险。因此，人民警察需要强化自我保护意识，需要努力开展必要的盘查技战术训练，提高现场盘查时对现场有效的控制，对盘查对象可能出现各种可能的高度可预见性，在保护好自己的同时灵活妥善地依法处置每一起可能出现的不可预见的问题。盘查是一个时机性很强的警务活动。在实践中，盘查对象千变万化，现场环境复杂多变，在盘查过程中必须善于把握盘查的时机。做到“猫”随“鼠”动，“猫”“鼠”同步，切实提高盘查堵控的效能。当然，在紧急时刻必须果断出手，以免给国家和人民的生命财产造成更大的损失。

（三）盘查的程序

违法犯罪嫌疑的客观存在是实施盘查的正当理由和根据，也就是说，如果不存在违法犯罪嫌疑，就不能实施盘查。而违法犯罪嫌疑实际上又是民警根据掌握的信息所作的一种主观判断。因此，这种主观判断应有一定的事实根据，不是捕风捉影或子虚乌有的想象。当然，这种主观判断也只是一个“疑”，是一种尚未被最后证实的直觉性猜测，还需要通过盘查来进一步排除或证实违法犯罪嫌疑的存在。因此，交通警察的盘查必须按照一定的程序进行。结合有关法律、法规的规定，盘查应重点注意把握以下几点程序性环节：（1）确定盘查对象。确定盘查的对象只能是违法犯罪嫌疑人。人民警察应在观察的基础上对确有违法犯罪嫌疑的人实施盘查。（2）出示相应证件，要求接受盘查。人民警察对违法犯罪嫌疑人实施盘问检查时，必须首先出示执法证件，然后要求对方接受盘查。（3）被盘查人是聋哑人或外国人，可带至就近公安机关或单位后，聘请通晓哑语或外语的人帮助翻译，协助盘问。（4）实施盘问和检查。在实施盘问的过程中，应严格按法律规定进行。盘问应重点问清被盘问人的身份、来去路线、事由等。检查应重点查清证件材料、携带物品、同行人员等情况。盘问与检查应配合使用。必须严格遵循有关时限的规定。

（四）盘问

盘问是盘查的重要组成部分。盘问违法犯罪嫌疑人，主要是查明其身份、行踪和相互之间的关系，以及其他可疑事项。盘问时，应注意方式方法，恰当适时，掌握分寸并依法进行。警察盘问应注意选择适当的地点：一是宜明不宜暗。例如，在夜间应注意选择有路灯照明的地方进行盘问。二是宜宽不宜窄。例如，不应选择在狭窄的胡同等地方进行盘问。三是宜直不宜弯。例如，要尽可能在避免拐弯抹角的道路边、建筑物旁进行盘问。四是宜有所依托不宜四周无援。例如，应尽可能选择附近有行人或车辆来往的地方进行盘问。为此，在实际工作中，人民警察如果发现违法犯罪嫌疑人的地方不宜实施盘问，只要条件允许，可以有意识地跟踪一段，使其到适宜的地方再进行盘问。另外，盘问时要告知对方有义务配合人民警察执行职务，表达时的用语要简洁明了。例如，“我是警察，执行公务”或“我是警察，执行盘查，请你合作”等。

（五）检查

1. 控制检查的范围。根据《治安管理处罚法》第87条的规定，公安机关根据违反治安管理行为的情况和调查处理的需要，认为进行检查对查明违反治安管理行为、正确处理治安案件有必要的，有权决定对与违反治安管理行为有关的场所、物品、人身进行检查。与违反治安管理行为有关的场所，主要是指违反治安管理行为发生现场及其他可能留有相关痕迹、物品等证据的地方。与违反治安管理行为有关的物品，主要指实施违反治安管理行为的工具及现场遗留物，包括违反治安管理行为人或者被侵害人所有的物品、衣物、毛发、血迹等。与违反治安管理行为有关的人身，包括违反治安管理行为人或者被侵害人的身体。对违反治安管理行为人、被侵害人的身体进行检查，是为了确定某些身体特征、进行身份认证、确定伤害情况或者生理状态。但是检查不能突破必要的范围，对与违反治安管理行为无关的场所、物品和人身不能进行检查。

2. 注意依法进行检查。由于检查涉及公民、法人或者其他组织的人身、财产、隐私、尊严等基本权利，因此人民警察必须严格依照法律的规定进行检查。根据《人民警察法》、《治安管理处罚法》等法律、法规的规定，人民警察检查时应注意以下几点：一是参加检查的人民警察不得少于二人。检查妇女的身体，应当由女性工作人员进行。根据《治安管理处罚法》第87条第1款的规定，公安机关对与违反治安管理行为有关的场所、物品、人身进行检查时，人民警察不得少于二人。这是一个原则，适用于任何情况下的检查，因此人民警察单独进行检查是违反法律规定的。人数不符合法定要求的，即使情况紧急也不得进行检查。即便在边远、水上、交通不便地区进行检查，也需要二名以上的人民警察进行。法律这样规定，有利于约束人民警察依法进行检查工作，便于人民警察互相监督，防止人民警察在检查中出现非法检查、侵犯公民和法人合法权益的行为，也有利于防止被检查人在检查过程中对检查人员诬陷、贿赂等行为的发生。根据《治安管理处罚法》第 87 条第 2 款的规定，检查妇女的身体，应当由女性工作人员进行。女性工作人员，是指女性人民警察，以及其他接受公安机关委托或者指定进行检查的女性工作人员，如女医师等。见证人也应当是女性，男性以及与检查无关的人员不得在场。这一规定有利于防止在检查过程中出现人身侮辱的违法行为，保护被侵害妇女或者违反治安管理行为妇女的人身权利和人格尊严，有利于防止不必要的误解，防止被检查人诬告陷害检查人员，保证检查的顺利进行。这一切充分体现了国家、社会对妇女权益的尊重与特殊保护。二是人民警察检查时应当出示相关证明文件。首先，人民警察应当向被检查人出示工作证件。向被检查人和见证人出示工作证件，用于证明检查人员的身份，确认执法资格。其次，人民警察还应当出示县级以上人民政府公安机关开具的检查证明文件。公安机关开具的检查证明文件，是指专门用来证明检查经过合法批准的文件。它不应当是类似拘留证那样事先印制好，到用时临时填写的所谓检查证。而是由县级以上人民政府公安机关针对具体案件出具的载明检查事由、检查对象和范围、检查人员、检查时间等内容的检查证明文件。只有同时出示工作证件和检查证明文件，才能进行检查，否则被检查人有权拒绝检查。法律作这样规定，目的在于防止警察随意对场所、物品和人身进行检查。法律要求出示县级以上人民政府公安机关开具的一案一批的检查证明文件，目的是避免出具检查证明文件流于形式。三是在特殊情况下，人民警察也可以当场检查。当场检查，主要是指在发现或者接到报案到达现场后直接进行的检查。如果已经离开现场回到公安机关后重返检查场所，就必须出示公安机关开具的检查证明文件。人民警察在治安巡逻或接受群众报警时，有时在现场也会发现一些违反治安管理行为，需要对有关场所、物品或者人身进行检查。此时如果要求人民警察出具县级以上人民政府公安机关出具的检查证明文件才能检查，则可能会失去获取证据的最佳时机，不利于及时查明案件事实。因此，《治安管理处罚法》第 87 条规定："……对确有必要立即进行检查的，人民警察经出示工作证件，可以当场检查……""确有必要"是指不立即检查，证据就可能发生转移、灭失等特殊情形。例如，违法犯罪嫌疑人随身携带管制器具或剧毒物等危险物品，需要及时收缴或者排除险情的；违反治安管理行为人有可能毁弃、转移证据等。但是，如果是在公民住所，法律明确规定人民警察必须出示县级以上人民政府公安机关开具的检查证明文件，否则无权检查公民的住所。因为公民住所是涉及人的财产、隐私、人格尊严等多种权利的重要场所，不能随意检查。四是人民警察检查时，还应当有被检查人和见证人在场。根据法律的规定，检查的情况应当制作检查笔录，由检查人、被检查人和见证人签名或者盖章。由此可见，在检查的时候，除人民警察不得少于二人以外，还应当有被检查人、见证人参加。这样，可以见证整个检查过程，如果对公安机关的检查有异议，也可以当场提出，有利于保护被检查人的合法权益。见证人因为和案件没有利害关系，可以客观地监督和评价检查情况，有其在场，有利于证实检查情况，增强检查所取得证据的真实性和可靠性，也有利于监督检查人员严格依法进行检查，防止公安机关及其人民警察在检查中发生违反法律和纪律的行为，也可以防止被检查人诬陷检查人员违法，保证检查活动的顺利进行。五是人民警察检查时应当制作检查笔录。《治安管理处罚法》第 88 条规定："检查的情况应当制作检查笔录，由检查人、被检查人和见证人签名或者盖章；被检查人拒绝签名的，人民警察应当在笔录上注明。”

3. 证件检查。证件主要包括：居民身份证（含军官证、警官证、士兵证）、护照与签证、机动车驾驶证、工作证、学生证、证明信、介绍信以及特殊通行证等。根据我国有关法律的规定，持证人必须随身携带合法证件（如居民身份证）。真实、合法、有效的证件，可以证明一个人的真实身份。证件检查，是人民警察常用的一种合法、有效、便捷的查明公民身份的方式，是防范和打击违法犯罪嫌疑人伪造、骗取、冒领、盗窃、收买、冒名顶替或涂改证件，维护社会秩序和公共安全的重要手段。公安机关的人民警察通过对证件真伪的判定和对证件记录内容与持证人的核对，查明盘查对象的真实身份。所以，证件检查的目的是确定对象的真实身份，是从身份方面确认或排除盘查对象的违法犯罪嫌疑。

警察检查证件，应重点检查下列内容：一是判定证件真伪。违法犯罪嫌疑人往往通过持转借、购买、变造、伪造的身份证件来逃避打击和缉捕。真实、合法、有效的证件能够证明一个人的真实身份，伪造的证件不仅不能证明持证人的真实身份，反而成为违法犯罪嫌疑的证据。因此，判定证件的真伪是发现、识别各种违法犯罪嫌疑人的有效方法。判断证件的真伪，要掌握各类证件的质地、印字的字体结构、印油色调、加盖印章的位置以及暗记特点等。对字体排列不匀、大小不一、笔画不正规、色调不清晰等现象，要严格鉴别，特别要对印章、暗记、花纹、图案、颜色、纸质等方面逐一检查，不可忽略其中任何一个环节。二是确认人、证相符。做好人、证相符的核对，是识别涂改、转借或持有他人证件冒名顶替的关键，也是查验证件的第一个步骤。首先，要查验人与照片是否相符。要先看人，后看证，根据相貌特征认真核对。其次，要查验证件上登记的项目是否与持证人相符。主要是看年龄，对体貌；看职业，对衣着举止；看住址，对携带物品；看民族、籍贯、来处，对语言口音；看证件颁发时间、有效期限，对实际年龄。最后，查验持证人自述是否与证件内容相符。当被盘查人持假证件时，有时自述明显与证件所载内容不符。

一般情况下，盘查现场如果没有检查仪器，判定证件的真伪主要是现场直观识别，这就需要检查人员眼、手并用，从外观上判定证件的真伪。其检查的方法上包括：一是“眼看”。主要是看证件的式样、文字、图案等外观特征。法定证件都有固定、统一的设计、制造标准，而且制造精细，有的还有暗记。伪造的证件即使仿造、变造技术高超，只要细心观看，还是可以发现疑点的。要分别查看规格、式样、颜色、图案、文字、签发机关印章，居民身份证上的照片是翻拍、扩印上去的，与登记项目等同在一个平面上。如果是贴上去的，就是伪造或变造的。居民身份证除在使用加密塑封中有中、英文“中国”字样和长城图案防伪标记外，还有不为一般人所了解的特殊字形印记。观看居民身份证时，盘查人员应注意观看、核对这些暗记。其他证件或证明文件可以从证件、文件的式样、格式、字体、印章等方面发现问题，特别是要注意观看印章是否符合有关国家规定以及印文效果。对变造的文件，要注意观看是否有擦刮、消褪、涂改、挖补、揭贴、更换照片等变造迹象。二是“手摸”。主要通过手感辨别证件的真伪。居民身份证是公安机关按统一标准制作颁发的，一般来说，涂改、变造会留下损伤，用手触摸即能感觉到。居民身份证以聚酯薄膜塑封，封套与证件粘连一体，四周封口平整、光滑、笔直，如封套用料不同、与证件脱离而较软、周边封口不平实，则有可能是假的。另外，身份证的照片如果是贴上去的，用手一摸即可感触到。必要时，可用手适度折弯证件，用手感测试其用料的质地。

警察进行证件检查时还需要注意以下几点：一是要始终注意持证人的反应。索要证件、核查证件、退还证件，都要密切注视盘查对象，要看着对方要证、看证和送还证件，这既是文明执法的表现，也是发现持证人情绪变化、寻找疑点的关键。二是要边查边问。查验证件时，视具体情形让持证人自述证件内容，边问边查。这样，持假证件的人自述的内容就有可能与证件登记项目相矛盾，暴露问题。三是要防止发生差错。查验证件无误后，应将证件发还持证人。在有多人被检查时，要严防错发和他人重领或冒领。应将证件发还持证人本人，一般情况下不准代领、代发。四是要注意安全防范。检查证件的过程中，始终要有安全防范意识。索要证件时，要让盘查对象站在面前明亮处，要密切注视其双手掏证的动作，发现异常，应立即阻止其动作，或先检查身体，后检查证件。查验、核对证件时，也要密切注视持证人的情绪、动作变化，一有异常，应立即控制持证人，防止低头看证时，盘查对象行凶或逃脱。如果两人以上执行盘查任务，其中必须有人负责控制盘查对象。五要发现持证人异常的，迅速将证件内容与被通缉、协查通报的犯罪嫌疑人核对。

4. 人身检查。实施人身检查，是人民警察执行职务中一项非常重要和极其严肃的工作。违法犯罪嫌疑人的身体往往留有违法犯罪的痕迹，藏有凶器、作案工具、危险物品、违禁物品或赃款赃物。检查违法犯罪嫌疑人身体的目的，就是要及时发现、收集违法犯罪的痕迹、物证，确认或排除违法犯罪嫌疑，及时清除收缴凶器、危险物品，防止违法犯罪嫌疑人行凶、继续违法犯罪或自伤、自残。人民警察实施人身检查的对象主要有下列人员：查获持有伪造、变造证件，冒名顶替，企图蒙混过关的人或其他违法犯罪嫌疑人；捕获被通缉或协查的犯罪嫌疑人；事先掌握有确实情报或群众指控、扭送的犯罪嫌疑人；经盘问、调查，证实确有违法犯罪行为或有违法犯罪证据的人；有其他现行违法犯罪行为的人。人身检查，应当包括身体的全部及其衣物和随身携带的物品。注意发现以下各项：枪支、刀具、绳索以及其他能够伤人的凶器；撬锁、攀缘、吸附等作案工具；爆炸物品、易燃易爆品、化学物品、放射性物品、剧毒物品等危险物品；毒品、麻醉药品、反动、淫秽书刊等违禁物品；伤痕、血迹、衣服、鞋帽及随身携带的物品上的可疑痕迹、斑痕。

人身检查时，一是要依法检查。人身检查，是盘查的重要组成部分，但并不是对所有人进行盘查时，都要进行人身检查，应当是在依照法律规定确有必要的情况下才实施人身检查。二是要选择安全、适当的场合进行。三是要应尊重当地风俗习惯，严禁采取有辱人格、有伤风化的方式检查。

5. 物品检查。物品检查，是指对盘查对象所携带的物品以及在其身边发现的物品进行查验。违法犯罪嫌疑人携带的物品中，有可能藏有凶器、作案工具、危险物品和违禁物品，或有可能是赃物。物品检查的目的，就是认定被检查物品的性质，发现违法犯罪证据，确认或排除违法犯罪嫌疑，及时发现和收缴、处置凶器、作案工具、违禁物品，防止违法犯罪嫌疑人行凶、实施犯罪或制造事端。对违法犯罪嫌疑人的物品要依法文明检查。检查物品要轻拿、轻放，防止损坏物品。检查后要按原顺序将物品装好、放好。一般情况下，不要拆破物品。对涉及宗教信仰和风俗习惯的物品，检查时，要注意尊重人们的宗教信仰和当地风俗习惯。查验女性的箱包时，尽量不要将所有物品统统取出。

6. 车辆检查。机动车已经成为现代社会人们生活中必不可少的交通工具。当前，利用机动车作案，作案后利用机动车转移赃物、逃跑的案件居高不下，社会危害较大。车辆检查的目的是：通过对违法犯罪嫌疑人驾驶、乘坐机动车的检查，认定该车辆的性质和车辆所运载货物的性质，发现违法犯罪证据，确认或排除违法犯罪嫌疑。车辆检查，包括对车辆本身的检查和车辆装载货物的检查。对车辆本身的检查，主要是检查车辆的证件、牌照、外观和车辆的合法性，发现车辆被盗、被抢和驾车作案的痕迹、物证。对车辆装载货物的检查，包括对货运车辆装载货物和客车内物品的检查，以便发现、收缴隐藏其中的赃物、危险物品和违禁物品等。车辆检查时，要严格按程序进行车辆检查，通常应先检查证件，后检查车体。车体检查按先外后内、自前向后的顺序进行。

(六) 盘查后的处置

1. 对被盘查人，应当根据其行为性质、嫌疑程度、现场环境等采取不同处置方式。一般情况下，能当场处置的应及时处置；发现问题需进一步核实查清的，或不宜在现场处置的，应立即带往有关部门处置；因业务分工不同或职责范围不同的，应及时移交有关部门处置。其具体处置方法是：一是对于没有发现违法犯罪迹象的盘查对象，盘查人员应立即予以放行。二是盘查对象虽有疑点，但一时难以确认，并且当事人能够提供身份证件的，登记后予以放行。三是盘查对象有违法行为，但情节特别轻微的，批评教育后予以放行。四是经盘问、检查，盘查对象有犯罪事实的，或有现场作案嫌疑、违法犯罪嫌疑人身份不明、携带的物品来历不明等需要进一步审查的，应将违法犯罪嫌疑人押送属地公安派出所或公安分、县局，同时办理案件移送手续。五是被盘查人拒绝盘查，不讲正式姓名，有毁灭被检查物品的行为或者企图自杀、实施逃跑的，可以使用警械。六是被盘查人是醉酒人，首先采取约束措施，送就近公安机关，以解除醉酒人自身危险或对他人安全的威胁。待酒醒后，再予盘问。留置时间从盘问开始起算，对其约束后便可以进行检查。

2. 对证件、物品、车辆检查后，应酌情分别作出退还、收缴或扣押的处置。对于没有发现违法犯罪迹象的盘查对象，放行时，应将其证件、物品、车辆如数退还，不得以任何借口扣留。

检查中发现证件系伪造、变造、非法持有或持有多个证件，但无其他违法犯罪行为的，应收缴其非法证件，并依法予处罚。对于违禁物品、违反治安管理所得的财物和使用的工具，根据《治安管理处罚法》等有关法律、法规的规定，应依法予以收缴或没收。盘查中发现的凶器、赃款赃物及其他案件中的有关物证、书证等，根据《刑事诉讼法》的有关规定，予以暂时扣押。扣押、收缴或没收的物品，应随案件移送有关部门处理。在实施上述临时性收缴或没收、暂时扣押的过程中，应当注意以下事项：一是开具物品没收单（收缴单）或暂扣单。二是对于决定收缴、没收或扣押的物品，应当会同物品持有人和见证人查点清楚，当场开列清单，一式两份，由盘查人员、持有人和证明人签名或捺指印后，一份交被扣物品或被没收物品的持有人，另一份交有关部门。三是对暂扣或没收、收缴的物品要妥善保管，不得使用、损坏或遗失，保证各种证据的完整性。经检查车辆属被盗、抢的，或作为作案工具使用的，应扣押车辆，移送有关部门处理。对于不明性质、用途的物品，或对可疑爆炸物品、剧毒物品等，不能随便拆卸打开，应立即报告上级，通知有关部门进行处置，以免发生人身伤亡事故。

（七）警察行使盘查权应注意的问题

1. 民警应充分认识盘查的重要性和严肃性。作为民警来说，盘查时应确保在有法必依的前提下，努力增强责任心和提升执法水平，尽力避免与百姓产生对抗情绪。只有这样，警民冲突也就会得以有效缓和，警民和谐才不是一句空话。当然，也要防止和克服个别民警在盘查中走向另一个极端。表现为只守不查，或者查也是走过场、做样子，敷衍了事，出现“十次盘查九次空”、“瞎转悠”的消极盘查模式。更有个别民警盘查工作不得要领，惧怕在盘查中出现不可预料的失误而被投诉，而不愿意盘查。这样就很容易让一些发生在有效控制范围内的违法犯罪嫌疑人逃过最佳抓捕时机，增加多次作案的几率和增加办案成本。

2. 民警盘查应强化安全保护意识。个别民警自以为已经干了多年公安工作，经历的事情较多，积累了一定的经验，什么事都能处理，加之自己从未遇到过什么危险，于是在盘查时内心松懈，警惕性不高；有的又过高估计了自己的能力，“两三个违法犯罪嫌疑人自己一个人就能搞定”，没有充分考虑到违法犯罪嫌疑人规避风险时容易表现出的极端凶残性，缺乏足够的自我保护意识、防范准备及应对措施，从而造成自己被违法犯罪嫌疑人伤害。

3. 民警盘查时应增强证据意识。合法、有效地收集和保存证据，对于打击违法犯罪和维护警察自身的合法权益至关重要。这就要求警察在盘查违法犯罪嫌疑人的过程中，一定要全面、细致、及时地收集证据。例如，在盘查中注意充分利用录音笔、摄像机等收集、保存证据；对违法犯罪嫌疑人携带物品的，要采取人物分离的措施，对隐藏的赃物和作案工具要进行仔细的搜查，以免证据的灭失；要对违法犯罪嫌疑人进行有必要的检查，注意发现随身携带的凶器和赃物，以防赃物被转移等。遗憾的是少数民警或认识上有偏差，或因自身文化水平限制，抑或内在的惰性作祟，欠缺取证意识，时常给工作带来被动。

4. 警察盘查应严格遵循比例原则。我国警察盘查权是否被过度赋予？盘查，顾名思义，盘问和检查，是一种法律授权的警察行政强制措施。世界各国对警察机关及其警察都赋予了一定的盘查权。在当前反恐的大背景下尤其美国“9·11”恐怖事件以后，各国都加大了反恐工作力度。以美国为例，在机场对入境人员的盘查程序就包括检查所有随身物品和身份认证（指纹校验），只要警察有一丝怀疑，就还得单独接受一个全身的电子扫描。事实上，许多国外警察机关的盘查权同我国相比，是有过之而无不及。当然，作为警察，应严格遵循比例原则，使盘查符合目的性、必要性以及法益相承性的基本要求，尽力尊重和保护当事人的基本权利，不能借口公共安全置公民的基本权利于不顾而肆意侵害。

5. 民警盘查应注意用语规范。盘查应当由两名或两名以上民警共同进行。民警在盘查中应当先敬礼再询问，使用例行警务语言，语气适度。例如，“对不起，我们是××治安卡口民警，例行检查，请出示您的有效证件”，“对不起，我们是警察，请配合工作，出示您的有效证件”等。检查中，经弄清事实消除嫌疑的，应表示歉意。例如，“对不起，打扰您们了，谢谢您们的合作”，“对不起，耽误您的时间了，请您慢走”等。但是在工作中，个别民警高高在上，语气生硬。例如，“停车，把你的证件拿出来，搞快点，我们在执行公务”等，在弄清事实消除嫌疑后，不是表示歉意而是盛气凌人，似乎高人一等，如“给你，你可以走了”等不和谐的言语。常常引起被盘查人的不满、不配合，甚至引起围观群众的不满，引发大的事端。

（八）对盘查权的几点思考

1. 对盘查权应如何定性。关于盘查权的性质，《人民警察法》没有规定。目前学界分歧主要是盘查权是行政职权还是刑事职权。将盘查权定性为刑事职权的学者认为：盘查权是一种与侦查权、刑事强制权、技术侦察权、刑事执行权以及武器、警械使用权等并列的一种刑事职权。[①] 而将盘查权定性为行政职权的学者认为，盘查是一种治安行政权力，是无证逮捕的一种形式。[②] 笔者认为后一种观点比较恰当，因为盘查权是法律赋予公安机关人民警察在行政管理过程中的一种自行处置权，即人民警察在执法活动中，视具体情况自行判断并自行决定实施的一种权

---

① 惠生武．警察法论纲．中国政法大学出版社，2000，157

② 徐静村．刑事诉讼法学．法律出版社，2001，157

力，是一种在维护社会治安秩序（包括道路交通秩序）过程中行使的一项行政职权，目的是发现或排除各种违法犯罪嫌疑，“而且是属于行政职权行为中的行政强制”①。盘查权具有强制性、临时性、紧急性等特点。

2. 行使盘查权是否必须正在履行职责。行使盘查权时，是否必须要求正在履行职责，《人民警察法》未作明确规定。笔者认为，交通警察行使盘查权，必须是正在履行职责。例如，在履行巡逻执勤、维护交通秩序、交通事故现场调查等职务行为时才能行使。但也有人认为，作为警察可以在任何时候根据情况实施盘查。对此笔者有不同的看法：人民警察的行为有工作时间和非工作时间之分，工作时间即履行职责活动的时间，非工作时间原则上交通警察可以不履行职责，如交通警察下班后就不履行巡逻、查处交通违法行为、处理交通事故等职责。警察不履行职责时就无权行使盘查权，也就是说，警察行使盘查权必须以履行职责为必要条件。对此，笔者认为，《人民警察法》在修订时应加以明确。这里还要特别指出的是，交通协管员无权行使盘查权，但可以协助交通警察完成盘查工作。例如，可以协助警察在道路上拦截过往车辆，协助执行警戒任务，协助押送违法犯罪嫌疑人等。不过这种协助是辅助性的，交通警察不应安排他们单独进行盘问、搜查、检查车辆和物品等工作。

3. 启动盘查权是否必须有合理的理由。笔者认为，答案是肯定的，必须要有合理的理由。其理由就是“嫌疑”。何谓“嫌疑”？法无明文规定，但一般认为是警察的一种认识与判断（但这种主观认识与判断绝不是随意的），是一种尚未证实的直觉性的猜测，是根据已掌握的情况所作出的选择。例如，交通民警在查缉交通肇事逃逸车辆时，并不是对所有的车辆都拦截盘查，而

---

① 高文英. 警察行政法探究. 群众出版社，2004，252

是根据逃逸现场所收集的各种证据来确定嫌疑车辆并进行盘查。交通警察在启动盘查权时，固然须有合理的理由，但同时交通警察在实施盘查时，应尽可能取得被盘查人的协助和配合。表明警察身份、说明盘查理由都是警察取得被盘查人协助和配合必须做的工作，而且通常情况下应先盘问，看被盘查人能否对被怀疑点给出合理的解释。例如，可以要求被盘查人解释车辆上的刮擦痕迹是如何形成的等，如果能给出合理的解释，那么检查就不再进行。

二、约束

(一) 约束的法律规定

这里的约束是指警察对醉酒的人或精神病人，在他们危害公共安全或他人安全时，或者不能保障自身的安全时，所采取的保护性限制和管束措施。《人民警察法》第 14 条规定："公安机关的人民警察对严重危害公共安全或者他人人身安全的精神病人，可以采取保护性约束措施。需要送往指定的单位、场所加以监护的，应当报请县级以上人民政府公安机关批准，并及时通知其监护人。"《治安管理处罚法》第 15 条规定："醉酒的人违反治安管理的，应当给予处罚。醉酒的人在醉酒状态中，对本人有危险或者对他人的人身、财产或者公共安全有威胁的，应当对其采取保护性措施约束至酒醒。"《道路交通安全法》第 91 条第 1 款规定："饮酒后驾驶机动车的，处暂扣一个月以上三个月以下机动车驾驶证，并处二百元以上五百元以下罚款；醉酒后驾驶机动车的，由公安机关交通管理部门约束至酒醒，处十五日以下拘留和暂扣三个月以上六个月以下机动车驾驶证，并处五百元以上二千元以下罚款。"由此可知，约束必须依法进行，必须受到法律的规范与控制。约束的目的是：保护公共安全，或者他人人身安全，或者自身的人身安全。约束的对象是：对公共安全或者他人人身安全，或者自身的人身安全有严重威胁或危险的醉酒的人、精神病人。约束的方式是：具有保护性的限制和管束措施。

（二）约束的基本要求

1. 对行为举止失控的醉酒人或精神病人，可以对其采取保护性措施约束。警察对行为举止失控的醉酒的人，对本人有危险或者对他人的人身、财产或者公共安全有威胁的，可以对其采取保护性措施约束，也可以通知其所属单位或者家属将其领回看管，但醉酒后驾驶机动车的，由公安机关交通管理部门约束至酒醒。警察对行为举止失控的精神病人，可以对其采取保护性约束措施，或者送到精神病院，或者移送病人家属。就交通警察而言，在现实中交通警察在道路上执勤执法中，常常会遇到一些非驾驶机动车的醉酒人在道路上横冲直撞、拦截车辆等严重威胁自身和他人生命安全的情况。对此，交通警察该不该管？是否可以采取约束措施？笔者认为，完全可以。这不仅具有法律依据，是交通警察的职责之一，而且“又由于行政管束仅具有救护性、保护性、预防性和制止性之目的，因此也有别于作为制裁性手段的行政拘留”①。同时，笔者认为，交通警察在执勤执法时遇有醉酒的人不仅可实施约束，而且如果在道路上遇有意图自杀者、精神病人也可以采取保护性约束手段。因为从某种意义上讲，这种约束具有授益性，且多数情况下一般不会发生与社会利益、公共利益或他人利益的冲突问题。因此，完全可以不考虑当事人的主观愿望，不尊重当事人对自身自由的处分。这样做了，非但不会有过度干涉公民权利自由之嫌，相反，交通警察遇有此类紧急情况，如果不采取救助、约束等措施，倒是构成了行政不作为。当然，在采取约束手段时，应及时联系其家属、单位，同时加强

---

① 余凌云. 警察行政强制的理论与实践. 中国人民公安大学出版社，2003，184

监护，防止发生意外。

2. 对醉酒的人或精神病人约束时以不伤害醉酒人或精神病人为原则。约束时可以采用约束带、警绳等方法，不要使用手铐、脚镣等。《公安机关办理行政案件程序规定》中指出，对行为举止失控的醉酒人，可以使用约束带或者警绳等进行约束，但是不得使用手铐、脚镣等警械。在实践中，少数民警对醉酒的人或精神病人使用手铐进行约束的做法是不正确的。

3. 注意通知与说明。约束是将当事人限制在一个狭小的空间，是一种暂时性限制人身自由的行政强制方法。因此，一旦当事人被约束，应当立刻与被约束人的家属或监护人取得联系。通知和说明理由应以书面的形式告知，其意义在于使其日后行使法律救济时有所依据。

4. 不能侵犯被约束人的人身权利和人格尊严。即使醉酒的人或精神病人已经实施了危害公共安全或他人安全的行为，但他们仍然享有人身权利和人格尊严。民警在对其约束的过程中，不得实施殴打、辱骂等人身伤害或人格侮辱的行为。另外，约束过程中要加强监护，以防其受伤或突然死亡。例如，醉酒的人或精神病人有可能自伤、自残或者患有其他疾病需要到医院治疗，也有可能有饥、渴、寒冷等状况，需要民警对其进行严格细致的监护。

5. 对涉嫌违反法律、法规的醉酒人进行询问。醉酒人酒醒后应对其进行询问，约束时间不计算在询问查证时间内。对严重危害公共安全、他人安全的精神病人虽然不予处罚，但其监护人应负担精神病人的危害行为所导致的损失。需要强制治疗的，可依法对精神病人强制治疗；不需要强制治疗的，民警责令其监护人严加看管并进行治疗。

6. 注意约束记录。交通警察实施约束措施，应将约束的原因、处理结果、约束开始与结束的时间、有无或因何使用警械、使用什么警械等记录在案。必要时也可拍照或录像。同时，应当注意约束的时间不宜太长，[①] 只要出现解除约束的条件，应立即解除约束。一旦确认醉酒人酒醒后，要立即解除约束。精神病人在约束期间精神恢复正常，或者已消除了危险状态，或者在被约束期间其家属、监护人或所在单位前来认领，应立即解除约束。

（三）案例分析

案例一：某日的傍晚，某市 110 接群众报警，称在该市的一家商店门口有一男青年在闹事，3 分钟后巡逻警察赶到事发地点，见到该男青年头上流着血，并正在毁坏路边的防护栏等一些公共交通安全设施，对旁人的劝说也不予理睬，还开口骂人。警察当即进行制止，但无效。接触中发现该男青年满口酒气，处于酒醉状态，行为和举止已失控。巡逻警察便将其强行带回公安机关，对其人身自由予以限制。第二天，该男青年酒醒后，公安人员对其进行了教育，并指出该男青年酒醉过程中对道路交通安全设施所造成的损害要予以赔偿，而后将其放回。一星期后，该男青年的亲属与其一道来到公安机关，提出 9 月 3 日的傍晚该男青年是由于参加朋友的婚宴喝了一些酒，酒醉后虽然有一些过激的行为，但是不至于导致被限制人身自由。对公安机关所实施的限制约束行为表示不满，认为不符合法律规定，为此提出申请复议，要求复议机关确认原公安机关所实施的约束行为不合法，并要求赔礼道歉和行政赔偿。

评析：对醉酒的人公安机关有权实施限制人身自由的权利。为了保障社会和其他人及本人的安全，公安机关有权对某种可能

---

① 余凌云教授认为，应以约束原因消失为限，只要管束原因一消失，管束也就失去合法的理由，必须解除。为防止非法拘禁，原则上不得超过 24 小时。但是，如果超过 24 小时，管束原因仍然没有消失，有必要继续管束，必须申请上级机关（或者法院）批准（余凌云. 警察行政强制的理论与实践. 中国人民公安大学出版社，2003，197）。

危害社会、他人或者本人安全的行为和情形的个人的人身自由进行短时间限制。《治安管理处罚法》第15条第2款规定："醉酒的人在醉酒状态中，对本人有危险或者对他人的人身、财产或者公共安全有威胁的，应当对其采取保护性措施约束至酒醒。"《公安机关办理行政案件程序规定》第37条规定："违法嫌疑人在醉酒状态中，对本人有危险或者对他人的人身、财产或者公共安全有威胁的，可以对其采取保护性措施约束至酒醒，也可以通知其所属单位或者家属将其领回看管。对行为举止失控的醉酒人，可以使用约束带或者警绳等进行约束，但是不得使用手铐、脚镣等警械。约束过程中，应当注意监护。确认醉酒人酒醒后，应当立即解除约束，并进行询问。约束时间不计算在询问查证时间内。"本案中公安机关发现该男青年满口酒气，处于酒醉状态，而且还正在实施毁坏路边的一些公共设施的行为，并且同时发现他自己的身体也受到了伤害，处于对本人有危险或者对他人的安全有威胁的情况下，对该男青年进行的约束，是依法所实施的行政强制措施，是出于维护公共安全和其自身利益的目的，而不是制裁行为。所以，该男青年及其亲属认为公安机关所进行的限制其人身自由的行为不符合法律规定，所提出的确认原公安机关所实施的约束行为不合法的要求，及提出的赔礼道歉和行政赔偿的请求，复议机关均不能予以支持。

案例二：某日上午10时许，在某县的某电影院门口，有一个40岁左右的男子手上拿着一把斧头，身旁围着许多人。该男子一会儿破口大骂，一会儿又高举斧头做出要砍人的架势，当时已有两人被他砍伤。公安机关接到报案后立即派警察赶往现场，警察到达后便责令该男子放下斧头，但该男子对警察的要求根本不予理睬，并且还举着斧头对着警察。为了防止发生意外，警察乘其不备将他摔倒并夺下斧头。后经调查，该男子是一名精神病人。为了防止其继续危害行为，公安机关对该男子进行了强行约束行为，限制了他的人身自由。

评析：《人民警察法》第 14 条规定："公安机关的人民警察对严重危害公共安全或者他人人身安全的精神病人，可以采取保护性约束措施……"本案行政相对人是精神病人，在其精神病发作时已经导致了严重危害公共安全或者他人安全的事实出现，如果不采取相应的措施，不对其进行约束措施，限制他的人身自由，就有可能发生更加严重的后果。虽然精神病患者的违法或犯罪行为不承担责任，但不等于对精神病人在发病期间可能危害社会、危害他人的行为不能采取约束行为。公案机关对已经造成危害和可能造成危害的精神病人，依法可以采取相应的保护性约束措施。

三、扣押物品

（一）扣押物品的目的与范围

公安机关办理治安案件可以予以扣押的物品主要是指与案件有关联，能够证明违反治安管理行为发生，需要作为证据使用的实物，包括赃物、工具、文件等。由此可见，公安机关扣押物品的目的是保全证据，防止证据被隐匿或者毁损等情况发生。

公安机关扣押物品时，不得随意扩大扣押的范围，与案件无关的物品，不可能在办理治安案件中作为证据使用，因此不得扣押。对被侵害人或者善意第三人合法占有的财产，不得扣押，应当予以登记。规定公安机关在办理治安案件时有扣押物品的权力，最主要的目的是保全证据，防止证据被隐匿或者毁损等情况发生。考虑到被侵害人或者善意第三人合法占有的财产，一般不会存在隐匿、毁损的情况，只要予以登记注明，保证在办理治安案件时可以随时进行查验，就没有必要进行扣押，否则会影响物品占有人对物品的使用，不利于对被侵害人或者善意第三人合法权益的保护。善意第三人，是指除了违反治安管理行为人和被侵害人以外，其他依法占有有关财产的人，包括自然人和单位。这里所规定的“占有”，包括因财产所有权、担保权益或者因合同等对财产的合法占有。

（二）扣押物品的基本程序

扣押物品应当遵守以下程序：第一，扣押物品应当有见证人在场，以加强群众监督和证明扣押情况。第二，调查人员应当会同在场见证人和被扣押物品的持有人对扣押的物品查点清楚，并当场开列清单一式二份，并由调查人员、见证人和持有人签名或者盖章。扣押清单一份交给持有人或者其家属，另一份附卷备查。这样规定，一方面，有利于证明作为证据使用的物品的来源，以体现证据的证明力，保证扣押的与案件有关的物品经核实可以作为定案根据使用；另一方面，也可以防止被扣押物品遗失或者个别调查人员将扣押物品私自截留，还可防止个别被扣押物品人无理索要未被扣押之物，造成不必要的麻烦。

（三）对扣押物品的保管与处理

对扣押的物品，应当做好登记，妥善保管，不得挪作他用。妥善保管，主要是指将扣押的物品要放置于安全设施比较完备的地方保管，以备随时核查，防止证据遗失、毁灭或者被偷换。扣押物品的目的是作为证据使用，任何人不得将扣押物品用于其他目的。

对扣押物品的处理，应针对物品的不同情况采取不同的处理方式：第一，对不宜长期保存的物品，如易腐烂变质物品，可以在通过拍照、录像、清点登记等方式加以固定和保全后，依照国家有关规定予以处理。第二，经查明与案件无关的，应当及时退还。在实践中，有时会发生在扣押时以为与案件有关联，但在事后的调查工作中，发现有的物品实际上与案件无关。在这种情况下，公安机关一经查明扣押物品与案件无关，应当尽快将扣押的物品退还给该物品的原持有人。第三，经核实属于他人合法财产的，应当登记后立即退还。当然，有些物品在扣押时难以查清其所有人或者其他权利人，但凡在扣押后查清其权利人的，应当在进行登记后立即退还给被侵害人。第四，满 6 个月无人对该财产主张权利或者无法查清权利人的，应当公开拍卖或者按照国家有关规定处理，所得款项上缴国库。这就要求，一方面，公安机关应当及时向社会公布，让权利人了解到有关情况后主动来公安机关主张权利；另一方面，公安机关也应当积极主动去查找权利人。只有在满 6 个月后，既没有权利人主张权利，公安机关也无法查清权利人的，才可以依照本条规定对扣押物品公开拍卖或者按照国家有关规定处理。但不论是进行公开拍卖，还是按照国家有关规定处理，所得的款项都应当上缴国库，公安机关不得截留或者私分。

四、收缴违禁品及工具

《治安管理处罚法》第 11 条第 1 款规定：“办理治安案件所查获的毒品、淫秽物品等违禁品，赌具、赌资，吸食、注射毒品的用具以及直接用于实施违反治安管理行为的本人所有的工具，应当收缴，按照规定处理。”显然，应当收缴的物品包括：一是毒品、淫秽物品等违禁品。二是赌具、赌资，吸食、注射毒品的用具等。三是直接用于实施违反治安管理行为的本人所有的工具。直接用于实施违反治安管理行为，是指对于违反治安管理行为起到必不可少的作用并直接引起、导致危害后果发生。例如，盗窃所用的钳子、伤人所用的水果刀等，但不包括与实施违反治安管理行为没有直接联系的其他工具，更不包括房屋、交通和通讯工具等贵重财物。法律作这样的规定，主要是考虑到违反治安管理行为不同于犯罪，其社会危害性较轻，在处理涉及公民的财产问题时应当非常慎重，其目的在于防止在执法活动中任意扩大收缴范围。有的公安机关在办理赌博案件时，把赌博所在的房屋、接送参赌人员所用的车辆、通讯工具等一律收缴，这明显违背了立法原意。因为在从事赌博活动时，除赌具、赌资以外，房屋、车辆、通讯工具并不是进行赌博违法活动必不可少的，没有这些赌博仍可进行。如果用于违反治安管理的工具是从他人处借来或者是非法取得的，应当将工具退还给其合法的所有人，不能予以收缴。

对于违反治安管理所得的财物先予追缴，然后根据不同情况处理。违反治安管理所得的财物，是指违法行为人因为实施违反治安管理的行为而取得的所有财物，如盗窃、骗取、哄抢、敲诈勒索所得到的金钱或者物品。对有被侵害人的，应当追缴退还被侵害人。有些违反治安管理所得的财物，是被侵害人的合法财产，被违反治安管理行为人以盗窃、骗取、抢夺、敲诈勒索等方式非法取得，对于这些财物，应当追缴退还被侵害人。这里规定的追缴，是指应当收缴，但还没在公安机关实际控制之中的财物。对没有被侵害人的通常有两种情况：第一种情况是违反治安管理的行为没有特定的被侵害人，如出售淫秽物品所得的财物、赌博活动所得的财物等。第二种情况是虽然有特定的被侵害人，但被侵害人无法查找或者已经死亡且没有继承人的。对于这些财物，应当按照本款的规定登记造册，公开拍卖或者按照国家有关规定处理，所得款项上缴国库，决不允许私自挪用或者自行违法处理。

五、交通管制

公安机关实行的交通管制，是指在道路或水上发生重大事故或紧急事件时，公安机关依照法律规定对有关交通沿线或区域实行的管制。交通管制包括空中交通管制、水上交通管制和道路交通管制三部分。这里的研究仅限于道路交通管制中的公安机关交通管理部门采取的道路交通管制。交通管制，是指公安机关交通管理部门在发生严重危害社会治安秩序的紧急事件或重大交通事故等情形时，为了维持秩序和保障公共安全，在规定地区、规定时段依法疏导、限制、禁止车辆和行人通行的行政强制措施。为有效实施交通管制，公安机关交通管理部门应在政府及公安机关的统一领导下，作出快速反应，按照既定的预案执行。预案应当包括：高效的组织指挥系统；灵敏的交通、通讯系统；制定多种情况下的交通管制预案；交通管制组织、人员分工、交通管制设施储备等。

（一）交通管制的法律规定

《人民警察法》第 15 条规定："县级以上人民政府公安机关，为预防和制止严重危害社会治安秩序的行为，可以在一定的区域和时间，限制人员、车辆的通行或者停留，必要时可以实行交通管制。公安机关的人民警察依照前款规定，可以采取相应的交通管制措施。"《道路交通安全法》第 39 条规定："公安机关交通管理部门根据道路和交通流量的具体情况，可以对机动车、非机动车、行人采取疏导、限制通行、禁止通行等措施。遇有大型群众性活动、大范围施工等情况，需要采取限制交通的措施，或者作出与公众的道路交通活动直接有关的决定，应当提前向社会公告。"《道路交通安全法》第 40 条规定："遇有自然灾害、恶劣气象条件或者重大交通事故等严重影响交通安全的情形，采取其他措施难以保证交通安全时，公安机关交通管理部门可以实行交通管制。"在许多情况下，决定交通管制的权限在人民政府或其他行政主管部门，公安机关的人民警察只负责具体实施。一般情况下，由县级以上公安机关通过通告、通知等书面形式宣布交通管制。在紧急状态下负责现场指挥的指挥员可以现场口头宣布交通管制。公安机关的人民警察实行交通管制时可以采取限制人员和车辆进出管制区域；限制车辆在管制区域停留；对进出管制区域人员的证件、车辆、物品进行检查等管制措施。对违反交通管制的人员、车辆可以采取教育和劝阻措施，对不听劝阻的，可以将其强行带离现场，或者立即拘留。

（二）交通管制的适用情形

1. 发生严重危害社会治安秩序的行为。严重危害社会治安秩序的行为包括非法集会、游行、示威，群体性械斗，暴乱、骚乱等治安事件。这类事件不仅直接危害公共安全、破坏社会秩序，而且极易导致事态扩大或冲突加剧，造成更大的社会不良影响。因此，公安机关交通管理部门应当在政府及公安机关的统一领导下采取有效的措施予以制止，包括决定是否采取交通管制措施。公安机关在追捕、堵截凶杀、抢劫、爆炸、劫（越）狱、肇事逃逸等严重暴力犯罪嫌疑人时，可以在追捕、堵截所涉及的道路交通沿线及区域采取交通管制措施。

2. 发生重大灾害性事故。灾害性事故包括自然灾害事故和治安灾害事故。自然灾害事故，是指因自然界因素造成的灾害，如地震、洪涝、泥石流、雪灾等。治安灾害事故，是指违反治安法规或安全制度而造成人身伤亡或财产损失的事故，如交通事故、火灾、中毒、爆炸和因公共秩序混乱造成的不特定人员挤、压、踩等伤亡事故。重大灾害性事故会给社会秩序和人民群众的生命财产造成重大影响，为有效应对和处置，必要时公安机关交通管理部门应在政府及公安机关的统一领导下采取交通管制措施。

3. 遇有大型群众性活动、大范围施工、交通警卫等情况。为保障大型群众性活动、大范围施工的顺利进行，为保卫国内外重要领导人物的安全，公安机关交通管理部门应在政府及公安机关的统一领导下，在相应的路段和区域实行交通管制。

（三）决定交通管制的方式

通常决定交通管制的方式包括口头和书面两种。口头方式是由负责现场指挥的指挥员在紧急状态下的现场口头宣布，由维持现场的人民警察立即贯彻执行，主要适用于追捕、堵截严重暴力犯罪嫌疑人、处置灾害事故、紧急治安事件等。

书面方式是由县级以上公安机关决定，公开发布实施交通管制的通告、通知，并组织人民警察实行交通管制的具体措施。实施交通管制的通告、通知，如果交通管制的区域较大，可以通过广播、电视、报纸、互联网等多种媒体公开发布，增强工作的透明度，赢得群众的理解、配合和支持；如果交通管制的区域较小，可以在道路的路口处明示交通管制的通告，并派警察在主要路口执行交通管制的命令，维持管制区域的秩序。

（四）交通管制的内容

交通管制主要包括下列内容：一是疏导、限制、禁止车辆、人员进出交通管制区域。二是限制、禁止车辆、人员在交通管制区域停留。三是对进出交通管制区域人员的证件、车辆、物品进行检查。被检查人员不得拒绝人民警察的检查，也不得违抗人民警察不允许进入的命令，否则就是妨碍执行公务的行为。四是对违反交通管制的人员可以进行教育、强制或处罚。执行交通管制的人民警察对违反交通管制的人员应先进行解释、教育、劝阻和制止，对不听劝阻和制止的，可以将其强制带离现场或者立即拘留。

六、现场管制

现场管制，是指在发生重大事故或紧急事件时，依照法律规定对现场及其相关周边区域实行的强行管制。它与交通管制存在许多相似之处。因此，也有学者将交通管制与现场管制合称为紧急管制。[①] 二者的区别主要在于“线”和“面”的不同。前者是针对公共道路、河道等交通沿线的管制，而后者是针对事件或

① 李健和. 新编治安行政管理学总论. 中国人民公安大学出版社，1999，165

事故的现场周围一定范围内的管制。

《人民警察法》第17条第1款规定："县级以上人民政府公安机关，经上级公安机关和同级人民政府批准，对严重危害社会治安秩序的突发事件，可以根据情况实行现场管制。"这里的严重危害社会治安秩序的突发事件，主要包括：严重暴力犯罪事件，如爆炸、凶杀、绑架、劫持人质等；群体性治安事件，如非法集会、游行、示威，群体上访闹事，群体性械斗，聚众阻塞交通等；突发灾害事故。县级以上人民政府公安机关可根据情况决定现场管制并负责实施，在决定实施现场管制前，应报请上级公安机关和同级人民政府批准。公安机关实行现场管制时，应当命令现场管制区域内的人员在限定的时间内离开现场，对不服从现场管制的人员可以采取警告教育措施，必要时可以采取强行驱散、强行带离现场等强制措施。公安机关还可以在管制周围设置警戒线，划定警戒区域，未经检查批准，任何人不得进入被管制现场，对现场内以及进入现场的人员可查验其身份证件、检查嫌疑人员随身携带的物品。现场管制时除非经现场管制决定机关的批准，否则不得进行现场录音、录像、拍照、采访、演讲等活动。

案例：2003年12月28日下午3时许，某市中心某储蓄所发生了一起爆炸案。案发几分钟后警察赶到现场，发现犯罪嫌疑人自己腿部在流血，当时其左手还拿着一枚手榴弹，并劫持了一名人质。鉴于上述情况，同时也赶赴现场的某市公安局负责人当即决定对现场实行管制，并报请上级公安机关，上级公安机关予以批准后，该局负责人立即下令现场内的商店、铺面一律关门，无关人员一律退出现场300米以外。为此，执勤民警对滞留在现场附近的人员进行了驱散。在这一过程中，有人不愿意离开，提出自己已将铺面关门，在自己的店铺里面保证不出来，无须离开。经执勤民警反复做工作后仍有少数人不愿离开。为此，执勤民警采取了强制驱散的方法，强行带离这部分人员离开了被管制的现场。

评析：现场管制，是公安机关对严重危害社会治安秩序的突发性事件，人民警察采取必要手段，依法封闭现场，强行迫使滞留现场的无关人员离开现场，并对不服从的人员强行带离的一种强制措施。根据行政法律的规定，本案中公安民警对实行现场管制而滞留现场的无关人员有权采取必要手段强行驱散，对拒不服从的人员可以强行将他们带离现场。

七、强行驱散

强行驱散，是公安机关对严重危害社会治安秩序的突发性事件，依法实行现场管制，在出现严重危害社会治安秩序的紧急状态下，人民警察采取必要手段，强行迫使滞留现场的人员离开现场的一种行政强制措施。

《人民警察法》第 17 条规定："县级以上人民政府公安机关，经上级公安机关和同级人民政府批准，对严重危害社会治安秩序的突发事件，可以根据情况实行现场管制。公安机关的人民警察依照前款规定，可以采取必要手段强行驱散，并对拒不服从的人员强行带离现场或者立即予以拘留。"为了实行现场管制，公安机关负责维持现场秩序的现场负责人可以决定强行驱散，无须书面批准或请示。人民警察采取强行驱散措施，可以使用警械、武器，但应主要使用警械并严格遵守《人民警察使用警械和武器条例》。只有在遇有严重暴力犯罪行为的紧急情形，用警械和其他方法不能制止，并经警告无效时，才可以使用武器等并在使用前命令在场无关人员躲避，以免伤及无辜。

案例：2003 年 11 月中旬，某市部分摩托车驾驶人因对该市交通警察机关不久前发布的《关于城市道路交通高峰时间限制摩托车行驶路线决定》不服。因此，未按法律规定向主管机关办理申请并获得许可，在少数人的调唆下私自组织人员举行游行、示威活动。为了维护正常的社会秩序和治安秩序，公安机关针对这一游行、示威行为当即予以制止。在实施制止行为过程中，由于其中的一部分人员不听劝告和警察的制止，警察对这部分人员实施了强行驱散的措施，将拒不服从的人员强行带离了现场。公安机关的这一强行驱散行为，引起了一部分人的不理解，认为对于这一仅是为了争取放宽交通管制而游行、示威的行为，且游行、示威活动也是宪法赋予的权利。在具体实施过程中即使有错误，公安机关也没有必要采取这么强硬的手段，进行强行驱散。

评析：公民行使集会、游行、示威活动是我国宪法所赋予的一项基本权利，但是我国法律同时也规定实施集会、游行、示威活动必须遵守宪法和法律。《集会游行示威法》第 7 条第 1 款规定："举行集会、游行、示威，必须依照本法规定向主管机关提出申请并获得许可。"《集会游行示威法实施条例》第 7 条第 1 款规定："集会、游行、示威由举行地的市、县公安局、城市公安分局主管。"举行集会、游行、示威必须由其负责人向主管公安机关亲自递交书面申请。本案实施游行、示威的人员未经申请，也没有主管公安机关的许可，根据有关法律、法规的规定，公安民警有义务进行制止。如不听公安民警的制止，公安民警有权将其强行驱散，对拒不服从的人员强行带离现场。因此，公安机关对非法集会、游行、示威活动，依法实施行政强制措施，采取强硬的手段是法律赋予的职权。

八、强行带离现场

强行带离现场，是指人民警察对严重危害社会治安秩序或者威胁公共安全的人员，为防止发生社会危害，依法强行将其带离现场，并予以扣留作进一步审查、处理的行政强制措施。

《人民警察法》第 8 条规定："公安机关的人民警察对严重危害社会治安秩序或者威胁公共安全的人员，可以强行带离现场，依法予以拘留或者采取法律规定的其他措施。"另外，《集会游行示威法》、《戒严法》等法律、法规也对强行带离现场进行了设定与规范。强行带离现场的适用对象是严重危害社会治安秩序或者威胁公共安全的人员。为了对现场进行控制，防止事态发展，维护社会治安秩序，将这些人员强行带离现场是很有必要的。不过，实施强行带离现场这一行政强制措施，必须要遵循一定的程序规则，以确保公民的人权不受非法侵害。因此，人民警察必须慎用强行带离现场权，在实施前必须进行劝告、警告，经劝告、警告无效，人民警察才可使用，否则不得使用。《集会游行示威法》第 27 条规定："举行集会、游行、示威，有下列情形之一的，人民警察应当予以制止：（一）未依照本法规定申请或者申请未获许可的；（二）未按照主管机关许可的目的、方式、标语、口号、起止时间、地点、路线进行的；（三）在进行中出现危害公共安全或者严重破坏社会秩序情况的。有前款所列情形之一，不听制止的，人民警察现场负责人有权命令解散；拒不解散的，人民警察现场负责人有权依照国家有关规定决定采取必要手段强行驱散，并对拒不服从的人员强行带离现场或者立即予以拘留。参加集会、游行、示威的人员越过依照本法第二十二条规定设置的临时警戒线、进入本法第二十三条所列不得举行集会、游行、示威的特定场所周边一定范围或者有其他违法犯罪行为的，人民警察可以将其强行带离现场或者立即予以拘留。"

当然，人民警察在采取强行带离现场的过程中，可以使用手铐、警绳等警械，但应当注意不要对被带离人造成不必要的伤害。人民警察依法将被带离人带至公安机关后，应当立即进行审查，经审查不需要追究法律责任的，可以责令具结悔过后释放；经审查有违法犯罪行为并需要追究法律责任的，应依法追究其法律责任。

案例：2003 年秋季的一天下午，某市体育场正在举行一场足球比赛，到现场观看球赛的观众约 2 万人，当比赛进行到 30 分钟时，到现场观球的双方球迷发生了争吵，进而导致互相抛掷矿泉水瓶和一些杂物，一时造成了观众席上场面混乱。在现场维持秩序的民警当即制止了事态的发展，经劝说后平息了双方球迷的争吵。但在平息过程中还有极少数人始终不听民警劝说。其中表现极为突出的有谢某、李某，只要有机会就故意滋事，故意挑起双方球迷的争吵。对此，民警当场进行了警告，但仍然无效。为了公共安全，民警强行将谢某、李某带离了现场，依法予以扣留。事后，谢、李二人不服，认为当时看球赛是比较激动，但不至于要被强行带离现场，还被扣留，提出民警的处理太重，要求赔偿。

评析：强行带离现场，是指民警对严重危害社会治安秩序或者威胁公共安全的人员，为防止发生社会危害，依法强行将其带离现场，并予以扣留。本案民警强行将谢某、李某带离了现场，并依法予以扣留的行为，是因为该二人的行为已严重威胁到足球比赛现场的公共安全。《人民警察法》第 8 条规定："公安机关的人民警察对严重危害社会治安秩序或者威胁公共安全的人员，可以强行带离现场、依法予以拘留或者采取法律规定的其他措施。"所以，本案中在足球比赛现场担任维持秩序的执勤民警，对谢某、李某经警告后，仍不能制止其故意滋事的行为。为了维护大多数人的利益，依法采取强行将二人带离现场的行政强制措施，是符合法律规定的。

九、立即予以拘留

根据《人民警察法》第 17 条的规定，县级以上人民政府公安机关，经上级公安机关和同级人民政府批准，对严重危害社会治安秩序的突发事件，可以根据情况实行现场管制。公安机关的人民警察依照前款规定，可以采取必要手段强行驱散，并对拒不服从的人员强行带离现场或者立即予以拘留。同时，根据《集会游行示威法》第 27 条的规定，举行集会、游行、示威，有下列情形之一的，人民警察应当予以制止：一是未依照本法规定申请或者申请未获许可的；二是未按照主管机关许可的目的、方式、标语、口号、起止时间、地点、路线进行的；三是在进行中出现危害公共安全或者严重破坏社会秩序情况的。有前款所列情形之一，不听制止的，人民警察现场负责人有权命令解散；拒不解散的，人民警察现场负责人有权依照国家有关规定决定采取必要手段强行驱散，并对拒不服从的人员强行带离现场或者立即予以拘留。参加集会、游行、示威的人员越过依照《集会游行示威法》第 22 条规定设置的临时警戒线、进入《集会游行示威法》第 23 条所列不得举行集会、游行、示威的特定场所周边一定范围或者有其他违法犯罪行为的，人民警察可以将其强行带离现场或者立即予以拘留。

十、追缉车辆

根据《警车管理规定》第 16 条的规定，对犯罪嫌疑人、在逃的罪犯、劳教人员、交通肇事逃逸车辆和人员可使用警车进行追缉。《道路交通事故处理程序规定》第 32 条规定："公安机关交通管理部门应当根据管辖区域和道路情况，制定交通肇事逃逸案件查缉预案。发生交通肇事逃逸案件后，公安机关交通管理部门应当根据当事人陈述、证人证言、交通事故现场痕迹、遗留物等线索，及时启动查缉预案，布置堵截和追缉。"《交通事故处理工作规范》第 54 条第 1 款规定："道路交通事故发生后，交通肇事嫌疑人逃逸的，公安机关交通管理部门应当及时查缉肇事嫌疑人和嫌疑车辆。"

《交通警察道路执勤执法工作规范》也规定了不得使用机动车追缉的有关内容。根据《交通警察道路执勤执法工作规范》第 73 条第 3 项的规定，除机动车驾驶人驾车逃跑后可能对公共安全和他人生命安全有严重威胁以外，交通警察不得驾驶机动车追缉，可采取通知前方执勤交通警察堵截，或者记下车号，事后追究法律责任等方法进行处理。交通警察在遇到交通行为违法人不服从交通警察的指令，不停车接受处理反而驾车逃跑的情形时，除非交通违法行为人驾车逃跑后可能对公共安全和他人生命安全有严重威胁，否则不得驾驶机动车追缉。

十一、拦截车辆

赋予在道路上执勤执法的交通警察拦截车辆的权力，这是维护道路交通治安秩序，预防、制止和惩罚违法犯罪行为，保护公民人身安全和财产安全的基本手段。同时，由于拦截车辆极易损害车辆驾驶人、所有人乃至于其他交通参与者的正当权益，所以交通警察拦截车辆必须谨慎使用并依法进行，不得滥用。根据《交通警察道路执勤执法工作规范》第 73 条第 1 项、第 2 项和第 4 项的规定，交通警察在拦截车辆，查处违法行为时，应当遵守以下规定：除执行堵截严重暴力犯罪嫌疑人等特殊任务外，拦截、检查车辆或者处罚交通违法行为，应当选择不妨碍道路通行和安全的地点进行，并在来车方向设置分流或者避让标志；遇有机动车驾驶人拒绝停车的，不得站在车辆前面强行拦截，或者脚踏车辆踏板，将头、手臂等伸进车辆驾驶室或者攀扒车辆，强行责令机动车驾驶人停车；堵截车辆应采取设置交通设施、利用交通信号灯控制所拦截车辆前方车辆停车等非直接拦截方式，不得站立在被拦截车辆行进方向的行车道上拦截车辆。

十二、警械、武器的使用

（一）警械、武器的含义与作用

警械、武器是人民警察按规定装备，用于对违法犯罪嫌疑人实施人身强制的物质工具，是人民警察武装性质的集中体现。警械是人民警察依照规定装备的用于对违法犯罪嫌疑人实施人身强制的警用器械。其主要包括：警棍、手铐、脚镣、警绳、催泪弹、高压水枪、特种防暴枪等。武器是人民警察依照规定装备的枪支、弹药等致命性警用武器。其枪支主要包括：手枪、步枪、冲锋枪、机关枪等。

警械、武器的使用有利于预防和制止违法犯罪，有利于行政执法目标的实现，有利于制止暴力反抗或暴力阻碍，有利于制止不法侵害。当然，如果武器不规范使用将直接造成人员重伤、死亡的严重后果；警械的不规范使用，虽然不会像枪弹那样直接造成人员重伤、死亡的严重后果，但如果不严格按照法定条件使用，仍会造成许多不良后果。

（二）警械、武器使用的法律规定

《人民警察法》第10条规定："遇有拒捕、暴乱、越狱、抢夺枪支或者其他暴力行为的紧急情况，公安机关的人民警察依照国家有关规定可以使用武器。"《人民警察法》第11条规定："为制止严重违法犯罪活动的需要，公安机关的人民警察依照国家有关规定可以使用警械。"《人民警察使用警械和武器条例》是人民警察使用警械和武器的专门性行政法规，是《人民警察法》的重要配套法规。公安部还制定了以枪、酒、车、赌四个方面为主要内容的"五条禁令"。"五条禁令"规定："一、严禁违反枪支管理使用规定，违者予以纪律处分；造成严重后果的，予以辞退或者开除。二、严禁携带枪支饮酒，违者予以辞退；造成严重后果的，予以开除……民警违反上述禁令的，对所在单位直接领导、主要领导予以纪律处分。民警违反规定使用枪支致人死亡，或者持枪犯罪的，对所在单位直接领导、主要领导予以撤职；情节恶劣、后果严重的，上一级单位分管领导、主要领导应引咎辞职或者予以撤职。对违反上述禁令的行为，隐瞒不报、压案不查、包庇袒护的，一经发现，从严追究有关领导责任。”上述有关警械、枪支的法律、法规等规范性文件，为民警正确、有效地使用警械、武器，提供了良好的保障。

（三）警械、武器使用的基本原则

根据上述警械、武器使用的有关法律、法规等规范性文件的规定，大致可以归纳出民警在使用警械、武器时，应当遵循下列两个基本原则：

1. 以制止违法犯罪为目的原则。人民警察警械、武器的使用以有效制止违法犯罪为根本出发点，而不是以伤害或者剥夺违法犯罪嫌疑人的生命、健康为目的。

2. 慎用警械、武器的原则。由于使用警械、武器必然会对违法犯罪嫌疑人的生命、健康、财产造成损失，因此应当尽力减少、控制警械、武器的使用。只要条件允许，能不使用警械、武器的就不要使用警械、武器，即使迫不得已使用，也要遵循从低层次到高层次的择轻运用的规则。能够使用警械制止的，就不要使用武器。只有使用警械不能制止或者不使用武器制止，可能发生严重危害后果的，才可以使用武器。

（四）使用警械的情形

《人民警察使用警械和武器条例》第 7 条规定：“人民警察遇有下列情形之一，经警告无效的，可以使用警棍、催泪弹、高压水枪、特种防暴枪等驱逐性、制服性警械：（一）结伙斗殴、殴打他人、寻衅滋事、侮辱妇女或者进行其他流氓活动的；（二）聚众扰乱车站、码头、民用航空站、运动场等公共场所秩序的；（三）非法举行集会、游行、示威的；（四）强行冲越人民警察为履行职责设置的警戒线的；（五）以暴力方法抗拒或者阻碍人民警察依法履行职责的；（六）袭击人民警察的；（七）危害公共安全、社会秩序和公民人身安全的其他行为，需要当场制止的；（八）法律、行政法规规定可以使用警械的其他情形。人民警察依照前款规定使用警械，应当以制止违法犯罪行为为限度；当违法犯罪行为得到制止时，应当立即停止使用。”《人民警察使用警械和武器条例》第 8 条规定：“人民警察依法执行下列任务，遇有违法犯罪分子可能脱逃、行凶、自杀、自伤或者有其他危险行为的，可以使用手铐、脚镣、警绳等约束性警械：（一）抓获违法犯罪分子或者犯罪重大嫌疑人的；（二）执行逮捕、拘留、看押、押解、审讯、拘传、强制传唤的；（三）法律、行政法规规定可以使用警械的其他情形。人民警察依照前款规定使用警械，不得故意造成人身伤害。”同时，《人民警察使用警械和武器条例》也归纳了禁止使用、停止使用警械的具体情形。

（五）使用武器的情形

《人民警察使用警械和武器条例》第 9 条规定：“人民警察判明有下列暴力犯罪行为的紧急情形之一，经警告无效的，可以使用武器：（一）放火、决水、爆炸等严重危害公共安全的；（二）劫持航空器、船舰、火车、机动车或者驾驶车、船等机动交通工具，故意危害公共安全的；（三）抢夺、抢劫枪支弹药、爆炸、剧毒等危险物品，严重危害公共安全的；（四）使用枪支、爆炸、剧毒等危险物品实施犯罪或者以使用枪支、爆炸、剧毒等危险物品相威胁实施犯罪的；（五）破坏军事、通讯、交通、能源、防险等重要设施，足以对公共安全造成严重、紧迫危险的；（六）实施凶杀、劫持人质等暴力行为，危及公民生命安全的；（七）国家规定的警卫、守卫、警戒的对象和目标受到暴力袭击、破坏或者有受到暴力袭击、破坏的紧迫危险的；

（八）结伙抢劫或者持械抢劫公私财物的；（九）聚众械斗、暴乱等严重破坏社会治安秩序，用其他方法不能制止的；（十）以暴力方法抗拒或者阻碍人民警察依法履行职责或者暴力袭击人民警察，危及人民警察生命安全的；（十一）在押人犯、罪犯聚众骚乱、暴乱、行凶或者脱逃的；（十二）劫夺在押人犯、罪犯的；（十三）实施放火、决水、爆炸、凶杀、抢劫或者其他严重暴力犯罪行为后拒捕、逃跑的；（十四）犯罪分子携带枪支、爆炸、剧毒等危险物品拒捕、逃跑的；（十五）法律、行政法规规定可以使用武器的其他情形。人民警察依照前款规定使用武器，来不及警告或者警告后可能导致更为严重危害后果的，可以直接使用武器。”同时，《人民警察使用警械和武器条例》也归纳了禁止使用、停止使用武器的具体情形。

案例一：[①] 2007 年 1 月 22 日凌晨，杨某与朋友共 11 人和另一群人发生群殴。随后，杨某遇上警车。由于刚打过架，出于本能的害怕，于是奔跑逃离。民警展开追缉，并在追缉过程中开了 4 枪，致使杨某死亡。事发后，家属与官渡公安分局进行交涉，官渡公安分局出于道义给予困难补助费 7 万多元，并未涉及国家赔偿。杨某的家人认为民警并未鸣枪警告，而是直接开枪射击，将开枪警察所在单位昆明官渡公安分局告上法庭，要求国家赔偿 42 万多元。

官渡公安分局的代理人表示：民警当时要求杨某停下来接受检查，杨某逃跑，民警紧随其后追缉，并不断命令杨某停下，但杨某继续逃跑，民警追至永安路时鸣枪警告，杨某仍继续逃跑，之后，民警开枪并击中杨某。因此，官渡公安分局的代理人认为：杨某涉嫌重大犯罪，应当接受警察的盘问，且民警依法进行了鸣枪警告。

---

① 柏立诚．疑犯被击毙　家属索赔 42 万遭驳回．春城晚报．2008．8．6

官渡法院审理后认为：杨某在警察鸣枪警告后，仍然没有停止逃跑接受盘查。在这种紧急情况下，民警作出判断并使用武器是符合法律规定的。于是，法院作出一审判决：驳回家属诉讼请求。一审判决后，家属不服，向昆明中院提起上诉。

评析：从本案来看，判断警察开枪是否正当，关键看两个方面：一是警察面对这样的情况是否可以开枪。二是如果可以开枪，那么，警察开枪是否符合程序规定。先看第二点，关于实施射击的程序问题。对于射击，现行的法规只是要求开枪之前必须进行警告，警告无效后方可射击，并没有要求必须经过批准程序或请示上级批准，也无须征求对方的同意，而是完全由警察根据自己的判断实施，事后向上级报告。从本案来看，民警当时要求杨某停下来接受检查，杨某逃跑，民警紧随其后追缉，并不断命令杨某停下，但杨某置之不理继续逃跑，民警追至永安路时鸣枪警告，杨某仍继续逃跑，之后，民警开枪并击中杨某。显然，警察在射击之前，进行了警告。因此，笔者认为，单从程序来看，警察的射击行为还是符合我国现行的法规的。问题是第一点，是否妥当呢？也就是说，面对这样的情况是否应当或者必须开枪。《人民警察法》第10条规定：“遇有拒捕、暴乱、越狱、抢夺枪支或者其他暴力行为的紧急情况，公安机关的人民警察依照国家有关规定可以使用武器。”只有遇有拒捕、暴乱、越狱、抢夺枪支或者其他暴力行为的紧急情况，才可以使用武器，而杨某群殴遇上警车，出于本能的害怕，奔跑逃离。这里并不存在拒捕、暴乱、越狱、抢夺枪支或者其他暴力行为的紧急情况，警察只是命令其停下来接受调查。同时，警察使用武器还必须符合《人民警察使用警械和武器条例》规定的具体情形。显然，杨某的逃离行为不符合上述情形中的任何一种。因此，笔者认为，在本案中，警察开枪并击中杨某的行为是不当的，尽管在击中杨某之前对其进行了警告。

案例二：[①] 广州市公安局通报：2007 年 11 月 13 日凌晨 4 时 55 分，广州市公安局海珠分局民警驾驶警车巡逻至南泰路珠江医院住院部门前路段时，发现路边停放着一辆前后车牌均被报纸包裹着的可疑小汽车。民警进行盘查时，遭到驾车男子的阻挠，并被强行抢走出示的警官证。其后，该男子快速倒车，碰撞民警，造成民警膝部受伤。为阻止其驾车逃逸，民警拉住车门，被该男子强行开车拖行数米。在紧急情况下，民警被迫鸣枪，致该男子中弹受伤。民警即报 120。该男子经送医院抢救无效死亡。经核实，死者尹某是珠江医院的一名副主任医师，其驾驶的小车没有合法登记手续，所挂的车牌为已作废的军车号牌，车尾厢还有粤 AAB×××、湘 K×××××车牌各一副。

事发后，各级领导及上级政法机关对该事件高度重视，成立了由市委分管政法工作的领导为组长，市委政法委、市检察院、市公安局等部门组成的联合调查组，严格依法迅速开展调查。海珠区委、区政府、公安机关及死者所在单位迅速组成善后工作组，安排做好有关善后工作，并对其家属进行安抚。

评析：在该枪击事件中，民警开枪有无必要？是否合法？中国人民公安大学杨忠民教授在接受记者采访时明确表示："本案中，民警开枪打死尹某的行为有滥用职权的嫌疑。"从公布的案情来看，当时尹某行为的危险性并不是很大，其既不是重大犯罪嫌疑人，也不是公安机关的通缉犯，只是想驾车逃脱民警控制，并没有对该民警的生命安全造成威胁。清华大学法学院余凌云教授认为，根据《人民警察使用警械和武器条例》第 9 条的规定，只有在公共安全受到危害，人民警察生命安全受到威胁等情况下，人民警察经警告无效的，才可以使用武器。根据广州市公安

---

① 彭于艳，徐伟．副教授被枪击案：法律专家认为有关条例必须细化．法制日报．2007．11．15

局通报的情况，尹某快速倒车，仅仅是造成这位民警膝部受伤，而这位民警在被拖行时，完全可以松开手摆脱被拖行的状态后再采取其他合法措施。选择枪击尹某并最终导致其死亡，这位民警开枪的做法涉嫌违法。警察开枪之前要先鸣枪以示警告，但从广州市公安局的通报来看，民警对尹某到底开了一枪还是两枪无从知晓，如果民警鸣枪不是警告而是直接射击就更不合法。

（六）对目前警械、武器使用中存在问题的一点思考

目前在警械、武器使用方面，既存在少数民警滥用警械、武器，侵害公民人身权利的问题，也存在许多民警不会、不愿和不敢使用警械、武器的现象，从而导致延误战机甚至民警自身安全受到伤害的问题。

究竟怎样使用警械、武器才算是正当的，这是许多民警包括许多基层领导感到十分困惑的问题。它既影响了一线民警社会治安秩序的维护，也影响了民警自身安全的保护，民警在执法活动中遭受暴力袭击牺牲的事件时有发生。[①]“开枪前是警察，开枪后沦为罪犯”、“带着枪巡逻，就像提着炸药包走钢丝”……这些流传在基层一线民警中的顺口溜，暴露出他们在使用警械、武器时的尴尬、矛盾心理，从而在实际工作中普遍存在不敢合理使用武器、不敢进行正当防卫的现象，民警因“怕出意外”、“怕被追究责任”，往往是有枪不敢带、有枪不敢用、有枪不能用，

---

① 据统计，2001年，全国有68名民警在执法活动中遭受暴力袭击英勇牺牲，3429名民警受伤；2002年，全国有75名民警在执法活动中遭受暴力袭击牺牲，3663人受伤；2003年，全国有84名民警在执法活动中遭受暴力袭击牺牲，4000人受伤；2004年有48名民警在执法活动中遭受暴力袭击牺牲，3786人受伤；2005年，全国有27名民警遭受暴力袭击牺牲，1932人受伤。2003年至2007年，全国交通民警因公牺牲314人（年均67人）。其中，2003年60人，2004年62人，2005年60人，2006年71人，2007年61人。在牺牲的314人中，因交通事故牺牲156人，因积劳成疾牺牲121人，因与犯罪嫌疑人搏斗牺牲10人，因执勤中被袭击牺牲8人，其他原因牺牲19人，也可以说，袭警行为造成民警“月月有牺牲，天天在流血”。

一旦发生暴力袭警只能以肉体相搏；一些基层领导为安全管理甚至采取了刀枪入库的做法。究其根源，关键是《人民警察使用警械和武器条例》规定得过于笼统和原则。例如，“可能发生严重危害后果的”、“以制止违法犯罪行为为限度”、“犯罪分子失去继续实施犯罪能力的”等。这些措辞可操作性差，基层民警在具体的执法过程中难以有效地把握。因此，笔者认为，应当由公安部出台人民警察使用警械和武器条例实施细则，将警械、武器使用的条件、程序进一步明确化、规范化、细致化，从而有效地减少、减轻警察使用警械、武器时的种种顾虑和压力。

第六节　对实务中两种新的尝试性强制措施的探讨

一、实务中两种新的尝试性强制措施简介——以江苏省为例

（一）举措之一：对过度疲劳驾驶者的强制休息

过度疲劳驾驶是严重的交通安全隐患，尤其在高速公路上更是引发交通事故的重要原因。《道路交通安全法》第22条第2款规定：“饮酒、服用国家管制的精神药品或者麻醉药品，或者患有妨碍安全驾驶机动车的疾病，或者过度疲劳影响安全驾驶的，不得驾驶机动车。”由于过度疲劳使人的各方面的机能都大为减弱，而作为具有高度危险性的机动车必然要求驾驶人精力充沛，保持全神贯注，才能够保证安全驾驶。所以，《道路交通安全法》规定过度疲劳者不得驾驶机动车是恰当的。大量的由于过度疲劳驾驶机动车引发重大交通事故的事实也已充分证明了这

一点。①

过度疲劳，是指驾驶人每天驾车或者一次连续驾驶车辆超过规定时间的，或者停车休息时间少于规定时间的，或者从事其他劳动，体力消耗过大，或者睡眠不足，以致行车中困倦瞌睡，四肢无力，不能及时发现和准确处理路面交通情况，影响安全驾驶的交通违法行为。根据《道路交通安全法实施条例》第 62 条第 7 项的规定，机动车驾驶人不得连续驾驶机动车超过 4 小时未停车休息或者停车休息时间少于 20 分钟。一般情况下，交通警察可通过两个途径发现疲劳驾驶机动车行为：一是停车检查发现。交通警察在执勤过程中，一般可根据车辆的出发时间、行驶路线、行车记录仪记载和驾驶人配备等情况判断驾驶人是否为疲劳驾驶。二是动态巡逻发现。交通警察在巡逻中如果发现一些车辆在行驶中左右摇晃或行驶中突然一脚刹车的，结合车辆检查情况和驾驶人的精神状态表现等，确定是否为疲劳驾驶。

现在的关键问题是，交通警察查获疲劳驾驶机动车后应当怎么办？如果仅仅一罚了之，那又有何意义呢？因为驾驶人的疲劳状况并没有因为被罚款而解除。为此，江苏省公安机关交通管理部门为解决这一问题，采取了对疲劳驾驶人强制休息的举措。江苏省公安厅交巡警总队规定，交通警察在执勤中发现机动车驾驶人连续驾车超过 4 小时或 24 小时内实际驾驶时间累计超过 8 小时，将一律指挥其进入休息站强制休息。2007 年以来，江苏省公安厅交巡警总队陆续在全省统一设置了 32 个疲劳驾驶强制休息站。据了解，仅 2007 年上半年，就有 3755 人次进入强制疲劳

① 目前，机动车驾驶人疲劳驾驶的现象非常严重。例如，2005 年，江苏省因疲劳驾驶直接引发的交通事故达 282 起，死亡 172 人。2006 年，江苏省高速公路上因疲劳驾驶直接引发的事故有 25 起，死亡 28 人。夏季高温、春运和“五一”、“十一”等黄金周期间疲劳驾驶的高发期，一天中深夜至凌晨这个时段疲劳驾驶的相对较多，跨省、市行驶的长途客车、货车和危险品运输车辆疲劳驾驶的相当普遍。

驾驶休息站被强制休息。全省32个疲劳驾驶强制休息站大多设置在省、市际交界处的交巡警中队、收费站和服务区等地。强制休息站统一悬挂提示标志，专门配备了床铺、沙发、洗脸盆、毛巾及饮水机等休息设施，疲劳驾驶人可以免费使用。[①] 同时，这一举措也为一些长途驾驶人的路途休息提供了一定便利。过去，机动车驾驶人出车在外根本没有固定的休息点，疲劳时大多在车上休息片刻，有的驾驶人甚至将车停在路边，然后躺在车底下休息，这样做极易引发交通事故。

（二）举措之二：对行人闯红灯的强制教育

《道路交通安全法》、《道路交通安全法实施条例》和《江苏省道路交通安全条例》中对行人通行和行人违反交通法规的处理与责任都有明确的规定。然而，行人闯红灯现象依然十分普遍，管理难度非常大。为此，2006年以来，江苏省组织实施了《不闯红灯——江苏文明交通行动计划（2006）》的重大举措。到目前为止，已先后采取了下列若干具体强制方法并将继续坚持下去。这些具体方法是：

1. 行人和非机动车闯红灯抄告单位。江苏省交通管理部门实施行人和非机动车闯红灯抄告单位制度，引起了强烈的社会反响。有赞成的，也有指责不满的。但不管怎样，这一强制性举措，还是对遏制行人和骑车人随意闯红灯产生了一定的效果。据笔者实地观察发现，许多闯信号灯的行人和骑车人在交通警察查处时，能较好地进行配合，但在询问个人姓名、工作单位等信息时，总是三缄其口予以保密。这也一定程度上反证了行人、骑车人闯信号灯抄告单位制度的威慑力。例如，在南京市三山桥路口，一名50多岁的男子从莫愁湖东路闯红灯往长虹路方向过街，见有民警查处，赶紧右拐“逃”向水西门大街，被正在路口的

① 苏交轩，王晓映．我省设32个疲劳驾驶强制休息站．新华日报．2007.6.27

民警截住。面对处罚，男子爽快地说出了姓名，而当民警问及其工作单位时，他却反问起民警来："问我单位干什么？该怎么处罚就怎么处罚。"磨蹭了近 20 分钟，他才极不情愿地说出自己的单位。以种种借口为自己开脱的现象，也十分多见。例如，当一位闯信号灯的小伙子被民警拦住后解释："过街时没有看信号灯，看到路口没有车，我就只管走了。"这位张姓小伙子报出自己的大名后，也不肯透露工作单位，在民警的教育和再三追问下，支支吾吾半天才说自己在银行工作，而问及是哪家银行时则"坚决保密"，民警通过警务通查询获悉其信息后，小伙子终于承认，自己在某银行鼓楼分行工作。该银行保卫部的负责人在接到抄告后表示，他们是头一回碰到员工交通违法被抄告，将在单位内部网上就此进行通报，对全体员工进行交通安全教育。

2．让闯红灯者挥着小旗在路口当交通协勤员。随着采取行人闯信号灯抄告单位制度，行人闯红灯现象引起社会广泛关注，但通过观察发现，行人闯红灯现象依然比较严重。推出的抄告单位制度，尽管起到了很好的震慑作用，但仍有不少人或是说没单位，或是不肯透露真实身份。如何采取更加有效的管理措施，进一步加大文明交通劝导的工作力度，值得思考。为此，继对行人和非机动车闯红灯抄告单位后，公安交通管理部门又推出新的管理措施，对行人、非机动车闯红灯者不愿意抄告单位或者没有单位的，增加新的强制性管理措施，即"义务协勤"，并且可让闯红灯者在抄告单位和义务协勤之间进行任意选择。义务协勤原则上要求每人"站岗"30 分钟左右，或者直到"逮到"继任者为止。笔者非常赞同这种人性化的做法，它完全符合现代行政管理理念的变革趋势。例如，在南京市白下路太平南路路口，二大队执勤交通警察发现一名中年男子推着电动车过街，前方是红灯可他毫不理会。被交通警察拦下后，当该男子得知有抄告单位、义务协勤两种选择时，他想了想，称自己愿意充当临时协勤员。随后，该男子按照交通警察的要求挥起小红旗，在路口认真地协助交通警察维持路口交通秩序。15 分钟后，另一名行人闯红灯被该男子发现并拦下，此时，他长舒了一口气，如释重负地离开了现场。

3. 行人闯红灯者将在媒体曝光。南京交通管理部门为遏制行人闯红灯现象，先对行人闯红灯等街头交通违法行为抄告单位，而后又要求交通违法者当起交通协勤员，可是这些举措仍没有彻底治愈行人闯红灯这一“顽症”。于是，从 2008 年 8 月 9 日起，南京市交通管理部门将“下重药”，对行人闯红灯进行拍摄留证，并交由媒体（如《扬子晚报》等）曝光，且曝光的重点是行人闯红灯、不走人行横道以及翻越护栏等。具体由辖区所属交警大队成立专门的流动宣传整治小组进行现场检查，首批检查的目标是包括淮海路、洪武路路口、北京西路云南路路口在内的 56 个文明示范路口。检查人员将携带相机、摄像机等设备，对检查中发现的行人闯红灯行为进行拍摄，并交予媒体于次日曝光。

4. 闯红灯照片当街展示。南京交通管理部门继推出行人违法抄告单位、闯红灯参加义务协勤，以及在媒体公开曝光交通违法者照片等举措后又出新招，将街头违章者的照片粘贴在展板上，在路口向市民“展示”。例如，2008 年 8 月 20 日下午 3 点，南京交巡警二大队交通警察在淮海路、洪武路路口，刚刚把贴有闯红灯者照片的展板架设起来，一大群市民就围了上来。市民张先生说：“这样一来，哪个还敢闯红灯啊！”一名小伙子非常仔细地看照片，不一会儿，他伸手拍了拍胸脯，长舒了一口气。记者好奇之下上前询问，小伙子顿时脸红起来，“前天下午，我经过这个路口时不小心闯了红灯，现在看见把闯红灯者的照片公布出来，有点担心，不过幸好没有自己”。但是有一些市民对此举提出不同意见，他们认为交通管理部门的出发点是好的，毕竟创建文明城市人人有责，可这样公开曝光，是不是有点过了。

“自 8 月 9 日媒体曝光闯红灯者照片以来，全市各交警大队已处罚行人交通违法 2507 起，这一数字相对于以往而言，行人街头违章行为进一步减少。”① 南京市交通管理局有关人士说：“目的还是将行人街头违章率继续降低。”据介绍，粘贴有行人闯红灯照片的展板每区都至少有一个，摆放在行人流动量大的路口，照片将每周更换一次。

二、对上述两种新举措的简要评析

上面对江苏各地交巡警部门摸索的一些新的尝试性行政强制措施②进行了简要的客观描述，希望能以引起有关专家、学者的思考，在分析讨论的基础上关注此类措施的存在、变化与发展。

随着经济的快速发展，现代道路交通活动日益复杂，秩序、安全与畅通也日益成为人们普遍关注的重大社会问题。对此，作为道路交通管理的职能部门努力探索，不断创新，采取了许多新思路、新举措。例如，对疲劳驾驶机动车的驾驶人实施强制休息的措施等，都是近几年来一些地方公安机关交通管理部门在实践中不断探索、不断尝试的结果。这些举措有的获得了良好的社会效果，得到了社会的广泛认同，有的则受到了社会的质疑乃至批评。

不过，笔者认为，对于各地公安机关交通管理部门采取的新思路、新举措应当有一个基本的态度：不管公安机关交通管理部门采取的措施怎样，首先必须对公安机关交通管理部门的积极开拓精神表示深深的敬意，对于这些新举措应当保持一颗开放、宽

---

① 宁交轩，郭一鹏．闯红灯照片当街展示．扬子晚报．2008.8.22

② 其实，全国其他许多城市也推出过类似举措，例如，长沙市对闯红灯者须当街举手宣誓，保证不闯红灯。

容的心，并协助他们在实践中不断加以调整与完善，而不是一味地抱怨、指责。

新举措的实施，目的都是制止疲劳驾驶、行人闯红灯、不走人行横道以及翻越护栏等屡禁不止的交通违法行为，希望能通过强制休息、抄告单位、路口当交通协勤员、媒体曝光、闯红灯照片当街展示等一系列新举措来促使交通违法者认识到自己的不文明行为，遏制这类现象的发生。笔者认为，这些措施尽管具有教育等属性，但仍然具有一定强制性，应当属于强制措施的范畴。

需要注意的是，从现代法治的视角，任何一项新举措的实施，不仅要关注它的可操作性以及实施后的实际效果，而且更应当关注它的合法性问题。因此，笔者认为，作为立法部门以及有权制定行政法规、行政规章的有关政府部门，应当密切关注实务，对于实务部门的一些新思路、新举措予以鼓励的同时，还应当适时进行必要的指导、监督与规制；作为实务部门在积极创新的过程中应当自觉增强人权意识、法治意识，慎重思考行政强制措施的合法性、合理性，努力实现法律效果、社会效果和政治效果的和谐统一。

诸如行人闯红灯之类的问题，看似小事，但绝非小事。其实这个小事的背后潜藏着太多令人思考的东西，彻底解决这样的小事，必然是一项宏大而长期的系统工程。江苏等地方公安机关交通管理部门采取的上述诸多举措，确实只能算是点滴之水，然而，就是这样的点滴之水，才汇成了浩瀚的海洋。

第五章 交通警察即时强制

交通警察即时强制是即时强制的一个重要方面，交通警察即时强制应当是即时强制基本原理在道路交通安全管理领域的具体体现。实际上，交通警察即时强制在实务中是一个非常常见的现象，然而对交通警察即时强制的认识与研究却非常薄弱，针对性的适用分析，成果不多，系统的理论研究更是凤毛麟角。正如余凌云教授在论及突发事件中的警察行政强制措施时所言："因此，我在Google、百度等搜索引擎（search engines）中，特别是一些专题网页，像'国家突发公共事件应急预案出台'、'抗击非典专题'、新华网专题报道：'松花江发生重大水污染'等网页上，搜寻有关信息资料，并在研究生的帮助下进一步扩大对网络资料的搜索以及对纸质文献的收集，范围包括新闻报道、专访、论文以及有关政府应急预案、政策和法律等。令人遗憾的是，尽管媒体中对突发事件的报道可谓'汗牛充栋'，但是，对警察在其间采取的各类强制措施，包括具体内容是什么、依据是否足够、实务中遇到什么困难，这些情况却很少涉及，这给我们的研究带来了一定的困难。"① 这是余凌云教授就突发事件中的警察行政强制措施研究所作的分析，交通警察即时强制又何尝不是如此？这充分说明当下的即时强制理论对实务包括立法与执法的指导是苍白无力的。究其原因，主要是对即时强制尚缺乏足够

---

① 余凌云．突发事件中的警察行政强制措施．法商研究，2007（1）：54～55

的理性认识，缺乏对丰富多彩的实务的足够关注。为此，这里试图在论述即时强制基本原理的基础上，就道路交通治安管理实务中涉及交通警察即时强制的若干常见情形进行粗浅的分析、归纳，以便为交通警察即时强制的深入研究抛砖引玉，同时，也希望对公安交通实务有所裨益。

第一节　即时强制概述

一、即时强制的界定

“在所有文明国家中，行政机关都授权强行撤出即将倒塌的房屋中的居民、拆毁建筑物以制止火灾的蔓延、宰杀染有某种疾病的牲畜、拘留肉体或精神状态对其同胞公民的健康或生命有危险的人。”① 在此类紧急情况下，行政机关采取的紧急措施，行政法学上通常称为“即时强制”。现实中，由于这种权力多由警察执行，故又称为“警察强制”，是警察法上很重要的一种强制措施形态。

即时强制概念源于德国。德国学者 Richard Thoma 建议以“即时强制”一词取代“无须行政处分并践行法定告诫之直接强制”并有别于需要告诫程序的直接强制。学者 Fritz Fleiner 在其著作《德国行政法之制度》一书中率先使用“即时强制”，至此该词汇开始具有学术地位，并被学者沿用。1953 年 4 月 27 日制定的《联邦行政强制执行法》终于出现“即时强制”法定术语。我国理论界较倾向于将即时强制与强制措施统称为行政强制措施。

① ［奥］凯尔森. 法与国家的一般理论. 沈宗灵译. 中国大百科全书出版社，1996，309

那么，何谓即时强制？即时强制与其他行政强制行为最大的区别就在于时间上的紧急性。即时强制只能适用于紧急情况，且这种紧急情况是真实存在的，正在危害社会或即将危害社会，必须立即采取措施予以制止。基于这种紧急性，允许行政主体可以不经审批、告诫等程序，根据现场紧急情况的要求及时做出反应和处置。也正是基于紧急性，使行政决定与执行同步，相对人必须无条件配合，先服从后争讼。紧急性是即时强制的最基本的特征，并使其与行政强制措施、行政强制执行相区别。①

（一）即时强制与行政强制措施的区别

正如上面所述，即时强制，是指在发生或者即将发生自然灾害、事故灾害、公共卫生事件、社会安全事件等突发事件以及其他严重影响国家、社会、集体或公民利益的紧急情况时，行政机关为了有效应对目前的紧急情况，来不及发布命令、科以相对人义务，或者即使发布命令也难以达到目的，可以不经过预先的告诫等程序，直接对相对人的身体、财产或场所施加强制力的行政行为。行政强制措施，是指为维护和实施行政管理秩序，预防或制止违法行为和危害事件的发生，行政机关在获得法律授权的情况下，针对特定公民、法人或者其他组织的人身、行为及财产进行约束与处置的限权性强制行为。即时强制在本质上仍属于行政强制措施。它是行政强制措施的下位概念，两者是特殊与一般的关系。即时强制与行政强制措施主要有以下几点区别：

1. 从适用对象上看，即时强制与行政强制措施尽管都有预防、制止的功能倾向。但行政强制措施针对的主要是具有违法嫌疑的人以及与此有关的财物、金钱、有价证券等。即时强制主要

---

① 值得注意的是，正是由于即时强制的紧急性这个显著特征，《行政强制法（草案）》第3条第2款作为除外条款将行政主体采取即时强制作为特殊情形排除适用《行政强制法》，而适用有关的法律、法规。

是针对一些突发性的事故或事件，如地震、火灾、水灾、泥石流、卫生疫情、交通事故、煤矿爆炸、危险化学品泄漏等自然与人为灾害事故或事件。

2. 从适用前提上看，即时强制与行政强制措施有所不同。即时强制以情况紧急为前提。例如，发生重大交通事故时交通警察紧急强制截断交通、封闭现场；突发恶性传染病时，建立隔离区、强行检查生活场所、征用设施等。行政强制措施则没有紧急性的特殊要求。例如，查封当事人财产、冻结当事人银行账户、扣押当事人物品等。另外，即时强制措施的实施在许多情况下不以相对人有违法嫌疑为前提。例如，在抗洪抢险的紧急时刻，强行征用过往船只、车辆、物资等。行政强制措施多以相对人涉嫌违法或损害行为为前提。

3. 从适用程序上看，即时强制与行政强制措施都必须符合规定的行政程序，但二者的具体过程和步骤有所不同。行政强制措施必须遵循以期待相对人自行履行为核心的决定、催告、执行等比较完整的程序，且一般需要经过一定的批准程序。即时强制由于情况特别紧急，基本上是行政人员立即决定，不经催告与批准并迅速付诸实施，决定与执行具有同步、合成特性，在实施过程中不附任何实施条件，也不规定具体期限，以达到目的为限度，一旦实施，当即生效。

4. 从结果上看，行政强制措施对人身、财产、场所等采取的是限权性措施，以保持某种状态，不具有处分性，且常与行政强制执行紧密相连。例如，对人身自由的暂时限制以及对财产的查封、扣押、冻结等，这些措施并未对相对人权利进行处分，而只是暂时控制，以便为行政目的的顺利实现提供保证。即时强制则是一种直接的处分。例如，为了解救被困交通事故车辆内的伤者，交通警察强行拆解了该事故车辆。这里的拆解就是对车辆进行了处分，且无再强制执行可言，故与行政强制执行没有联系。

（二）即时强制与行政强制执行的区别

1. 前提不同。即时强制不以预先的正式基础行政决定为前提，而行政强制执行先行存在一个基础行政决定并期待相对人自动履行义务。尽管如此，笔者认为，基础决定仍然存在，只是由于时间上的紧急性，行政主体无暇期待相对人自动履行义务，现状的紧迫性不允许行政主体启动敦促相对人自动履行义务的催告程序，而是用行动来表达行政决定的作出并立即付诸执行。因此，以人文关怀为核心的催告程序在这里失去存在的可能。从逻辑上分析，即时强制也应当存在基础决定。试想，如果不存在基础决定，又何来对决定内容的强制实现呢？只不过由于情况紧急，基础决定可能不以书面形式作出，而是口头作出，甚至以动作状态表达决定的内容同时伴随实力行为实现。不过，笔者对即时强制进行细致的微观分析后发现，由于情况的紧急，行政主体作出的即时强制的决定可能是粗疏的，在执行过程中可能会酌情进行调整，甚至完全放弃开始的决定，作出新的决定。所以，笔者认为，即时强制在许多紧急情况下是由多个连续的“决定—执行—再决定—再执行”组成的一个合成性行为过程。既然即时强制存在执行的基础决定，那么，是否就确定了相对人的行政义务呢？持否定说者认为，即时强制没有确定相对人义务的行政决定，也不以相对人义务的存在为前提。或者有人认为，即时强制的即时与其说强调时间的紧迫性，不如定性为不介入相对人义务。① 持肯定说者认为，任何基础决定都是相对人权利和义务的设定、变更或消灭。如果基础决定只是涉及相对人的权利，这种决定根本不存在行政主体强制执行的需要。只有基础决定涉及了相对人的义务，该决定才有通过行政强制实现义务得以履行或与履行具有相同状态的可能。在即时强制领域，由于时间上的紧迫

① ［日］盐野宏．行政法．杨建顺译．法律出版社，1999，181

性，行政主体无法允许相对人自动履行义务或通过告诫从容实施行政强制执行。即时强制的决定必然包含相对人义务的决定，但行政主体实施即时强制时，所考虑的并不是相对人有什么样的义务，而是时间上的紧急性迫使行政主体立即实现基础决定所确定的内容。① 笔者支持肯定说的观点，即时强制不要求或不考虑相对人的义务，但并不是相对人就不存在义务。

2. 起因不同。行政强制执行的启动，是因为行政相对人不履行其应当履行的行政义务。即时强制的启动，则不是因为行政相对人不履行其应当履行的行政义务，而是基于排除紧迫危险的需要。

3. 目的不同。即时强制的直接目的在于预防、制止危害社会行为或事件的发生或蔓延。例如，发生重大交通事故后，交通警察为了抢救伤者，拦截过往车辆用于运送交通事故伤者等。行政强制执行的直接目的在于迫使义务人履行义务或者达到与履行义务相同的状态。例如，交通警察对严重超载的公路货运车辆实施的强制卸载，其直接目的就是使机动车超载驾驶人履行不得超载的义务，如果当事人拒绝履行则予以强制卸载，使其符合交通法规的要求。当然，它们的最终目的应当是共同的，都是为了维护法律所确立的社会秩序和社会状态，保护公民、法人和其他组织的合法权益。

4. 程序不同。行政强制执行要依次经决定、告诫、强制执行三个阶段。即时强制程序则比较简易，且可以不经告诫程序。

综上所述，尽管两者在前提、起因、目的、程序等方面存在区别，但是，笔者认为，两者最大的区别还在于时间上是否紧迫，反映在行政基础决定与强制执行在时间上是否紧密相连。即时强制在于两个步骤几乎不存在时间上的空隙，两行为合一，难

---

① 胡建淼. 行政强制法研究. 法律出版社，2003，276～277

以分开。行政强制执行则存在时间上的分离。例如，李某驾驶装有液氯的罐车在某高速公路因爆胎导致车辆侧翻，罐内液氯大量外溢。交通警察王某接警后迅速赶到现场边喊话边疏导驱散周边车辆与人员并立刻通知当地有关专业人员到现场进行排险救援，从而防止了因液氯外溢可能导致大量人员中毒伤亡的恶果。该案中交通警察王某迅速赶到现场疏导驱散周边车辆与人员并通知当地有关专业人员到现场进行处置的行为，均属于即时强制行为。可以看出，交通警察王某此时的决定和实施几乎不存在也不允许存在时间上的空隙，而是一气呵成。

二、即时强制的理论基础

由于许多案（事）件的紧迫性和危害程度的不确定性，即时强制的具体形态也只能随机应变，对公民基本权利的干预力度、强度也可能大为不同，因此很难进行所谓类型化分类。那么，支撑即时强制的理论基础是什么？余凌云教授针对突发事件中的警察行政强制措施提出过两个理论：一是紧急避险理论，适用于低端危机状况；二是紧急权理论，适用于高度危机状态。[①]笔者认为，这两个理论对于即时强制的正当性还是有较强的解释力的。

（一）紧急避险理论

行政主体处置突发案（事）件，即时强制手段必不可少而且非常普遍。如果即时强制手段运用适当，往往会产生非常好的效果。然而，有些即时强制手段往往缺少明确具体的法律授权，[②] 甚至有的可能还是违反现行法律规定的。那么，应当如何看待这些即时强制手段的正当性呢？余凌云教授认为，这些措施

① 余凌云. 突发事件中的警察行政强制措施. 法商研究，2007（1）：54～55

② 事实上也很难甚至不可能做到对所有的即时强制手段逐一进行立法规定。

并不见得不能融入法治社会，也不应轻易地否定其合法性，其正当性更多地可以从紧急避险理论中获得。紧急避险，简单地说，就是通过牺牲某一较小的合法利益，来保护另一较大的利益。例如，一辆轿车在高速公路上发生一起交通事故，驾驶人被挤压在汽车驾驶室内动弹不得且流血不止，情况十分危急。交通警察赶到现场后，尝试多种方法都未能将伤者救出，最后请消防人员用切割工具将驾驶室和方向盘等全部切割后，才终于将驾驶人成功救出。切割给该汽车造成了很大损失。在该案的处置中，使用电动切割方法进行援救，就可以援用紧急避险理论来解释消防人员的电动切割行为的正当性。紧急避险能够有效地拉张法律弹性，满足即时强制的实践需求。实践证明，紧急避险理论可以把即时强制作为突发案（事）件处置中，法治主义与行政效率之间可能产生冲突的“润滑剂”和“填补剂”。需要注意的是，行政主体采取的即时强制手段，从总体上会显现出对公共秩序的维护、对公共利益的保护等方面的效果与价值，但就局部的、个别的即时强制手段而言，有时候可能很难断定和衡量其保护的利益与侵害的利益的大小。但是，对于这样的紧急情况的处置，不宜提出过于苛刻的标准，只要不是显著地超过了必要的限度，都应当认为是适当的。

（二）紧急权理论

对于紧急状态，在传统上一直由紧急权理论来阐述。其核心内容是：为有效应对高度危机状态，可以允许宪法上规定的公民人身自由、住宅不受侵犯、通讯自由、表达自由、集会自由、结社自由以及财产权等基本权利全部或者部分地暂时失效。[1] 在紧急状态下可以采取独立于宪法之外的措施，将其合理性诉诸

---

① 黄俊杰. 法治国家之国家紧急权. （我国台湾地区）元照出版公司，2001，78

“国家理性”。上述认识理所当然遭到了强烈的质疑。当今的理论见解是：紧急权也必须见诸于宪法规范之中。因此，应当尽可能地加强立法的预测，在宪法、紧急状态法、行政强制法等法律中尽可能多地规范各种强制的方式、程序和原则。但是，这种立法努力仍然无法完全克服立法机关预测、规制能力有限和滞后的问题。因此，出现了自由主义的以公开承认和事后批准为主要特征的约束和纠正机制，以及相对主义的通过扩展的、紧急意识的解释方式和引入法律修正案，对现存法律体系进行修改的方式来解决问题的思路。① 余凌云教授提出了“有条件的概括授权”的观点，作为紧急状态下行政机关采取即时强制的正当性理由。他认为：“在我看来，上述努力实际上是在增加法律制度的涨性、拉张性，尽可能为有益实践提供法律基础。或许，有条件地确认概括授权，是更加便捷的方式。理由是：第一，上述分析实际上也可以作为在《行政强制法》上对突发事件、尤其是紧急状态事件中采取的强制措施进行概括授权的理论依据。第二，就拿警察在处置突发事件中采取的强制措施来说，林林总总，其间始终存在着某种不确定性、不可预测性，完全在《行政强制法》中列举，唯恐挂一漏万，反而‘作茧自缚’。而且，在一个一般法中对特殊行政领域（警察法领域）的强制措施做过多、过细的规定，从立法技术和布局上也不妥当。”② 笔者认为，余凌云教授的思路比较科学、合理，非常值得立法者认真加以分析、借鉴。

---

① 戚建刚．绝对主义、相对主义和自由主义——行政紧急权力与宪政关系的分析模式．法商研究，2004（1）：52～60

② 余凌云．突发事件中的警察行政强制措施．法商研究，2007（1）：54～55

三、即时强制的条件

由于即时强制是一种在紧急情况下因无法期待相对人自动履行义务而迅速、直接以实力执行的合成性活动，该活动相对于一般强制必然对公民的基本权利构成更大威胁，所以对于即时强制的启动必须有严格的法定限制条件。在国外，如德国、日本等国家都对即时强制的条件进行了设定。我国台湾地区1989年出台的“行政执行法”也对即时强制的条件进行了界定。我国台湾地区学者李建良为此提出了即时强制权发动的三个要件：一是需为阻止犯罪、危害之发生或避免急迫危险；二是须有即时处置之必要；三是须予法定职权范围内。① 事实上，即时强制的条件与内涵有着直接的关系，是内涵的进一步具体化。因此，笔者认为，从即时强制的内涵着手分析即时强制的条件，也是一条可行的路径。由此，我们可以归纳出即时强制权的启动，至少应具备以下几个条件：

（一）紧急状态的客观存在

紧急状态的客观存在是实施即时强制的客观条件。正如学者陈敏所言：“所谓紧急事态，应系指存有当前之危险，亦即产生危害之事故已经开始或即将开始。”② 紧急状态的客观存在应当包括两种情形：一是犯罪、违法、不可抗力等危害或危险正在发生但尚未结束。二是犯罪、违法、不可抗力等危害或危险虽尚未发生，但发生具有高度的可能性，即现实的危险已有所显露、迫在眉睫，如果不迅速加以制止或控制，则必然会酿成全面危机，致使社会正常行政秩序遭到破坏，公民生命、健康、财产受到侵害。

---

① 翁岳生．行政法．中国法制出版社，1998，931~932

② 陈敏．行政法总论．（我国台湾地区）三民书局，1998，720

（二）无法或不能期待相对人自动履行

紧急情况已经发生或者迫在眉睫，已具有发生的高度危险性，因此根本无法或不能期待相对人自动履行义务，此时即时强制已成为唯一的必然选择。在这种情况下，行政主体就可以选择即时强制的手段，迅速进行处置。如果紧急情况虽已发生，但此时的情况仍然存在期待相对人自动履行义务的可能，行政主体就应当避免采取即时强制的手段。例如，执勤交通警察在城市道路上发现违法停车时，一般情况下应尽力联系车主让其自行驶离，而不要采取强制拖曳车辆的手段。如果遇到交通高峰或重大警卫等交通安全保卫等紧急情况，又无法期待驾驶人或车主立即将车辆驶离。在这种迫不得已、别无他法的紧急情况下，交通警察可采取强制拖曳车辆等手段，迅速恢复交通秩序。

（三）属于行政主体的法定职责范围

在德国，1953 年制定的《行政强制执行法》第 6 条规定："必须采取即时执行阻止一构成刑罚或罚款事实的违法行为发生，或排除一迫切危险，而且行政机关属在其法定权限内行为时，行政强制的适用可无须预先的行政行为。"[①] 这表明，德国的行政机关为即时强制时，既必须有《行政强制执行法》的根据，又必须有具体法律的实体授权。同样，在日本，即时强制是行政厅的职权行为，通常表现为对相对人的人身、财产、场所采取的突然性的强力行为，是一种侵害行为，所以，从法治主义对人权保障的角度，要求它必须有法律或条例上的具体根据。[②] 这就必然要求行政主体在法定的职权范围内实施即时强制，不能越权，即不能超越法定即时强制权能和权限。然而，从现行法对即

---

① ［德］平特纳．德国普通行政法．朱林译．中国政法大学出版社，1999，317

② 胡建淼．行政强制．法律出版社，2002，268～269

时强制的设定来看，大多数规定得比较笼统和含糊，使行政机关实际上对即时强制拥有广泛的自由裁量权。这就意味着行政机关是否实施即时强制权以及如何实施即时强制，必须严格地遵循行政法的以最低限度为核心的比例原则。当然，如果实施即时强制的条件已经具备，行政主体仍然一味地强调保护被强制人的人权而放任相对人的侵害行为，其实这实际上是一种失职的表现，是对公众和他人利益的忽视。

四、即时强制的主体

行政法学的核心是探究行政权的行使与限制。即时强制权是重要的行政权之一，其即时性、强制性的特征使其更容易侵害相对人的合法权益，故必须对此包括实施即时强制的主体进行必要的限制。不过，即时强制的主体只能是行政主体，一直少有争议。行政主体是依法能以自己的名义对外行使行政权的组织体。由此可以归纳出行政主体应具有三个要件：一是行政主体应首先是一个组织体，也就是说，个人不可能成为行政主体。二是享有行政权。三是依法以自己的名义行为。关于这一点，在实务中存在一些片面认识。例如，交通警察是不是行政主体？笔者认为，当交通警察作为组织体即作为公安机关交通管理部门使用时，它就属于行政主体；而作为一个执勤执法的个体时，就不是行政主体，交通警察在具体实施行政权时，实际是以公安机关交通管理部门的名义进行的。当然，从严格意义上说，公安机关交通管理部门实际上也只是行政主体（公安机关）内部的一个职能部门，也不属于行政主体。那为何能行使行政权呢？这主要来源于法律的授权，例如，公安机关交通管理部门的道路交通管理权包括行政强制权，就是由《道路交通安全法》等法律、法规授权的。

就目前有关道路交通安全的法律、法规来看，参与道路交通安全管理的主体不仅仅是公安机关交通管理部门，还存在其他行政主体参与交通管理的规定。例如，《道路交通安全法》第 5 条规定："国务院公安部门负责全国道路交通安全管理工作。县级以上地方各级人民政府公安机关交通管理部门负责本行政区域内的道路交通安全管理工作。县级以上各级人民政府交通、建设管理部门依据各自职责，负责有关的道路交通工作。"省、市（自治区）的地方性法规在道路交通管理主体方面规定得更细致。① 面对如此多的道路交通管理主体，是不是意味着他们都相应地行使即时强制权呢？笔者认为，即时强制主体资格应由法律来设定，且法律授权必须以必要为原则。由于公安机关交通管理部门负责道路交通安全管理工作，同时公安机关又是国家常设的具有实力强制性质的机关，故涉及交通安全管理方面的即时强制权应授予公安机关交通管理部门，其他机关原则上不应具有即时强制权。不过，如果行政主体在行政过程中遇到了与其事务有关的紧急情况，而法律又没有事先授予其即时强制权，该行政主体如何应对呢？即时强制的实施，从根本上说，是为了社会安全和社会秩序的紧急需要，是为了保障人民生命财产的安全而实施的，尽管实施即时强制可能给相对人造成了一定损失，但从根本上来说是为了保护人民的利益。这一点特别是在人们遭遇自然灾害、重大事故或事件时，表现得是相当明显的。基于这样的基本认识，笔者认为，应当承认有关行政机关在必要时享有即时强制权。就道路交通工作来说，如果发生群死群伤等特别重大交通事故或者发生在道路上的重大治安事件（案件），政府以及有关职能机关应当有权采取相应的即时强制。当然，对此应加以严格限制。一

---

① 《江苏省道路交通安全条例》第 5 条规定："县级以上地方各级人民政府公安机关交通管理部门负责本行政区域内的道路交通安全管理工作。安监、交通、建设、农机、工商、质监、卫生、规划、教育、水利、监察等部门应当在道路交通安全工作中履行相应的职责和义务。"

是实施即时强制的组织，只能是有关行政机关（包括法律授权组织）。二是实施即时强制的对象必须与该行政机关的职责有一定联系或者是其职责范围内的事务，如果行使了不属于其权限范围内的即时强制权，应遵循事后追认原则，也就是说，应由有权机关判断该行为是否具备合法性。

总之，由于即时强制的高侵害性、高裁量性以及事前、事中救济的困难，决定了其权力主体必须受到严格限制。

五、即时强制的程序

即时强制，是指行政主体在行政职权行使过程中为了保证行政目的的实现，采用的即时性强制手段。日本行政法学家对其下了一个定义：“是指为排除目前紧迫障碍的需要，而不是为了强制履行义务，在没有命令义务的余暇时，或者其性质上通过命令难以实现其目的的情况下，直接对人民的身体或者财产施加实际的力量，以实现行政上必要状态的作用。”① 这表明即时强制具有紧急处置性。紧急处置，是指行政主体遇到管理障碍和行政相对人不以法律设定的秩序规则而行事的情形必须予以处置，否则会对行政秩序造成较大影响。即时强制的紧急性要求即时强制的程序具有一定的裁量性，即不能在即时强制程序中将行政过程处理成以羁束的行政行为而为之的过程，而应当允许行政主体在即时强制中享有一定的自由裁量权。作为交通警察在进行道路交通管理过程中，遇有紧急情况需要实施即时强制的现象还是比较多见的。基于上述分析，交通警察在实施即时强制时，也应当拥有一定的行政自由裁量权，而不应过于机械影响行政目的的实现。当然，交通警察实施行政即时强制时，拥有一定的行政自由裁量权，并不意味着交通警察就可以不遵循任何程序。任何具体行政

---

① ［日］盐野宏．行政法．杨建顺译．法律出版社，1999，60

行为均必须受到一定的程序制约，这是现代行政法的必然要求。

综上所述，由于即时强制的高侵害性、高裁量性以及事前、事中救济的困难，决定了即时强制权必须受到严格限制。将过去对行政行为控制的注意点从事后的审查救济转移到事中的程序规范上来，不失为尝试对即时强制加以制约的有效途径。因为“在现代行政法发展历程中发生了一个具有革命性意义的观念突破，即从过去的只注重行政行为结果的合法性与正当性转向对产生这种结果的过程和程序的合法性与正当性的关注”①。然而，由于即时强制是在紧急状态下采取的，因其具有突发性、即时性和直接性的特点，因此，不宜也难以在实施前以及实施过程中引入烦琐的程序。那么，确立怎样的程序理念、采取怎样的程序步骤，才能在即时强制的效率与人权保障两者之间实现相对的平衡，就成为一个必须认真加以探究的重大问题。

笔者认为，由于即时强制的紧急性特征，决定即时强制的程序必须确立在追求效率的前提下尽力保障公民的基本权益的理念。人权问题在任何情况下都是行政主体必须牢记的价值标准，人永远是主体、是目的，不是客体、手段。如果以强调维护社会公共利益就可以置公民的基本权利于不顾，这是错误的也是非常有害的认识与做法。即使面对特别紧急的情况，也必须尽力保障公民的基本权益。其实，维护社会秩序、维护公共利益、处置紧急情况，其最终目的或根本目的也都是维护公民的基本权益。所以，即时强制必须遵循一定的程序，可以适当简化。简化也不是为了简化而简化，而是基于紧急情况的特点采取最合适的、能最大限度保障公民基本权利的程序。

通常情况下，行政强制程序一般包括决定、告诫、强制执行三个步骤。即时强制是否也应当遵循这三个步骤呢？现分述

---

① 罗豪才．行政法论丛（第1卷）．法律出版社，1998，248

如下：

首先，关于决定步骤。决定先行，这是合乎逻辑的行为。任何行政强制的实施都离不开决定，这是强制执行的直接依据和前提。就即时强制而言，笔者认为，也绝不能缺少这一步骤。试想如果缺乏决定，又何来具体的强制执行呢？作出即时强制决定前，虽然无法履行一般的立案调查程序，但也必须有决定的事实依据，即时强制才能得以发动，这就涉及紧急状况的确认。由于每一个人对紧急状况的感受和认识存在差异，针对同一情况，可能有人认为已出现了紧急状况，而另外一些人则认为并没有出现紧急状况，因此紧急状况必须经过合法确认。而谁才享有确认权？笔者认为，基于行政紧急状况的确认权与即时强制权之间客观上存在着一种不可分离的逻辑关系，行政紧急状况的确认权应当属于享有即时强制权的行政主体。相比于即时强制权的明示性，行政紧急状况确认权实际上是行政主体的隐含职权。行政紧急状况确认后，行政主体就应迅速作出即时强制决定，当然，由于紧急状况迫在眉睫，行政紧急状况确认和即时强制决定不可能以书面形式作出，通常只能见诸于行政主体的行动。当然，有些即时强制可能还必须经过有关行政首长的批准才能实施或者继续实施。例如，发生重大交通事故或突然遭遇恶劣的雨、雪、雾等气候等能见度低和道路通行条件恶劣状况下对高速公路实施封闭，就必须经过行政首长批准。在紧急情况下，来不及批准的，也可以直接实施，事后认可。

其次，关于告诫步骤。告诫的实质就是期待相对人自动履行或者催告相对人在法定的时限内履行，这是现代行政法治的本质要求。问题是即时强制实施告诫程序可行吗？笔者认为，不可行。原因是时间的紧迫性，如果行政主体履行告诫程序，无论相对人是否在场都很有可能延误战机，无法达到预防或制止危害发生的目的，造成更为严重的后果。所以，一般情况下，都是即时强制决定作出的同时或者即时强制决定作出后立即付诸执行，而告诫步骤在这里就被省略了。

最后，关于即时强制的执行步骤。这是行政主体采取实力行为实现决定内容的实质步骤。一般情况下，该程序步骤有两点不要忽视。一是具体的执行者要表明身份、说明理由。即时强制多半是在紧急状况下实施的，但原则上表明身份的程序不能省略，可以在动作进行的同时表明自己的身份。因为表明身份是表明即时强制主体是否合法的必要手续，是“所有的行政主体和行政人在正式行使行政权作出具体行政行为之始应向相对人（利害关系人）出示必要的证件、展示或佩戴必要的公务标志或口头说明，以证明其享有某种职权并正在或即将开始行使该权力的程序规则”①。表明身份可以采用多种形式，常用的是动作形式和口头形式。前者如执法人员出示身份证件等表明身份。后者则是执法人员以语言告知相对人身份。通过设置告知牌、车载喇叭、广播电台以及默示等形式表明身份。关于说明理由，由于即时强制在实施上具有紧迫、快捷、不容许间断等特点，所以原则上是在事后说明理由，或者当事人要求说明理由时，再说明理由。对于有些即时强制，则要求在实施即时强制的同时，用通告、设卡、标识等来说明理由。表明身份、说明理由，不但可以遏制行政主体和执行人员滥用职权，保护相对人的合法利益，而且还可以争取相对人的配合，提高即时强制的可接受程度，使即时强制得以顺利进行，以实现行政目的。例如，《道路交通安全法》第80条规定：“交通警察执行职务时，应当按照规定着装，佩带人民警察标志，持有人民警察证件，保持警容严整，举止端庄，指挥规范。”《交通警察道路执勤执法工作规范》第54条规定：“实施交通管制，公安机关交通管理部门应当提前向社会公告车

---

① 朱新力．行政法基本原理．浙江大学出版社，1995，113

辆、行人绕行线路，并在现场设置警示标志、绕行引导标志等，做好交通指挥疏导工作。无法提前公告的，交通警察应当做好交通指挥疏导工作，维护交通秩序。对机动车驾驶人提出异议或者不理解的，应当做好解释工作。”在有些特殊情况下则无必要表明身份、说明理由，例如，交通警察发现影响交通秩序和安全的违法停车时，如果驾驶人不在现场，此时，交通警察拖移机动车就没有必要表明身份。二是执行者将决定外化为实力行为的过程。在实力行为过程中，仍要注意遵循强制手段的妥当性、必要性等比例原则，要遵循法定时限，有条件的应注意制作笔录、照相或录像等。在行政主体内，也应注意补办相关手续。

就交通警察即时强制而言，笔者建议，应尽可能借助程序约束、控制即时强制。即时强制是交通警察乃至于所有警种在维护社会公共安全和秩序中极其重要的一种行政强制形态。它主要是在遇有重大突发事故，以及其他严重影响国家、社会群体或人民利益的紧急情况下，公安机关依据职权直接采取的强制手段。它与行政强制措施和行政强制执行的主要区别之一就是时间上的紧迫性、突发性。这一特点在立法中的集中体现就是对程序的忽视或重视不够。例如，《道路交通安全法实施条例》只是规定了驾驶人醉酒后驾驶机动车的，由公安机关交通管理部门约束至酒醒，而对约束的程序只字未提。当然，由于时间的紧迫性、突发性，往往难以也没有必要过分强调程序的控制，从而削弱即时强制的实效。但也绝不是说，即时强制就可以不受任何程序的限制。如果那样的话，必然会使少数交通警察借即时强制之名，行滥用行政强制权、侵害公民合法权益之实。纵观外国的立法实践，虽然不少国家都是通过严格规定即时强制的实行条件和事后的救济程序来予以控制的,[1] 但就目前我国交通警察即时强制的实践来看，不仅要强化即时强制的实行条件和事后的救济，还应当加强即时强制的实施程序的规制，以加强对交通警察即时强制权的控制。对此，应当加以修改、完善，使之更加明细、具体，严格即时强制的实行条件和必要的程序，明确即时强制的禁止性认定标准以及相对人的程序性权利，以确保相对人事后救济权的行使。交通警察即时强制除了要有严格的实行条件、排除性规则、事后的救济程序外，在具体决定实行即时强制前还应尽可能实行事先报批。如果由于情况紧急来不及事先报批时，也可在即时强制后补办手续。同时在实施中也要注意表明身份、说明理由，告知当事人救济权利等。虽然情况紧急，但原则上表明身份的程序不能省略，可在实行即时强制的同时表明身份。说明理由原则上在事后说明，但有些情况则可以在实行即时强制的同时进行，如口头说明，还可以用通告牌、交通电台、电子诱导显示屏等来说明。例如，遇风、雪、雨、雾天气需要对高速公路实行紧急交通管制时，就可采取上述各种方式来向车辆驾驶人说明理由。笔者认为，上述内容应在相应法规或规章中予以增加，从而加强对交通警察即时强制行为的控制、约束。

① 德国、日本等国家就比较注重通过即时强制的实施条件和事后的救济程序来规制即时强制。如在德国，对即时强制的实行条件作严格规定，规定即时强制只有在符合以下情况时，可予以实施：由于情况紧急而没有作出的行政行为的合法要件已经具备；符合相应强制方法的条件；存在紧急情况；采取的强制方法符合一般情理（［德］哈特穆特·毛雷尔. 行政法总论. 高家伟译. 法律出版社，2000，490）。

第二节　常见道路交通问题的紧急处置

一、交通事故现场的紧急防护

由于交通事故绝大多数发生在车辆通行的道路上，来往快速行驶的车辆极易引发二次事故，给交通事故当事人、交通警察等救援人员的安全造成严重威胁，因此，必须视情采取现场紧急封闭措施。交通警察等现场应急救援人员应根据需要携带相应的专业防护装备，采取安全防护措施，严格执行应急救援人员进入和离开事故现场的相关规定。现场应急救援指挥人员应根据需要具体协调、调集相应的安全防护装备。

（一）轻微交通事故现场的紧急防护

在城市，由于轻微交通事故一般由当事人自行处理，如果事故当事人没有自行撤离现场或按规定不能自行处理而报警的，通常由一名执勤交通警察迅速赶赴现场实施紧急处置。执勤民警到达事故现场后，应立即将警用摩托车横向或设有横排警灯的汽车顺向停放在事故现场来车方向 50 米的地方，并开启警灯、危险信号灯；立即开启肇事车辆的危险信号灯，在事故现场的适当位置摆放警示标志；夜间还须开启肇事车辆的示廓灯、尾灯，并按规定设置明显标志；责令驾驶人及乘车人离开现场，紧急疏散到路边安全的地方。勘查现场时，要保持高度警惕，随时注意其他行驶车辆的状态。另外，根据《道路交通安全法》、《道路交通安全法实施条例》、《道路交通事故处理程序规定》等有关法律、法规的规定，对应当自行撤离现场而未撤离的，交通警察应当责令当事人撤离现场。交通警察适用简易程序处理道路交通事故时，应当在固定现场证据后，责令当事人撤离现场，恢复交通。拒不撤离现场的，予以强制撤离；对当事人不能自行移动车辆的，交通警察应当将车辆移至不妨碍交通的地点。

（二）一般以上交通事故现场的紧急防护

1. 优先通行。交通警察在驾车赶赴现场时，须开启警灯，必要时可使用警报器，在保证安全的原则下，可以不受交通标志、交通信号和速度的限制，但不准盲目超速行驶或抢行，必须确保行驶安全。

2. 迅速划定警戒区。交通警察到达事故现场后，应按照有关法规、规章以及工作规范的规定，迅速将现场勘查警车停放在事故现场来车方向警示标志起始点，并开启警灯、示廓灯和车载发光警示屏，夜间还须开启小光灯或示廓灯。其他参与现场工作的车辆，应停放在现场防护范围以内不影响救援、勘查的地方，有警灯的要闪烁，直到现场清理完毕。要迅速设置警示标志、警示牌，在现场周边设立警戒隔离带。警示标志的设置要以事故车辆为中心，白天在距离现场来车方向 50 米至 150 米外或者路口处放置发光或者反光锥筒和警告标志，指挥过往车辆、人员绕行，必要时可以封闭道路。夜间或雨、雪、雾、冰、沙尘等特殊气象条件下，应当增加发光或者反光锥筒，延长警示距离。高速公路应当停放警车示警，白天应当在距离现场来车方向 200 米外，夜间或雨、雪、雾、冰、沙尘等特殊气象条件下，在距离现场来车方向 500 米至 1000 米外，设置警告标志和减（限）速标志，并向事故现场方向连续放置发光或者反光锥筒。红色反光（或发光）锥筒摆放的间隔距离最长不得超过 20 米。坡路须在坡峰设置红色反光（或发光）锥筒或反光警示标志。混合式道路，须在现场两端来车方向按规定距离分别设置红色反光（或发光）锥筒或反光警示标志。分车分向式道路，须在痕迹所在的车道内来车方向按规定距离分别设置红色反光（或发光）锥筒或反光警示标志，并在允许车辆通行的一侧沿分道线设置锥筒。交叉路口，须在事故现场四周设置红色反光（或发光）锥筒或反光警示标志。设置警示标志时，民警应当面向来车方向由远至近摆放红色反光（或发光）锥筒或反光警示标志。撤除时，由近至远逐一撤除红色反光（或发光）锥筒或反光警示标志等。负责警戒的交通民警必须穿反光背心，持发光指挥棒，面向来车方向观察情况，发现危险，立即通知事故处理人员撤离。

二、交通事故现场的紧急疏导

为防止发生二次交通事故，到达交通事故现场的交通警察，应紧急指挥驾驶人、乘客等人员到路边安全地带等候；为了避免因围观人员过多，致使现场遭到破坏，阻碍交通，影响救援，甚至发生连锁事故，应劝说围观人员退出现场划定范围和离开现场。

因道路交通事故导致交通中断或者现场处置、勘查需要采取封闭道路等交通管制措施的，交通警察应当报告指挥中心，由指挥中心通知相关路段执勤民警在事故现场来车方向提前组织分流，并通过电子显示屏、绕行提示标志以及电台广播等方式，及时提醒其他车辆绕行。为防止交通阻塞，负责处理交通事故现场的交通警察应当根据现场的具体情况，有针对性地采取各种有效措施，尽可能地确保事故现场道路的交通畅通和有序。为此，交通警察应尽力避免采取完全切断道路的方法，尽可能为其他过往车辆和行人保留必要的通行条件，并由专人负责指挥过往车辆和行人按照指定的路线减速通过事故现场，确保现场交通的基本畅通，现场区域较大的应设置多名负责警戒的交通民警进行交通疏导。为疏导交通的需要，交通警察还可以通过对交通事故现场的有关车辆、人体、物品、痕迹等采取适当标记或者拍照、先行勘验等措施后进行移动的方法，在事故现场道路上开辟临时通道，组织过往车辆和行人有序通过，以缓解事故路段的交通阻塞压力和疏散现场围观人员。[①]

三、交通事故伤者的紧急救援

（一）交通事故伤者紧急救援的有关规定

《道路交通安全法》第70条第1款规定："在道路上发生交通事故，车辆驾驶人应当立即停车，保护现场；造成人身伤亡的，车辆驾驶人应当立即抢救受伤人员，并迅速报告执勤的交通警察或者公安机关交通管理部门。因抢救受伤人员变动现场的，应当标明位置。乘车人、过往车辆驾驶人、过往行人应当予以协助。"《道路交通安全法》第72条第1款规定："公安机关交通管理部门接到交通事故报警后，应当立即派交通警察赶赴现场，先组织抢救受伤人员，并采取措施，尽快恢复交通。"《道路交通事故处理程序规定》第9条规定："公路上发生道路交通事故的，驾驶人必须在确保安全的原则下，立即组织车上人员疏散到路外安全地点，避免发生次生事故。驾驶人已因道路交通事故死亡或者受伤无法行动的，车上其他人员应当自行组织疏散。"《道路交通事故处理程序规定》第11条规定："公安机关交通管理部门接到道路交通事故报警或者出警指令后，应当按照规定立即派交通警察赶赴现场。有人员伤亡或者其他紧急情况的，应当及时通知急救、医疗、消防等有关部门。发生一次死亡三人以上事故或者其他有重大影响的道路交通事故，应当立即向上一级公安机关交通管理部门报告，并通过所属公安机关报告当地人民政

---

① 当然，需要丈量或勘查路面痕迹时可以采取短时间断流措施；对视线不良、车速快、交通情况复杂的交通事故现场路段，应坚决果断地采取断路措施。对于无法通行车辆和人员的交通事故现场，公安机关交通管理部门应当根据当地的路网结构情况，在事故现场来车方向的道路交叉路口处安排专人指挥或者设立临时标志引导过往车辆绕行，避免因交通事故现场造成严重的交通阻塞，确保道路交通的安全、畅通。

府；涉及营运车辆的，通知当地人民政府有关行政管理部门；涉及爆炸物品、易燃易爆化学物品以及毒害性、放射性、腐蚀性、传染病病源体等危险物品的，应当立即通过所属公安机关报告当地人民政府，并通报有关部门及时处理；造成道路、供电、通讯等设施损毁的，应当通报有关部门及时处理。”《道路交通事故处理工作规范》第26条规定：“发现有人员受伤的，应当立即组织施救。急救、医疗人员到达现场后，交通警察应当积极协助抢救受伤人员。因抢救伤员需要变动现场的，应当标明或记录受伤人员的位置。受伤人员被送往医院的，应当记录医院名称、地址及受伤人员基本情况。”这些规定不仅明确了事故当事人的现场责任和过往车辆驾驶人员、行人协助当事人行为的义务，而且明确了交通警察在发生人员伤亡的交通事故中所应当迅速对交通事故伤者采取紧急救援的职责。①

（二）交通事故伤者紧急救援的步骤

1. 第一步：查看现场情况。开始进行救援工作之前，急救人员应对事故现场进行客观考察，以避免意外发生，如果现场和四周有诸如损坏的电线或致命的气体或液体等危险情况，应先将其排除后再进行救援工作。

2. 第二步：固定事故车辆位置。先在汽车车轮前后放上木条或砖石块，使汽车不能前后滚动，然后将车轮放气以保证车辆

① 据公安部交通管理局统计，近几年来全国因道路交通事故伤亡人数为：2002年死亡109172人、受伤553969人；2003年死亡104372人、受伤494174人；2004年死亡99217人、受伤451810人；2005年死亡98738人、受伤469911人；2006年死亡89455人、受伤431139人；2007年死亡81649人、受伤380442人。据统计分析，在交通事故中颅脑损伤在车祸死亡率中占首位。四肢损伤在人体受伤部位中约占50%，其中骨折在伤害中占第一位，约25%是脊柱骨折，这其中又有30%～40%出现损伤性截瘫，而且多数截瘫是由于早期参加救护的人员缺乏交通伤者救治常识，错误地搬运，加重了脊柱及脊髓的损伤，导致伤者致残、截瘫甚至死亡。

在救援过程中不能摇摆，以免加重伤者伤势。

3. 第三步：检查和保护受伤人员。救援人员要检查受伤人员状况和受伤情况以确定救援工作的速度和方法。在未处理汽车之前，先用毛毯将受伤者盖起来，可起到保暖和防止受惊的作用，另外还可防止玻璃碎片和其他物件的伤害。在救援的这段时间内，应有人员陪伴伤者，及时观察受伤者的情况和满足伤者的要求。

4. 第四步：救出被困人员。如果汽车被撞变形，受伤人员无法移动，应使用专门救援工具把有关的汽车部件移动或去除，将车中被困人员救出。①

5. 第五步：现场诊断急救。如果医疗救护人员未到现场，救援人员应先将伤者移至路旁的安全地带，立即作必要的检查和救护，然后迅速送往医院救治。

（三）紧急抢救交通事故伤者的方法

发生交通事故造成人身伤害后果的，应当在确认伤者的伤情后，视情采取止血、包扎、固定、搬运和心肺复苏等紧急救护措施，并设法送至就近医院抢救治疗。一般可以拦搭过往车辆或通知急救部门、医院派救护车前来抢救，但同时要注意现场的保护工作。公安机关的事故处理人员到达交通事故现场后，如伤者尚未离开现场，应当对其进行必要的现场急救，对重伤者迅速送往医院或通知医疗救护单位前来急救。对被挤压在车内的伤者，应立即对车门窗等车辆部件进行破拆，可考虑用绳索拽拉、用液压剪切割、用扩张器分离等措施进行施救。在施救过程中要格外小心、注意安全，以防给伤者造成更大的伤害或对车辆等财物造成

---

① 一些高性能的汽车急救工具尤其一些进口的现场施救设备，使用方便快捷，可在短短的十几秒内，将汽车的支柱剪断或车辆轴推开，效率非常高，实战部门应尽力配备。

不必要的损失。对被挤压在车轮下的伤者，如果人力足够，可迅速采取抬起车辆或者用千斤顶抬高轮胎将伤者移出的方法。需要注意的是，千斤顶一定要摆放稳固，防止千斤顶在负重过程中倾倒，同时要防止车辆滑动对伤者造成二次伤害。如果用千斤顶抬后轮，要注意用石块等坚硬物固定前轮。如果用千斤顶抬前轮，注意用石块等坚硬物固定后轮。如果车轮只是部分压在伤者的身体上，也可以采取人力推动车辆的方法（严禁采取发动车辆行驶的方法，因为车辆发动时产生的震动力和轮胎转动时产生的挤剪力都会给伤者带来新的伤害），但必须确保一次成功，如果人力不足或者车辆挡位没有放在空挡，没有一次推动成功，都会给伤者造成二次伤害。

对伤者实施现场救护，包括简单的包扎、止血、固定和搬运。如果伤者在车内，应注意采取科学、合理的方法谨慎抢救伤者，移动伤者要做到轻、柔、平、顺。对于痛苦不堪、惊慌不安的伤者要注意通过言语、行为等进行心理安慰。对于出血的伤者，表面皮肤少量出血时可用消毒纱布压迫止血包扎。如果是喷射性出血，说明是大血管出血，应用止血带止血，扎1小时放松5分钟，如出血过多或休克，应先就近送医院输血和补液后再转送。对于停止呼吸的，采取人工心肺复苏技术进行抢救并立即送往医院。发生群死群伤的，要迅速组织抢救，做到先人后物、先重后轻，同时迅速通报医疗卫生部门，尽快组织医务人员赶赴现场，参加现场抢救。如果头部外伤，要先看伤者意识是否清醒，肢体是否瘫痪，然后检查脉搏、呼吸是否虚弱，再检查颅骨是否损伤内陷、出血，脑组织是否膨出，不要用手直接接触伤口，要用相对干净的毛巾或软布保护伤口。如见到脑组织膨出，不要急于推入，可用医用纱布敷盖固定。如耳或鼻内有出血或液体流出，不要急于堵住，否则易引起颅内感染，更不要随意搬动伤者，因为如合并颈部损伤，稍有不慎，可引起肢体瘫痪。如果胸部剧痛、呼吸困难，应怀疑肋骨骨折，刺伤肺部，碎骨进入肺叶，刺破肺泡，可能形成血气胸，引起肺栓塞甚至导致死亡。因此，千万不要贸然移动伤者身体。颈部的血管是最重要的部分，如果颈部大量出血时最好用毛巾或其他替代品暂时包扎，以免失血过多，等到医生到来时再用三角巾等仔细处理伤口。如果肢体疼痛、肿胀畸形应怀疑伤者骨折。骨折后最忌讳伤者乱动或是错误包扎。搬动伤者前一定要确定伤肢不会发生相对移动，否则血管和神经都可能在搬动时受到伤害。包扎伤肢，最好找木板或是比较直和粗的树枝，同时用三根固定带将两至三块木板在伤肢的上、中、下三个部位横向绑扎结实。如果脖子疼痛应怀疑伤情为颈椎错位。车祸中，副驾驶坐位乘员最容易发生颈部损伤。如果伤者的颈部或腰椎受到了冲击，应怀疑颈部或腰椎骨折，在搬动颈部或腰椎伤者时，要非常小心，在使用硬板担架的情况下用平铲的方式才能搬动，还要用颈托等固定，否则很有可能形成永久性的伤害甚至瘫痪。如果是行人和骑车人被撞，头部直接撞到地上，很有可能出现脑出血，伤者可能会昏迷、呕吐，口、鼻、耳出血等。遇到这样的情况，应迅速直接送至有急救条件的大医院等急救中心，不要就近送没有条件的医务室等，以防延误抢救时间。如果伤者的手指等被切断，应迅速找到断指后用医用纱布包好（注意不要放在玻璃瓶或塑料袋中），与伤者一并送往医院。如果是腹部受伤，腹部碰撞尖物时，可造成腹部开放性损伤，致使腹腔内脏器脱出。而对腹部破裂、脏器外露者，急救者严禁将脏器送回腹腔内，要立即将伤者仰卧，两小腿弯曲，保持腹部松弛，并用医用纱布或者干净毛巾敷盖、固定，减少移动和裸露，并迅速将伤者送往医院。如果是胸部伤，胸部受到挤压、碰撞时易发生肋骨骨折，此时不要过多挪动胸部和用手触摸。如果是开放性肋骨骨折，应用无菌敷料包住伤口，并用绷带裹紧胸部，限制肋骨活动。如果伤者出现呼吸困难尽可能让伤者取坐位或半卧位。撞车或翻车时，身体被撞击、挤压及扭曲，导致脊椎脱臼或骨折，此时若搬运不当，常可加重脊椎损伤致使瘫痪。正确的搬运方法是：三人同时站在伤者的一侧，将伤者放置在木板等硬物上进行同向水平的搬运，切不可抱或背伤者，也不可用担架等软物搬运。如果让伤者翻身，一定要遵循“滚动”原则，即同向同时翻动，像滚木头一样，切忌“扭麻花”。如果怀疑有颈椎损伤，还需一人轻轻牵引和固定伤者头部，然后以最快速度将伤者送到医院。发生四肢骨折时，切勿随意搬动，应就地取材固定患肢。临时可用树枝、木板、塑料板等固定骨折部位，不使其移动而损伤血管和神经。另外，要注意给伤者保暖，为了解伤情，剪开衣物和鞋子后，应用其他衣物覆盖身体。如伤者出现恶心、呕吐，应将伤者头偏向一侧，以防呕吐物吸入呼吸道。如外表未见伤痕，但伤者头痛、头晕、烦躁、呼吸急促、腹部胀满、隆起、面色苍白、脉搏细弱，则可能是内出血，应立即送往医院抢救。

（四）提升交通事故伤者紧急救援效能的对策思考

1. 加强紧急救援的立法。交通事故紧急救援，事关人民群众的生命财产安全以及国家和投资者的重大经济利益。然而，由于法律、法规不完善，应当参与紧急救援的相关部门和单位的协调工作不到位，造成责任不明，很难追究失职者的法律责任。因此，应尽快出台和完善相应的法律、法规，以规范紧急救援行为。

2. 建立紧急救援中心，完善应急救援体系。由于道路交通事故多发，危害性较大，突发性较强，因此应建立紧急救援中心，完善应急救援体系。紧急救援中心应为一个有权威性的法定实体，由公安、公路、消防、医疗、卫生及辖区沿线相关行政单位派员组成，实行一体化管理，在重特大交通事故突发的紧急状态下无须特别授权，可以依法直接行使指挥权，统一调度内部和外部各项资源，紧急救援中心应配备必需的救援设备和物资，装备先进的信息收集、反馈、查询、决策、通讯系统，建立紧急救援机制，统一指挥，分段负责，制定可操作性强的紧急救援方案和预案，确保全天候正常运转。

3. 构建信息化紧急救援管理系统。紧急救援管理信息系统构建的目标是要达到信息准确、反应迅速、部门联动、渠道畅通，尽可能提高救援速度，缩短救援作业时间。紧急救援信息系统，大致可分为五大模块：一是救援实施模块。二是资源数据模块。三是信息服务模块。四是监控系统模块。五是系统使用说明模块。同时，将此系统装备到各有关紧急救援参与部门和单位局域网络中，与信息平台网站互通，实行全系统信息共享，并在各网站终端装备专用电话，在启动紧急救援时，便于各部门快速掌握救援方案和预案，自动完成各联系对象的拨号呼叫，为参与紧急救援部门快速反应创造条件。

四、紧急处置危险化学品车辆发生的交通事故

（一）紧急处置危险化学品车辆发生交通事故的有关规定

《道路交通事故处理程序规定》第 11 条对危险化学品车辆发生交通事故的紧急处置作了相应规定。遇有运载易燃、易爆、剧毒、易腐蚀、放射性等危险物品的车辆发生交通事故，应当立即通过所属公安机关报告当地人民政府，通知有关部门到现场及时处理。按照有关应急预案的规定，启动相应级别的响应机制。公安机关交通管理部门要根据人民政府、应急指挥部或者有关负责部门的指令，协同有关部门划定隔离区，封闭道路、疏散过往车辆、人员，禁止无关人员、车辆进入现场，待险情消除后方可勘查现场。

（二）紧急处置危险化学品车辆发生交通事故的方法

1. 发生易燃物、有毒物、腐蚀物、污染物泄漏的交通事故时，交通警察应当立即向当地政府、公安分（县）局、消防部

门、医疗急救、工程抢修和环保部门上报现场初步情况，以便迅速调集力量，有效控制险情恶化。例如，2008 年 7 月 10 日下午 4 时许，一辆运输乙酸的槽罐车行经南京市大厂镇南苑路华石路口时与一辆货车相撞，致槽罐车侧翻，乙酸泄漏，两车人员均被困在车内且不同程度受伤，情况十分紧急。南京市公安局 110 指挥中心接报后，迅速指令交巡警、消防、治安大队等部门人员赴现场，并把情况通报至市救护中心。交巡警和消防大队负责人在了解现场详情后，迅速向市政府办公室报告情况。市政府随即启动应急预案，并成立了应急指挥部，在指挥部的统一指挥下，安监、环保等部门人员相继赶到现场，会同先期处警人员有条不紊地开展抢救伤者、罐体堵漏、现场交通管制、环境监测、疏散危险区域内群众以及事故现场勘查等工作。经过参战人员协同作战，1 小时后，事故车辆被成功牵引到安全场所，现场警戒解除。

2. 应尽可能查清车辆装载危险化学品的种类、属性和泄漏源，并及时通知有关专业部门到场处理。在环保检测及有关部门到达之前，做好现场保护和控制工作，勘查人员不得擅自进入现场。不要让有毒和腐蚀性物质沾在手上和皮肤上，对流淌到地面上的泄漏物，不要随意践踏，也不要任其流淌，应用泥土筑围拦截，现场如有容易被腐蚀、污染的物品，应采取转移、遮盖等保护措施。待遗留现场的危险化学品安全隐患排除后，方可进入现场勘查取证。清理现场工作应当在危险化学品事故处置专家小组的指导下进行。在警戒区域内严禁吸烟、拨打手机和使用明火等可能引起燃烧、爆炸等严重后果的行为。一旦出现槽罐安全阀发出声响或槽罐变色，要立即将现场警力和人员撤至警戒区域外。尽量选择上风口位置站立，避免吸入有毒气体。将所有围观人员劝导、疏散至防护范围以外。

3. 需要在现场设立安全隔离区域的，公安机关交通管理部门应当协同有关专业部门立即划定隔离区。划定现场警戒区域应根据危险化学品泄漏的程度实施，一般在距中心现场前后1000米外设置警示标志和隔离设施，在隔离区边沿设置警戒线，双向封闭道路，并疏散过往的车辆和人员到安全区域。调集警力实施道路交通管制，严禁无关人员和车辆进入警戒区域。在可能的情况下，应当将载运危险物品的车辆移到尽量远离人群、建筑物、高压线、桥梁、河流的空旷地带。要在现场外围开辟专用通道，供公安、消防、急救、抢险、环保等部门的车辆通行。做好现场人员的安全防护，必要时应当穿着防护服和佩戴防护用具，要在确保安全的原则下，对受伤人员实施抢救工作。

这里通过江苏省扬州市、高邮市警方成功处置一起液氯危险化学品交通事故的案例来分析说明遇有危险化学品车辆发生交通事故的紧急处置方法。他们启动紧急预案，在紧急处置过程中采取的一系列措施非常成功有效，值得借鉴。2005年4月9日上午6时30分，驾驶人席某（男22岁）驾驶某集团重型半挂牵引车，装载13只总重量达13吨的液氯危险化学钢瓶，由北向南行驶至淮江公路马棚段加油站北侧，因雨天路滑，驾驶人操作不当，导致车辆侧翻，13只装满液氯的钢瓶散落一地。事发地点紧邻某加油站和居民区，一旦液氯泄漏，后果不堪设想。为此，江苏省扬州市、高邮市警方在紧急处置过程中采取了下列措施：

1. 迅速出警，先期施救，立即报告。驾驶人席某、押运员卞某惊慌失措，费了好大的力气从车中爬出后，急忙报警。约3分钟后，紧邻事故现场的某交巡警中队交通警察快速赶赴现场，抢救伤者。当得知散落的钢瓶是液氯化学危险品时，在场交通警察当即向110指挥中心汇报现场情况。

2. 准确预警，启动预案。指挥中心充分认识到发生危险化学品事故的可能性、危害性，切实加强了预警能力，当即反应，快速启动《危险化学品事故应急处置预案》，并迅速发出相关指令，调集警力，火速赶赴现场。高邮市公安局、交巡警大队领导当即调集50余名消防人员和交巡警火速赶赴现场，同时要求有关救援部门和诸警种赶赴现场，密切配合，协同作战。

3. 立即成立临时指挥部。相关部门负责同志赶到现场后，立即成立了处置危险化学品事故临时指挥部，信息指挥组、现场警戒组、道路交通警卫组、危险化学品转移交通护卫组、道路治安应急处警组、后勤保障组相继组成。

4. 设置警戒线，疏散围观群众。在对事故现场进行封闭的同时，又在界首和外环路设置两处分流点，对过境车辆进行分流。确定警戒区域，设置警戒线，疏散围观群众，严禁一切未经批准的任何车辆和人员进入现场，确保相关处置人员和救援车辆进出畅通，最大限度地降低事故的危害程度。

5. 沉着冷静，密切配合，科学施救。各小组领导沉着冷静，有步骤、有目的、有重点地根据指挥部的指示、指令，各负其责。消防人员冒着生命危险，不顾个人安危，按指挥部的统一要求，切实做好防中毒、防污染等安全工作，他们戴着防护面罩，带着先进的检测仪器，小心谨慎地接近液氯化学危险钢瓶，逐一对散落的钢瓶进行严格检测。交巡警全力做好道路交通管制、车辆分流工作，所有参战人员没有一人后退，全力以赴投入到这场处置战中。经过长达近2小时的细心检测，未发现液氯钢瓶发生泄漏，大家才松了一口气。

6. 转移危险源，迅速清理现场。为进一步防止钢瓶因受撞击而泄漏，造成不必要的损失，警方迅速调来专用车辆，对液氯钢瓶进行驳载，至中午12时，现场清理完毕。高邮公安局交巡警大队又派出两辆警车将13吨危险品液氯安全护送到某化工厂，一场液氯险情处置战胜利结束。

（三）完善危险化学品车辆发生交通事故的紧急救援机制

危险化学品的特性决定了在其生产、使用、储存、经营、运输、处置、废弃等过程中容易发生重特大事故，而且一旦发生事故其应急救援工作涉及面广、专业性强，具有危险性、复杂性、突发性。如果准备不充分、处置不恰当就会扩大事故后果。因而，进一步完善危险化学品事故紧急救援机制十分必要。

1. 完善紧急动员机制。制定和完善《危险化学品事故应急处置预案》，尤其要明晰事故发生后需要紧急动员的单位、机构及其具体人员，要各尽其用、各尽其职、各负其责，充分发挥效能，切实提高应变处置能力。发生重特大危险化学品事故后，当地党委、政府领导及安监、公安、经贸、交通、民政、卫生、环保、气象、质监、电信等相关职能部门和单位领导，以及相关方面技术人员及专业处置队伍必须在第一时间内赶到现场，协同联动开展救援处置工作。

2. 完善救援指挥机制。紧急救援工作是一项多部门联动的综合工作，没有一个强有力的组织指挥系统，必然会导致令行不畅、步调不一，处置无序、混乱，从而贻误战机。因此，要在《危险化学品事故应急处置预案》中完善现场施救指挥权限，建立一个集中、统一、高效的组织指挥网络。从实务来看，可分为两类情况。一是在危险性大、影响大、参加救援的部门和力量较多的情况下，应由当地政府或上一级政府组织安全生产、公安、卫生、交通、环保、民政等部门负责人，成立处置工作指挥部，视情设立现场管制警戒、人员疏散、医疗抢救、技术专家、排险处置、通讯、后勤保障等小组，各组分别由各职能部门和相关单位领导按上级要求组织实施救援处置工作，保证各项措施到位。二是在主要由公安机关进行抢险救援的情况下，公安机关应成立现场处置指挥组，负责现场统一指挥，并及时向政府报告和向有关部门通报情况。例如，2008 年 4 月 15 日上午 8 时 30 分，宁连高速公路附近发生一起交通事故，一辆装载液态氧气的运输车与同向行驶的一辆小轿车发生碰撞。事故导致危险化学品运输车辆冲破宁连公路中间隔离带侧翻至公路西侧，两名驾驶人受伤被困，宁连公路由北向南的车道中断。更为严重的是，由于车辆碰撞侧翻导致罐体尾部严重变形，并有部分氧气外泄，随时都有爆炸的可能。接警后，公安、安监、消防、路政、医疗救护等有关救援人员迅速赶赴现场，并立即成立现场救援指挥部，制定处置方案，组织消防、交警、路政等部门设立警戒区，疏散交通，并从洪泽县调集两辆吊车和一辆液氧运输车到场实施起吊和倒罐。在救援过程中，为防止意外，现场指挥部决定由消防人员在车辆两侧部署4 支水枪实施掩护。经过救援人员的共同努力，危险化学品运输车辆起吊成功，随即在指挥部组织下现场实施倒罐。倒罐完毕后车辆被清理出现场，宁连高速公路被阻断了4 小时后得以畅通。①

3．强化救援保障机制。为加大应急救援后勤保障力度，应从设施、技术等多层面提供坚强有力的支持与保障。有关装备由政府统一出资购置，由经贸或安监部门负责落实地点存放，遇有情况及时调至指定地点。各救援设施配备、保管单位，必须落实专人负责各类设施、器材的保养、维护，经常性检查设备的完好情况，制定严格的保管和使用制度，并定期对有关人员组织演练，提高处置速度。同时，从培养高素质的应急救援队伍这一目的出发，建立一支紧急救援专业队伍，配齐、配强人员、装备，切实保证随时发挥战斗力。此外，从严格执行《危险化学品安全管理条例》的要求出发，各危险化学品从业单位也要切实加大安全生产投入力度，结合自身在生产、使用、储存、经营、运输等环节的特点及实际需要，配备必要的应急救援器材、设备和监测仪器，以备不时之需。相关管理部门也要将此作为其具备从

---

① 闫大伟，高士月，王晓映．危险品车辆桥上“翻身”　多部门联动紧急排险．新华日报．2008．4．16

业资质的要件，严格把好审批关。对不符合、不具备条件的，坚决不准其从事相关领域的活动，以此不断提高安全生产条件和安全管理水平。

4. 严格责任追究机制。各级政府部门要切实严肃执法、严格工作纪律，依法严格执行道路交通事故责任追究制度，严肃事故查处和责任追究。认真贯彻国务院《关于特大安全事故行政责任追究的规定》，进一步明确交通安全执法责任和行政责任追究制度，做到执法必严、违法必究，彻底解决“严不起来，落实不下去”的问题。要层层落实交通安全责任制，一级抓一级，一级对一级负责，将交通安全工作责任落实到每一个岗位、每一个人。有关从业企业也要认真落实交通安全责任制，单位负责人、法定代表人和民营企业主要真正负起交通安全第一责任人的责任，在生产经营活动中积极贯彻道路交通安全管理法规、规章和有关规定，根据本单位生产、经营、管理的实际，制定本单位的交通安全管理制度和预防交通事故的各项措施，建立交通安全自我约束机制，整改安全隐患，开展交通安全教育、管理工作，确保本单位车辆、人员不发生道路交通事故。对已经发生的道路交通事故，要严格按照“事故原因没有查清不放过、事故责任没有受到严肃处理不放过、有关人员没有受到教育不放过、防范措施没有得到落实不放过”的“四不放过”原则，不仅要追究事故肇事者的责任，还要追究车辆单位负责人和相关人员的安全管理责任。同时，还要倒查管理、执法、审批、监督等环节的责任，对有关领导和直接管理人员有失职、渎职行为的，都要给予党纪政纪处分，构成犯罪的，依法追究刑事责任。要通过查处事故原因，严肃责任追究，教育广大企业和干部群众吸取事故教训，举一反三，查隐患，堵漏洞，搞好安全生产工作。

五、紧急处置行驶车辆发生的失火事故

（一）行驶车辆发生火灾事故的主要特点

1. 燃烧突然、猛烈。车辆火灾事故不同于建筑及其他固定设施，车辆火灾事故无论是由交通事故撞车导致油箱破裂发生火灾，还是车辆自身故障发生火灾，都是发生在车辆高速行驶中，具有突然性。特别是在高温的夏季，汽车极易自燃或受外力撞击导致燃烧事故，一些车况不佳或电路、油路老化严重的车辆长时间超负荷运转后，突然发生车辆燃烧失火现象更是屡见不鲜。例如，2008 年 6 月 23 日上午 11 时，一辆海马轿车在沪宁高速公路发生撞击护栏交通事故。正当民警进行现场勘查时，车内突然起火，火势迅猛。幸好民警正在现场，由于处置及时，10 分钟后大火被扑灭。

2. 火势蔓延快。高速公路上行驶的车辆，大多属中高档的车辆，所用油料燃点低。汽车在油路、电路、机械传动作用下高速运转，轮胎与地面摩擦产生的热量很高，加之车厢内易燃物多，高速公路空间开敞，与空气接触充分，一旦发生火灾，后果不堪设想。道路上尤其是在高速公路上行驶的汽车发生火灾时，常常是风助火威，火借风势，加快了火灾燃烧速度。一般情况下，交通警察接警后赶到现场已很难控制局势，等到消防人员到场时，车辆一般已处于完全燃烧状态。

3. 财产损失大，人员伤亡重。每辆汽车价值都在数万元以上，很多进口轿车、豪华客车，装有很多贵重物品、高级精密仪器设备的汽车，价值都在数十万元至数百万元以上。发生火灾事故后，经济损失大，另外车内驾驶人及乘客可能因车辆相撞损坏而被挤压，人员受火势威胁，造成人员重大伤亡。例如，2004 年 1 月 3 日 6 时许，一辆双层大客车（核载 33 人）从浙江省台州市载 94 名返乡民工驶往河南，行至沪宁高速公路丹阳市境内

时，车辆发生特大火灾事故，造成12人死亡，20人受伤的严重后果。

4. 极易连发事故。车辆发生火灾事故，燃油可能四处流淌，起火燃烧的危险性较大。燃烧的物品靠近油箱，可能发生爆炸。装载化学危险物品的车辆一旦发生火灾交通事故，可能导致大量有毒有害物质外泄，造成更大的人员伤亡，并严重污染生态环境。事故发生后，如警示标志设置不及时、不规范，极易造成后续车辆大面积交通阻塞或避让不及，很可能引发二次交通事故。车辆发生火灾，由于高温，时常会发生爆炸，爆炸碎片会对后方车辆和对向车辆造成影响，甚至引发二次事故。

5. 水源少，扑救难度大。公路上水源少，一般一个县（市）只有一个消防队，且驻扎在城区，而公路火灾事故往往远离城区，远的甚至相隔数十公里，救援力量赶到现场常常丧失最佳灭火时间。公路通常都没有设置消防栓，火场用水除消防车自带水源外，基本没有其他来源，灭火时间稍长，就会出现缺水现象，只能靠车辆远距离运水，严重影响灭火成功几率。火场地点、时间具有不确定性，特别是当事故发生在偏僻路段时，救援人员很难及时到达事故现场，有时也因事故造成交通阻塞，救援车辆难以接近事故现场。

（二）车辆发生失火事故时的紧急处置方法

1. 规范接处警，准确掌握火灾事故信息。接到车辆发生失火事故的警情，作为接警民警，首先，要立即问清报警人所报警的路段、周围特征、燃烧物、车辆等情况，以便准确调动消防车辆，防止舍近求远。由于绝大多数外地车辆的驾驶人、乘客对发生火灾的地点不熟悉，因而不能准确描述具体的地点和方位。这就要求接处警人员首先要熟知辖区高速公路的道路、桥梁、站区、标志（牌）、地形或标志建筑，便于帮助报警人准确定位。其次，要及时通知各联动单位，实行消防救援部门联动、警种联动、区域联动。最后，要告知报警人一般的自救方法，指令其立即实施自救，组织人员撤离，开展先期灭火工作。当事人迅速采取措施控制火势进行自救的方法是：其一，抢救转移伤者。其二，找准起火点，并迅速切断电源等。其三，隔离易燃、易爆物品。其四，利用随车灭火器或到就近的湖泊、水塘等处取水或向过往车辆借灭火器灭火，力争将火扑灭。实践证明，公路上的车辆发生火灾事故，自救是避免造成损失扩大的最有效方法。例如，2008 年 5 月 26 日，一辆货车行驶至江苏省扬溧高速公路某处时，车上所载的纸张起火。民警接报后，迅速指令驾驶人使用灭火器以及到附近的水塘取水进行扑救，防止火势扩大。消防人员赶到后迅速扑灭了火灾。由于扑救及时，货车上所载货物仅造成部分损失。

2. 交通警察应快速出警。为做到快速出警，电话、电台应保持畅通，严守通讯纪律，车辆要性能良好，做到随时出动。同时要制定相关预案，严格值班备勤以及巡控工作纪律，保证充足的警力以应付各种突发事件，还要经常加强与协作单位的联系，接到警情后各协作单位立即联动起来，协同处置。

3. 准确报告现场情况，保证应急车道畅通。车辆火灾事故发生后，交通警察部门在出警的同时要及时通知消防、医疗救护、环境保护等有关部门协助处置。到达现场后，应将了解到的现场情况及时向上级和联动单位报告，以便各单位快速准确采取措施，提高处置成功率。另外，应全力保障应急车道畅通，要派专门警力到因火灾受阻车队后方进行疏导指挥，严格禁止车辆在应急车道上停放或行驶。应急车道在交通警察到场前已经阻塞的，应采取打开中央隔离带等措施，想尽一切办法打开救援通道，必要时向上级报告请示消防车逆向行驶到达火灾现场。

4. 实施交通管制措施，加强现场控制。交通警察大队虽然在直接的灭火战斗中力量薄弱，但作为灾害事故现场第一控制人，可以实施交通管制措施，加强现场控制，从而为消防部门争取更多时间和更好的灭火条件。一是封道。在消防人员未到现场之前，交通警察要设置警戒线，封锁事故路段的交通，隔离围观群众，严禁无关车辆以及人员进入事故现场。这样做一方面有利于控制现场，防止出现新的情况；另一方面有利于其他抢险部门行动，提高成功率和安全系数。民警到达现场后，要迅速在发生火灾的车辆周围设置警戒区，在现场后方1千米处设置减速、提示标志和反光锥筒，为防止车辆积压过多，必要情况下，可采取交通分流措施。现场处置负责人在警力到达后，要将现场警力进行分工，人员充足的话，可以设救援组，迅速疏散驾驶人、乘客，协助医护人员对伤者进行救治，抢救群众财产；设疏导组，加强交通疏导，保证车辆不受阻，协助消防人员扑救火灾，做好现场安全警戒；设调查组，对驾驶人、乘客进行询问，摸清火灾原因，对车上人员和财物进行初步登记，做好协调工作。二是清障。因火灾事故造成车辆阻塞、拥挤，特别是一些大功率、大吨位车辆，占道后很难在前后两车之间调整位置，影响救助力量的到场，可立即组织清障队伍将车辆拖离现场。三是隔离。交警部门在救助力量没有到场之前，可根据现场的情况利用车载警戒器材将现场有效地隔离起来，特别是载有危险化学品的车辆发生火灾事故的前期处置尤其重要。

5. 积极抢救人员，迅速扑灭火灾。生命是最宝贵的，交通警察应协助消防人员分批分组同时开展救助工作。交通警察到达现场后应立即切断车辆的油路和电路，并用灭火器灭火或者用沙土、浸过水的棉被、折叠的棚布等覆盖火苗。[①] 如果是燃油着火，切勿用水泼，因为这样反而容易助长火势。为了防止油箱在高温下发生爆炸，应对油箱采取降温和隔热措施。使用液压切割、扩张等一切可利用的破拆工具，破拆变形的车厢外壳，积极营救破损车厢内的被困人员等。在对有火灾危险的部位破拆时，应用雾状水实施防护，防止金属碰撞产生火花。灭火时，应尽量采用雾化水流进行灭火和冷却保护。如果附近有加油站、草垛等易燃物和高压线时，应迅速将着火的车辆、物品或可燃物移至远离上述设施和物品后，再设法灭火。在火场内的人员不要张嘴呼吸或高声呼叫，以免火焰灼伤口腔和气管，应当用不易燃烧的衣物等护住头面部和裸露在外的皮肤后，迅速伏身逃离火场。逃离火场后应立即扑灭身上的火苗或脱掉着火的衣服，切勿带着火苗奔跑。救援车辆和人员要尽可能安排在上风或侧上风方向，并与着火车辆保持适当安全间距，以防车辆油箱起火爆炸。火势控制后破拆车体应小心谨慎，防止运送伤者展开救援时造成不必要的伤害；运送重伤者时应有医护人员指导，对受伤部位进行包扎和固定后方可搬运，切忌草率行动，造成伤者的二次伤害。对可能产生化学危害的火灾事故，在及时控制有毒有害物质的扩散和遏制危险化学品的燃烧或爆炸的同时，应迅速通知公路沿线村镇组织疏散，同时通知环境保护及有能力、有经验处置的化工管理部门、企业进行处置。当了解到事故现场存有爆炸物，应立即通知有关专业部门到现场处理险情。同时迅速疏散现场人员到安全区域，并切断交通。在爆炸发生时，应立即选择在土堆、树木和建

---

① 笔者在调研中发现，目前交巡警灭火装备简陋，灭火能力低，客观上不具备救援大型火场的能力。根据目前高速公路交巡警大队的装备配置标准，一般大队仅配备5公斤或8公斤灭火器，条件好的也仅配备30公斤车推式灭火器。因此，交巡警即使迅速赶到火灾现场，面对迅速蔓延的火势，往往也只能是望火兴叹。

筑物后方就地卧倒，并用手护住头部。当多辆车相撞发生火灾时，车身变形、车门损坏常造成座舱内人员无法脱身（或被卡住、压住），先期到达的民警要根据现场具体情况，在条件允许的情况下果断采取措施抢救伤者，条件不允许的情况下，要先扑灭火灾或控制火情，在消防人员到达后，利用切割机、吊车等设备尽快救出被困人员。

（三）紧急处置车辆发生失火事故时应注意的问题

1. 施救不得有遗漏。在火灾现场救人是主要方面，应最大限度地抢救伤者，并通过救援“绿色通道”及时送往医院。实施救助时要仔细巡查被困车辆，不得有被困人员遗漏。在遇险人员没有搜索完毕前，不得使用大型设备，如吊车、牵引车等。

2. 密切注意自身安全。救援人员在救助过程中要密切注意自身安全。灭火救援行动前，要严密组织，严格纪律，处置人员必须携带相应的警用防护装备，穿着带有荧光标志的反光背心，配足配齐各类警用器材装备。在处置过程中，要注意自身安全，严禁在道路上随意穿行。还要随时提高警惕，一旦发现危险事态应迅速报告并及时撤离，做到随机应变。

3. 加强各部门协同作战。在救援过程中，交通警察应随时和医疗、消防、清障、路政等部门保持联系，及时做好现场的安全防护工作。在消防车未到场之前，要设置警戒线，封锁事故路段的交通，隔离围观群众，严禁无关车辆及人员进入事故现场。要主动引导消防车从就近的收费站进入高速公路，需要逆行的，要提前封锁道路，用警车为消防车开道。

（四）案例分析

南京市长途客运有限公司大型客车 2008 年 4 月 14 日早晨由南京发往滨海，中午 12 时 50 分行至 204 国道某处，因油路故障引发客车火情。滨海县公安局民警在火情发生 3 分钟后赶到事故现场，迅速采取一系列措施，确保客车在起火爆炸过程中，没有波及其他车辆，也没有伤害到一名群众，各方指挥救援部门迅速展开工作，并在较短时间内恢复交通。民警们高效、有序地成功处置这一突发事故，得到了当地政府和群众的一致好评。

分析总结处置这起事故的救援过程，民警们采取的以下几点措施值得肯定：

1. “警民联系卡”为及时赶赴现场赢得了时间。这起事故发生在中午12时50分，12时53分通榆交巡中队的民警们便赶到事故现场，12时54分县局110指令通榆中队处警。对这个时间顺序很多人可能会认为是笔者笔误，怎么可能民警先赶到现场而110后指令呢？但事实确是如此。在该车发动机发出烟雾时，被另一辆客车上的一名滨海籍旅客发现了，他首先用手机向通榆中队民警进行报告。旅客又是怎么知道中队民警电话的呢？这是中队民警制作的“警民联系卡”发生了作用。该中队在公安部推出交通安全宣传“五进”活动后，积极开展交通安全教育“进工厂、进社区、进企业、进学校、进家庭”活动，用宣传车载运宣传图板、电视机、影碟机走乡串户、“赶交通大集”，努力强化辖区群众的交通安全意识和自我保护意识。为保证教育制度常抓不懈，畅通警民联络渠道，中队民警精心制作了“警民联系卡”，上面记录有民警姓名、联系方式等，并在“五进”活动和路面执勤中有针对性地进行发放。在这起交通事故中，报警群众就是利用“警民联系卡”上的电话号码与交巡警中队的民警进行了直接联系，为先期处警赢得了近10分钟的宝贵时间。

2. 健全的备勤制度，保证了先期处警的警力调配。通榆公路交通巡逻中队10名民警实行双人执勤、“四班三运转”、国道执勤无缝交接班、车辆随时保持良好待命状况等制度。这样在正常情况下，中队有2名民警时刻在国道巡逻执勤，另处包括内勤在内的4名民警保证辖区5个乡镇及国道的道路交通事故、群众救助以及其他接处警工作。在“4·14”客车火灾事故中，中队长接到群众报警后，立即带领副班民警同时通知正班民警赶赴现场，在正班、副班民警赶到现场后，两名民警在出事国道点两头封闭道路，将靠近现场的车辆后撤，两名民警疏散围观群众和旅客，中队长向各相关部门汇报情况。值班备勤人员的全员在岗在位，保证了这起客车火灾事故中先期处警的警力调配需要。

3. 突发事件的应变演练，保证前期处置工作的有条不紊。2006 年 3 月 29 日江苏淮安境内发生液氯泄漏，造成重大人员伤亡事故后，国务院、公安部接连下发了加强危险品管理的文件规定，江苏省公安厅下发了加强公安民警自身保护的文件。该中队民警在认真组织民警进行学习的同时，开展了应付突发事件的模拟演练，包括载运危险品车辆发生交通事故，客运车辆发生重特大交通事故，拦截、追缉上级指令的违法犯罪嫌疑车辆等，警戒、反馈、救护各负其责、分工明确。在“4·14”客车火灾事故中，中队 5 名民警到达现场后，两名民警迅速将警车横停于事故现场的道路两头，封闭道路，并将靠近现场的车辆后撤，两名民警快速赶到，劝告旅客弃车逃生，严禁旅客冒险上车取物，对 2 名欲登车旅客强行拉离，正是这一系列有效的应急强制措施，在客车油箱爆炸，杂物乱飞，一根角铁飞出近百米等险象环生的情况下，没有伤及一名群众和其他车辆。

4. 快速及时的信息反馈、现场指挥和协调处置。在中队民警实施封闭道路、疏散旅客和围观群众前，中队长向消防队拨打救援火警电话，并立即赶赴现场。到达现场后，他迅速观察现场情况，及时向大队、县局领导进行汇报。15 分钟后，本县和邻县的 3 辆消防车赶到现场开展灭火工作，随后，大队、县局、县政府各级领导相继赶到现场，在县局的统一指挥下，两县消防人员分头作战；事故处理民警对客车驾驶人、车主、旅客进行登记，带到就近的通榆中队进行询问，了解事故起因、事故损失。在火灾扑灭后，消防、刑侦部门对现场进行痕迹取证，寻找着火点等工作，与此同时，施救车辆、清理现场工具也到达现场。随着局领导宣布现场取证结束，撤除事故现场一声令下，施救车辆牵引事故客车离开现场，在场其他民警立即将现场遗留物铲离路面、清除路面障碍物。

5. 科学有序的分流方案，保障了国道交通的快速恢复。在这起事故中，国道中队的两名疏散组民警在将旅客、群众疏散完毕，县局领导到达现场后，按照局领导统一安排，离开现场，配合邻近中队民警对部分可绕行的车辆进行分流，指引迂回绕行线路，减少事故现场车辆的拥堵量。在事故现场清理结束后，现场民警迅速对现场滞留车辆开展单向间隔放行、清理占道滞留车辆、随后全线放行的“三步走”，使现场滞留车辆得以迅速驶离，保证国道交通的迅速恢复。

六、交通肇事逃逸的追缉与堵截

交通肇事逃逸案件的查缉关键在一个“快”字。交通警察接到交通肇事逃逸的报警后，应及时对交通肇事逃逸车辆进行追缉与堵截。

（一）迅速勘查现场，判断肇事逃逸车辆的特征、逃逸的方向和路线

交通警察到达交通肇事逃逸案件现场后，应控制现场，确认人员伤亡情况，组织抢救伤者，寻访见证人，进行现场勘查，并根据现场遗留的各种痕迹、印迹、物证判断肇事车辆的类型、逃逸方向，对能确定肇事车辆逃跑路线和方向的，交通警察要立即报告指挥室，及时实施堵截和追缉。

（二）迅速调阅卡口录像资料，设卡堵截嫌疑车辆

当确定肇事车辆逃逸后，应立即调阅卡口录像资料，并通知有关岗警、交巡警中（大）队，在相关路口设卡堵截，盘查过往的重点车辆，堵截肇事逃逸车辆应注意方式方法的运用和时机

的选择。

（三）举报、协查交通肇事逃逸车辆

当确定肇事逃逸车辆已逃逸并隐蔽行踪时，应通过公布案情、发布通报等形式，广泛发动群众，收集相关线索，查缉逃逸车辆。案发地公安机关交通管理部门可以通过发协查通报，要求协查交通肇事逃逸者。发出协查通报或者向社会公告时，应当提供交通肇事逃逸案件基本事实、交通肇事逃逸人和车辆情况、特征及车辆逃逸方向等有关情况。接到协查通报的公安机关交通管理部门应当立即布置堵截或者排查。发现交通肇事逃逸车辆或者嫌疑车辆的，应当予以扣留，依法传唤交通肇事逃逸人或者与协查通报相符的嫌疑人，并及时将有关情况通知案发地公安机关交通管理部门。案发地公安机关交通管理部门应当立即派交通警察前往办理移交。对一时难以查明情况的，协查的公安机关应及时通知要求协查的公安机关派员对嫌疑车辆和嫌疑人进行甄别。要求协查的公安机关应当在 24 小时内作出正式答复，未能在该时限内作出答复的，可视为协查通报或紧急协查电话的自行失效，协查部门对嫌疑车辆和嫌疑人登记备案后放行。

七、交通事故现场的紧急清理

《道路交通事故处理程序规定》第 27 条规定：“交通警察勘查事故现场完毕后，应当清点并登记现场遗留物品，迅速组织清理现场，尽快恢复交通。现场遗留物品能够现场发还的，应当现场发还并做记录；现场无法确定所有人的，应当妥善保管，待所有人确定后，及时发还。”交通事故现场勘查结束后，除有些案情重大复杂的现场，因受到各种主客观条件的限制，通过一次现场勘查不能勘查清楚，存有疑难问题需要另外组织勘查时，在经过事故处理主管领导的批准后，可以在一定时间内对部分或全部现场予以保留以外，应及时清除现场，恢复交通，并做好现场遗留事故车辆、物品、尸体的善后处理。

（一）对交通事故车辆的处置

现场勘查结束，对事故车辆除了需要进一步检验、鉴定和提取证据，由公安机关交通管理部门开具行政强制措施凭证后予以扣留以外，其余事故车辆由现场处理人员当场发还给当事人。如果车辆损坏不能开动的，事故处理人员应当使用专用的救援车或清障车协助当事人将事故车辆拖移至不妨碍交通的地点或者停车场内。对于妨碍交通而又暂时无法移开的事故车辆应当开启危险报警闪光灯和根据道路行车速度在来车方向 50～150 米距离外设置危险警告标志，派专人看守，并及时联系拖车或吊车拖移。

（二）对交通事故尸体的处置

由于人体体表痕迹和尸体解剖不能在公众场合进行，因此现场勘查完以后应将尸体送至有停放条件的殡葬部门或医疗部门，然后在存尸场所对尸体进行体表痕迹检验和尸体解剖等检验鉴定。现场勘查完毕后，公安机关交通管理部门应当将尸体送至有存放尸体条件的殡葬服务单位或者医疗机构，并对尸体进行必要的检验（在交通事故现场只对尸体衣着上的痕迹和附着物进行勘验，检验尸体不得在公众场合进行）。需要对尸体进行解剖检验的，必须事先征得其亲属的同意。尸体经检验结束后无继续保留必要的，公安机关交通管理部门应当向死者亲属送达《尸体处理通知书》，通知死者亲属在 10 个工作日内办理完毕丧葬事宜。死者亲属无正当理由逾期不办理的，经县级以上公安机关负责人批准，由公安机关处理尸体，逾期存放的费用由死者亲属承担。

交通事故造成人员死亡的，由急救、医疗机构或者法医出具死亡证明。对交通事故中的未知名尸体，由法医提取人身识别检材、采集其他相关信息后，公安机关交通管理部门应当填写《未知名尸体信息登记表》，报设区的市公安机关有关部门核查死者的身份。核查出未知名尸体身份的，由公安机关交通管理部门通知其亲属或者单位前来认领死者尸体并处理交通事故。经核查无法确认死者身份的，公安机关交通管理部门应当在当地的地（市）级以上报纸上刊登认尸启事。自认尸启事登报后10个工作日仍无人认领的，由县级以上公安机关负责人或者上一级公安机关交通管理部门负责人批准处理尸体。

实行殡葬改革的地区，交通事故死亡人员的尸体应当在当地火化。对于少数民族死者应当尊重其民族风俗习惯。境外来华人员尸体的处理，应当尊重死者亲属或所属国驻华使领馆的意见。如果尸体在当地火化的，应当由死者亲属或者所属国驻华使领馆提出书面申请后方可进行。尸体或骨灰需要运送出境的，由死者亲属或者其委托的代理人按我国有关规定办理手续。原则上外国人的尸体或者骨灰不得在我国境内安葬或播撒。

（三）对交通事故现场散落物及死者财物的处置

对遗留在现场的散落物品以及死者的财物，在现场能够确认所有人，并且所有人或者家属在场的应当直接发还给所有人或者家属，并办理交接手续。对于在现场不能确认所有人或者所有人及其亲属不在事故现场的，由事故处理人员对遗留物品进行清点，并填写《交通事故遗留物品清单》，由办案人员和现场见证人签字作为今后向遗留物所有人办理交接的依据。对暂时无法移动的较大的物品，应当设立明显标志，并指定一方当事人或者有关人员看守，然后及时联系转运。对身份不明死者的遗留物，应当妥善保管或者上交有关部门处理。公安机关交通管理部门应当对收存的现场遗留物进行妥善保管，不得丢失、损毁、借用、挪用、调换和侵占，并尽快通知或公告所有人在6个月内前来领取。所有人逾期不来认领的，作为无主财物上交国库。如果属于所有人受伤住院，不能及时认领等特殊情况，公安机关交通管理部门可酌情延期处理。对于所有人不明确的容易腐烂、灭损或者无法保管的物品，经县级以上公安机关负责人批准，可以在拍照或者录像后变卖，然后再依法通知或公告所有人前来领取变卖后的价款。遇交通事故的管辖发生变更的，与案件有关的现场遗留物应当随案移交。现场遗留物清点完毕后，事故办案人员应当组织人员对现场路面进行清扫。遗留在现场路面的血迹、人体组织、油料、碎玻璃、碎塑料、沙石等应清除干净，必要时应对事故现场路面进行冲洗，以保证交通安全和环境卫生。

(四) 对被损坏的道路设施及其他物体的处置

对事故现场被损坏的道路、道路设施和供电、供水、供热、通讯等设施，公安机关交通管理部门应当及时通报公路、市政、电力、通讯等有关部门及时处理，尽早消除险情和恢复其正常功能。一时无法修复的，应根据实际情况采取相应的临时性加固、支撑或者设置警示标志等安全措施。被损坏物体妨碍交通的，要及时清除到路边，以恢复现场道路的正常交通。

八、保障重大警情现场道路畅通的紧急处置

重大警情现场处置，往往需要救助伤者，快速疏散现场人员，保障领导、处警力量、处警设备等进入现场。在这类警情处置过程中，交通警察要充分发挥职能作用，采取有效措施，保障警情处置通道的畅通。例如，2002 年 9 月 14 日晨，南京市江宁区汤山镇发生一起因食用有毒的油条导致大量人员中毒的特大投毒案。因汤山镇医疗救护力量有限，许多中毒人员急需送往数十公里外的某医院抢救，同时，各级领导和侦查、医护人员需要快速抵达现场，情况十分紧急。交巡警部门接警后，快速反应，强化交通疏导分流，及时开辟救护通道，全力以赴确保道路畅通。他们主要采取了下列紧急强制措施：

1. 迅速打开紧急通道。他们调集警力，兵分三路开展处置工作：对中心现场进行交通控制；对通往汤山地区的所有道路进

行管制、分流和指挥疏导；迅速打开沪宁高速公路马群和汤山收费站紧急车道，从而形成汤山至南京市区的一条快速通道。同时，组织第二梯队准备增援。

2. 开辟救护绿色通道。路面所有巡逻车辆和执勤民警想方设法为救护车辆提供方便，最大限度地保障救护车辆安全快速通行。在各大医院门前和院内安排专门警力，指挥疏导车辆，清理停车场地，确保救护中毒人员的车辆畅通无阻，迅速到达。

3. 调集警车引导护送救护车辆。为保证救护中毒人员的车辆畅通无阻，专门调集 5 辆巡逻车在沪宁高速公路连接线中山门路口集结待命，对从沪宁高速公路过来的运送中毒人员车辆，由警车开道，护送赶往市区各大医院抢救。

该起特大投毒案的成功处置给交通警察的启示是：在处置重大警情时，交通警察要尽最大努力做好交通保障工作，最大限度地为重大警情的处置赢得空间、争取时间。保障重大警情处置通道的畅通，关键要把握好一个“通”字。具体包括四个方面：第一，确保现场附近道路畅通。重大警情的现场处置往往变化性大，处置车辆多，时间要求紧，对现场周围道路必须严加控制，采取管制、分流等措施，为处置车辆通行腾出通道。第二，确保救援车辆行驶通道畅通。根据现场地点不同，救援车辆单位地址不同等情况，明确主通道，并选择好预备通道，采取措施保障救援车辆优先通行。第三，确保通往各救护部门的道路畅通。对复杂道路或者距离较远的救护部门，必要时派警车为救护车辆带路护卫，确保伤者及时得到救治。同时，在救护部门周围适当安排警力，确保交通有序。第四，确保通讯畅通。平时规范使用各自信道，战时统一使用专用信道，做到群呼群发、一呼百应，保证一线参战单位和民警及时准确地获取指令信息，有效地开展处置工作。

九、遇有严重超速违法行为的紧急处置

查处机动车超速违法行为应当使用符合国家标准并依法检定合格、功能有效的测速仪、摄录设备等装备。按照设点执勤的规范要求，交通警察应在查处超速违法行为现场设置警示标志，测速点与查处点之间的距离不少于2千米，且不得影响其他车辆正常通行。能够保存交通技术监控记录资料的，可以实施非现场处罚。交通警察在测速点通过测速仪发现超速违法行为，应当及时通知查处点交通警察做好拦车准备；查处点交通警察接到超速车辆信息后，应当提前做好拦车准备，并在确保安全的前提下进行拦车；对超速低于50%的，依照简易程序处罚；超过50%的，采取扣留驾驶证强制措施，制作行政强制措施凭证。当事人要求查看照片或者录像的，应当提供。在高速公路查处超速违法行为，应当通过固定电子监控设备或者装有测速设备的制式警车进行流动测速。

十、遇有涉牌涉证交通违法行为的紧急处置

遇有涉牌涉证交通违法行为的，交通警察应当立即分别情况采取下列紧急处置措施：第一，指挥机动车驾驶人立即停车。发现无号牌机动车，交通警察应当指挥机动车驾驶人立即停车，熄灭发动机，并查验车辆合法证明和驾驶证。第二，对于未悬挂机动车号牌的处置。对于未悬挂机动车号牌，机动车驾驶人有驾驶证，且能够提供车辆合法证明的，依法处罚，并告知其到有关部门办理移动证或临时号牌后放行；不能提供车辆合法证明的，应当制作行政强制措施凭证，依法扣留车辆。第三，对于有拼装或者报废嫌疑的处置。对于有拼装或者报废嫌疑的，检查时应当按照行驶证上标注的厂牌型号、发动机号、车架号等内容与车辆进行核对，确认无违法行为的，立即放行；初步确认为拼装或者报

废机动车的，应当制作行政强制措施凭证，依法扣留车辆。第四，对于有使用伪造、变造机动车号牌或者使用其他机动车号牌嫌疑的处置。对于有使用伪造、变造机动车号牌或者使用其他机动车号牌嫌疑的，检查时应当根据车辆情况进行核对、询问，确认无违法行为的，立即放行；初步确认有使用伪造、变造机动车牌证或者使用其他机动车牌证违法行为的，应当制作行政强制措施凭证，依法扣留车辆。另外，交通警察发现机动车驾驶人未携带机动车驾驶证或者机动车驾驶人拒绝出示驾驶证接受检查的，依法扣留车辆；交通警察发现机动车驾驶人所持驾驶证记满 12 分或者公告停止使用的，依法扣留机动车驾驶证；交通警察发现机动车驾驶人驾驶车辆与准驾车型不符、所持驾驶证有伪造或者变造嫌疑、驾驶证超过有效期或者驾驶证处于注销状态的，根据《公安机关办理行政案件程序规定》的规定，将驾驶证作为证据扣押；机动车驾驶人所持驾驶证无效，同时又无其他机动车驾驶人替代驾驶的，可以将其驾驶的机动车移至不妨碍交通的地点或者有关部门指定的地点。第五，对于有被盗抢嫌疑的处置。对于有被盗抢嫌疑的，检查时，应当运用查缉战术、分工协作进行检查，并与全国被盗抢机动车信息系统进行核对。当场能够确认无违法行为的，立即放行；当场不能确认有无违法行为的，应当将人、车分离，将车辆移至指定地点，进一步核实。第六，发现不按规定安装号牌、遮挡污损号牌的处置。发现不按规定安装号牌、遮挡污损号牌的，检查时应当按照行驶证上标注的厂牌型号、发动机号、车架号等内容与车辆进行核对。确认违法行为后依法予以处罚，同时责令机动车驾驶人纠正。

十一、遇有酒后驾驶的紧急处置

交通警察查处机动车驾驶人酒后驾驶违法行为应当配备并按规定使用酒精检测仪、约束带、警绳等装备。用于收集违法行为证据的酒精检测仪应当符合国家标准并依法检定合格，并保持功能有效。遇有机动车驾驶人涉嫌酒后驾驶违法行为应当按照以下规定进行：第一，发现有酒后驾驶嫌疑的，应当及时指挥机动车驾驶人立即靠路边停车，熄灭发动机，接受检查，并要求机动车驾驶人出示驾驶证、行驶证。第二，对有酒后驾驶嫌疑的机动车驾驶人，要求其下车接受酒精检验；对确认没有酒后驾驶行为的机动车驾驶人，应当立即放行。第三，使用酒精检测仪对有酒后驾驶嫌疑的机动车驾驶人进行检验，检验结束后，应当告知检验结果；当事人违反检验要求的，应当当场重新检验。第四，检验结果确认为酒后驾驶的，应当根据《道路交通安全违法行为处理程序规定》的规定对违法行为人进行处理；检验结果确认为非酒后驾驶的，应当立即放行。第五，当事人对检验结果有异议或者饮酒后驾驶车辆发生交通事故的，应当立即固定不少于两份的血液样本，或者由不少于两名交通警察或者一名交通警察带领两名协管员将当事人带至县级以上医院固定不少于两份的血液样本。第六，固定当事人血液样本的，应当通知其家属或者当事人要求通知的人员。无法通知或者当事人拒绝的，可以不予通知，但应当在行政强制措施凭证上注明。

另外，对醉酒的机动车驾驶人应当由不少于两名交通警察或者一名交通警察带领不少于两名协管员带至指定地点，强制约束至酒醒后依法处理。必要时可以使用约束性警械。处理结束后，必须禁止饮酒后、醉酒的机动车驾驶人继续驾驶车辆，如现场无其他机动车驾驶人替代驾驶的，可以将其驾驶的机动车移至不妨碍交通的地点或者有关部门指定的地点，并将停车地点告知机动车驾驶人。

十二、遇有违法运载危险化学品车辆的紧急处置

交通警察发现运载爆炸物品、易燃易爆化学物品以及剧毒、

放射性等危险物品车辆有违法行为的，应当指挥机动车驾驶人停车接受检查，除查验机动车驾驶人出示驾驶证、车辆行驶证外，还应当查验其他相关证件及信息，并依法处理。对于擅自进入危险化学品运输车辆禁止通行区域，或者不按指定的行车时间和路线行驶的，应当当场予以纠正，并根据《危险化学品安全管理条例》实施处罚。对于未随车携带《剧毒化学品公路运输通行证》的，应当引导至安全地点停放，并禁止其继续行驶，及时调查取证，并责令提供已依法领取通行证的证明，根据《剧毒化学品购买和公路运输许可证件管理办法》实施处罚。对于未申领《剧毒化学品公路运输通行证》，擅自通过公路运输剧毒化学品的，应当扣留运输车辆，调查取证，根据《危险化学品安全管理条例》实施处罚。对于未按照《剧毒化学品公路运输通行证》注明的运输车辆、驾驶人、押运人员、装载数量和运输路线、时间等事项运输的，应当引导至安全地点停放，调查取证，责令其消除违法行为，根据《危险化学品安全管理条例》和《剧毒化学品购买和公路运输许可证件管理办法》实施处罚。

第三节 常见道路治安问题的先期紧急处置

一、遇有道路群体性事件的先期紧急处置

（一）交通警察先期处置道路群体性事件的几种常见行政强制手段

1. 划定控制区域，实施交通管制。交通警察应根据事件发生的地点，由内向外分层次划定控制区域，一般情况下，划分成三层，即管制区、控制区和外围疏导区，在具体的实施过程中，根据中心事件的规模，由内向外逐级采取交通控制。

2. 紧急开通救援通道。群体性事件发生后，导致交通秩序

混乱并大量积压车辆给处置工作带来严重影响。因此，交通警察要以现场为中心开通救援通道，疏导交通，保证该通道交通畅通，确保处置和救援力量能迅速到达现场进行处置和抢救伤者。

3. 阻拦集体上访人员。针对集体上访人员采取集体行进、驾驶或乘坐车辆等方式大规模到重点地区、要害部门聚集上访的情况，交通警察应根据《信访条例》中关于集体上访应选派5名以下代表到有关信访部门反映问题的规定，对集体上访人数超过5人的，应设置拦阻线果断进行拦阻。

4. 疏散群众。对现场围观群众，应组织执勤民警充分运用组织疏散、引导疏散等多种行之有效的方法，迅速安全地疏散到警戒区域以外，要求群众不得在警戒区域内停留。对在群体事件中被裹挟人员，应立即组织宣传疏导，运用车载或便携式扩音器材等宣传工具，开展宣传教育，提出劝告或警告，进行分化瓦解，消除事件主体的不正常群体意识。

5. 强行驱散。要按照有关规定经上级批准，对正在集结的人数不多的事件主体，可采取命令解散或者强行驱散的行政强制措施，并对可能出现的情况有充分的准备和相应的对策。

6. 强制隔离。在先期处置群体性械斗等事件过程中，应采取强制隔离措施，将涉案人员与被裹挟人员、围观群众等强行隔离开来。

（二）先期处置道路群体性事件的基本方法

1. 对个人引发的群体性事件的处置方法。一是及时将引发事件的人带离现场，同时将事件性质和发生时间、地点等情况向上级有关部门报告。二是对带离现场的人，要注意发现其身上是否携带有可疑物品，应当予以扣押和收缴的，要及时进行扣押和收缴。三是对采用服毒、上吊、自焚等自杀形式引发群体性事件的人，应先行解脱或将其立即送往医院抢救，并在解脱后或送往医院抢救的过程中尽力查明有关情况。四是对于因个人之间的利害冲突引发群体性事件的，首先应使他们双方立即脱离接触，带离现场并分别询问有关情况，同时注意发现在幕后进行煽动、调唆或制造、扩大事态的违法犯罪嫌疑人，并做好监控工作。五是对已引起道路阻塞，交通治安秩序混乱的现场，要及时疏散围观群众，维护好交通治安秩序。六是待上级有关部门派人赶到现场后，要主动将处置的初步情况向来人报告，并协助他们对道路群体性事件进行调查处置。

2. 对集体引发的道路群体性事件的处置方法。一是对集体引发的道路群体性事件，交通民警一般不宜简单地出面或干涉，而应及时收集事件发生的时间、地点、对象、大概人数和游行、示威队伍的行进方向、路线、目的地以及标语、传单、口号等方面的信息并立即向上级有关部门报告。二是对哄抢、打砸、焚烧公私财物等违法犯罪行为的群体性事件，交通警察应根据有关法律、法规的规定，立即控制那些带头闹事的骨干分子和幕后策划者、煽动者。同时，对其他人员和群众要积极进行宣传教育，要求群众遵纪守法，保持理性。尽可能当众公布少数被拘捕人的罪行，出示证据讲明法律条款，做到有理有据、依法办事，以使群众诚服，消除对立情绪，协助制止违法犯罪行为，自觉维护社会治安秩序。对不听劝阻的群众，不要强拉硬拽和强行阻拦，同时做好外围工作，尽可能遏制事态的发展。三是与其他部门密切配合和联系，依法对群体性事件参与者进行劝阻、制止，积极疏导交通，维护交通和治安秩序，并且及时揭除、收缴遗留在现场的标语和传单，以消除不良影响，防止事态加剧和扩大。

（三）先期处置道路群体性事件应注意的问题

1. 准确研判，快速处置。准确研判是处置此类事件的关键环节。指挥员要全面掌握事件性质、特点及现场情况，实现“知己知彼”。其目的在于为指挥员正确制定行动方案提供依据，力争将事件控制在最低限度、最小范围，尽量减少或避免损失。

类似事件中应掌握的“彼”情况主要包括：一是事件发生的地点、时间、原因、参与人员构成。二是闹事人员的心理特征、行为特点和行动企图等。三是闹事人员的行动规律、精神状况和抵抗能力等。类似事件中应掌握的“己”情况主要包括：一是地理环境（交通环境）是否熟悉，做到了如指掌。二是行动战术、战法运用是否匹配、恰当。三是警用装备以及警察的自身特点等情况。

交通警察接到应急处置命令后应在规定时间内迅速赶赴现场，并按照应急预案和应急命令采取相应的应急措施，尽快控制事态，查明真相，消除危害。突发群体性事件仍处在持续状态的，应随时向上级报告危害情况。在堵路等群体性事件处置中，要积极劝导，慎重拦阻，积极在现场开展反复劝导工作，稳定人员情绪，避免其继续采取过激行为，要随机应变、机动灵活。

2. 强化政策、法制和纪律观念。群体性事件的引发因素和处置方法大量涉及政策、法律问题。因此，要求交通警察熟悉和掌握有关的政策、法律，时刻不忘用法律来约束自己的言行，做到有法必依、执法必严。采取限制人员、车辆通行或停留，强行驱散、强制带离或者立即拘留等措施，实行交通管制、现场管制，紧急疏散群众，必须依照法定程序进行。同时，要讲究政策，加强组织纪律性，及时向党委、政府和上级公安机关请示报告。

3. 要注意自身的言谈举止。在语言上，要充分彰显人民警察的文化和修养，做到语言文明，掌握分寸，既富有哲理，又生动感人，防止语言粗鲁，讽刺挖苦，更不能恶语伤人，侮辱谩骂。在态度上，要充分展示人民警察的风度和气质，做到既和蔼可亲，又严肃庄重。在举止上，要充分体现人民警察的职业道德和政治素质，不要有任何超乎常态的行为举止，严禁打骂体罚和一切违法行为。

4. 要严格控制武器、警械的佩带和使用。交通警察在先期处置道路群体性事件时，非经批准不得佩带武器和警械。要坚持依法办事，坚持按政策办事，慎用警力，慎用武器、警械，慎用强制措施。当受到不明真相的群众围攻甚至打骂时，要冷静、克制，不能感情用事，避免因警察处置失当而激化矛盾。对于鸣枪、开枪、使用警械的范围和条件，要严格根据有关法律、法规的规定执行，不准违反。同时，要严格保管好武器和警械，严防在执行任务中丢失或被违法犯罪嫌疑人抢夺，以免造成严重后果。

5. 明确职责，密切配合。应当准确定位交通警察在群体性事件处置中的职责。作为交通警察遇有道路群体性事件，应当将及时赶赴现场、设置警戒区域、开辟各类通道、尽力组织增援等作为主要工作，从而避免“外行”做“内行”工作。交通警察必须在公安局的统一指挥下，明确任务性质、上级意图和任务角色，严格根据有关法律、法规的规定和工作预案开展工作，做到多警种、多部门密切配合、步调一致，切忌感情用事、盲目行动。

6. 要切实加强保障体系建设。公安机关交通管理部门为有效先期处置各类突发群体性事件，必须要有人、财、物、技术、制度、意识等多方面的坚实保障。要配备先进的信息通讯设备，以便及时获取直观、动态的现场警情和警力态势，确保指挥决策的正确性。要装备性能可靠、先进实用的警械（具）、防护用品、救护器材等，以适应不同警情的需求。还必须以现代科技为导向，广泛应用信息、微电子、多媒体、计算机、通讯等科学技术，提升警务效能。

二、遇有道路治安案件的先期紧急处置

交通警察执勤中遇有道路治安案件，应当视案件情况立即采

取以下措施进行先期处置：一是制止与控制。交通警察到达现场后，应迅速制止违法行为，控制违法犯罪嫌疑人。二是抢救与保护。交通警察应迅速组织抢救受伤人员，保护现场并设置警示标志。三是查缉与堵截。对于违法犯罪嫌疑人逃离现场的，交通警察应立即组织并布控查缉、堵截。四是排险与疏导。交通警察应立即疏散群众，排除险情，疏导交通。五是询问与取证。交通警察控制治安案件现场后，应迅速询问违法犯罪嫌疑人、受害人和证人，扣押、提取相关证据。六是立即报告。交通警察应及时向指挥中心和治安、刑侦部门报告案情及处置情况。

三、遇有刑事案件的先期紧急处置

交通警察在执勤中遇有刑事案件发生、发现刑事案件线索、接到报警、群众扭送或者犯罪嫌疑人自首时，应依法采取下列先期处置措施：一是迅速向指挥中心和刑事侦查部门报告。交通巡逻警察在遇有刑事案件发生或接到群众报案后，应迅速赶赴现场，如情况基本属实，即可迅速向指挥中心和刑事侦查部门报告。二是保护现场。交通警察到达现场后应认真保护好现场，要求在现场保护区域周围设置警戒线，清退现场内的无关人员。三是制止犯罪行为，抓获犯罪嫌疑人。交巡警可以依法使用警械、武器，迅速、有效地制止犯罪，制服犯罪嫌疑人。如果发现犯罪嫌疑人仍在犯罪或尚未逃跑，应迅速制止犯罪，立即抓捕并扭送当地公安机关，其间应布置专人看守控制，防止逃跑、自杀或继续行凶。如果犯罪嫌疑人已经逃离现场，若已知犯罪嫌疑人姓名、特征、逃跑方向的，应立即报告指挥中心组织追缉堵截。交通警察还应抓住时机，争取不同方式，向在场有关人员了解案发现场的情况，寻找在场的目击者和知情人，同时认真听取群众对案件或者对当事人、被害人以及犯罪嫌疑人的种种议论、猜测和反映。迅速布控、查缉逃离现场的犯罪嫌疑人。四是被害人受伤或处于危难境地的，交巡警应立即采取现场救助措施，组织抢救伤者。如遇有伤者，必须立即进行就地急救或送往医院抢救。当伤者有回答问题的能力时，应当进行询问，以查明被害人身份，被害原因、经过、犯罪嫌疑人具体情况和逃跑方向等。不能回答问题时，要检查其衣着和随身物品，以发现能证明其身份的证件、证明等物。五是刑事案件现场发生火灾、爆炸、有毒物品泄漏、污染等情况的，交巡警应立即疏散现场群众，同时采取排险措施或通知有关部门前来灭火、排爆、堵漏、清除污染物。六是开展现场调查，收集案件线索。要注意了解案件发生的时间、地点、经过；对作案后逃离现场的，还应当了解犯罪嫌疑人人数、性别、年龄、身高、体貌特征、衣着打扮、说话口音、携带物品以及实施犯罪的手段、工具和来去方向等；扣押犯罪工具及可疑物品。七是在移交前看管、控制犯罪嫌疑人，防止其脱逃、行凶、自杀或者毁灭证据。刑事侦查人员到达现场以后，交通警察应将发现案件的经过和现场等情况如实报告给现场勘查指挥员。

交通警察在道路上遇有严重暴力刑事案件时应立即采取下列先期处置措施：一是迅速报告。严重暴力犯罪案件中的绝大多数犯罪嫌疑人手中都持有武器，威胁性较大，少数警力很难妥善处置。交巡警发现此类案件，要立即向上级报告，请求警力支援。二是迅速采取围控措施。在向上级报告的同时，应通过各种方式，组织力量，迅速对犯罪嫌疑人形成包围之势，尽量把犯罪嫌疑人控制在某一区域范围之内，防止其继续逃窜，等待增援警力的到来，进行围捕。为有效围控犯罪嫌疑人，应根据现场环境，占据有利地形，划定警戒和交通管制区域，实行现场管制。三是疏散群众和车辆。犯罪嫌疑人在被民警围控过程中，既可能开枪拒捕，杀伤群众，又可能就地劫持人质进行要挟，或劫持机动车辆继续逃窜。为避免和减少伤亡，不给犯罪嫌疑人可乘之机，交巡警应尽快疏散现场周围群众和车辆，防止犯罪嫌疑人实施爆炸、枪击、驾车冲撞伤人或劫持人质等犯罪行为。四是及时追缉堵截犯罪嫌疑人。严重暴力犯罪嫌疑人作案后，大多驾车逃跑。交通警察应争分夺秒驾车进行追缉。在追缉途中可以启动警报器，利用扩音设备向犯罪嫌疑人喊话，责令停车；对沿途车辆、行人紧急呼叫，防止被撞。追缉的同时，要迅速报告上级或者直接通知前方巡逻民警进行拦截。前方巡逻民警或有关部门接到堵截通知后，应立即在适当路段设置路障进行拦截，必要时，可使用武器枪击车辆轮胎或犯罪嫌疑人的方法进行拦截。驾车追缉犯罪嫌疑人，应注意安全，防止发生冲撞、翻车事故。五是抢救伤者和财物。对严重暴力犯罪造成的人员伤害、财物损害，交通警察应立即进行抢救，特别是对伤势较重的伤者，要迅速采取急救措施。对火灾、爆炸等危及重要财物安全的，要设法组织抢救，消除险情。

四、遇有车辆闯卡的先期紧急处置

（一）车辆闯卡的常见情形与处置

道路治安卡口的交通警察在执勤时，有时会遇到车辆闯卡的紧急情况。车辆闯卡的常见情形是：驾驶人有一般交通违法行为，心存侥幸，能逃则逃的闯卡；驾驶人有严重交通违法行为，为逃避检查和处罚而冒险闯卡；出租车驾驶人违反出城登记制度，怕麻烦而闯卡；有其他严重违法犯罪行为，不计后果的闯卡。对闯卡车辆的不同情形应采取不同的处置方法：发现一般交通违法行为的闯卡车辆，不得驾车追缉，可记下车号和违法事实，最好能取到违法行为的证据，便于以后对其违法行为进行处罚；发现严重交通违法行为，当事人驾车闯卡后可能对公共安全和他人生命安全有严重威胁时，应当设法驾车追缉、拦截，以免造成更大的危害；接到上级堵控指令或发现有现行违法犯罪嫌疑的车辆，可使用路障设施进行拦截。对于已经闯过关卡的车辆，应当驱车追赶，同时向指挥中心报告，通知前方拦截；对出租车违反出城登记规定闯卡的，应做好记录，将闯卡车辆通报给出租车主管部门，由主管部门对其进行处理。

（二）对闯卡车辆的追缉

追车时应当驾驶警车，开启警灯、警报器。追车时应保护自身安全，不得高速追车，一般情况下不要强行逼车、拦车，可尾随其后，通过喊话责令其停车接受检查。如被追车辆加速逃跑，应及时报告指挥中心，通知前方民警进行拦截，并以安全速度沿逃跑车辆行驶方向搜索追缉。被追车辆停车后，警车要与其保持一定的距离，并处于高度的戒备状态，注意观察。危险解除后，才能派人接近，对车上的人员及车辆进行检查。例如，2004 年 6 月 18 日凌晨 2 时许，某治安卡口接到指挥中心指令，要求布控拦截一辆已知号牌的蓝色中型货车。接到指令后，该卡口立即落实布控措施。2 时 10 分许发现该车，但该车闯关逃跑。卡口交巡警立即驾警车追缉，在追缉过程中不急于超越该车，一直跟随其后，并通过不断喊话责令其停车。迫于威慑，该车行驶了约 5 公里后最终靠边停车。经审查，肇事驾驶人对交通肇事后逃逸的事实供认不讳。这起案例的成功之处主要是反应迅速，接到指令后民警迅速到位，落实布控措施；应对得当，发现该车冲卡逃跑后，迅速判断货车行驶速度不快，具备追车条件，果断派出警车追缉；措施稳妥，不是高速追缉，强行拦截，而是尾随其后，在约 5 公里的追车过程中不断喊话，打消其继续逃跑的念头。根据有关法律、法规的规定，交通警察可以驾驶机动车追缉的对象是：犯罪嫌疑人、在逃人员、交通肇事逃逸车辆和人员以及驾车逃跑后可能对公共安全和他人生命安全有严重威胁的交通违法犯罪嫌疑人。除此之外，交通警察不得追缉，可采取记下车号，事后追究法律责任，或者通知前方执勤交通警察堵截等方法进行处理。之所以如此规定，目的是为了保证安全。其实，这不仅关系到交通警察的自身安全，更关系到整个交通安全。当交通警察高速追赶时，不仅其自身安全难以保证，被追缉的车辆驾驶人更处在危险之中，而且这些高速行驶的车辆必然威胁在道路上行驶的其他车辆的安全。因此，不能以整个交通安全为筹码去同一辆车赌博，更重要的是，不准追缉并非无法追究问题车辆，完全可以记下车号，事后追究法律责任，或者通知前方执勤交通警察堵截等方法进行处理。即使把问题车辆放跑了，也比出现死伤事故强。交通警察为什么有法不依，喜欢追缉问题车？究其思想根源恐怕是不能容忍驾驶人挑战自己的权威。从组织制度上看，与主管部门执纪不严不无关系。正如现在还把昆玉高速公路交巡警大队追缉驾驶人的事当做成绩，他们怎么会严肃查处这些违反规定的交警呢？①

五、交通警卫中遇有拦车、事故等的先期紧急处置

（一）交通警卫中遇有拦阻车辆的紧急处置

在交通警卫中，一旦出现有人试图拦阻警卫对象车辆的紧急情况时，作为交通警察，关键是要做到准确判断、及时报告、果断处置。若判明是敌对、恐怖分子所为，应迅速引导警卫车队绕行备用线路或掉头返回；若判明是群众上访行为，应充分尊重警卫对象的意见，酌情处理。遇有直接危及或有可能威胁警卫对象安全的，应确保警卫对象安全，迅速掩护警卫对象脱离危险区域并立即请示报告。对敌我矛盾，使用强制手段的方法；对人民内部矛盾，采取教育化解的方法，不激化矛盾，不伤害好人；对分不清性质的矛盾问题，先作为人民内部矛盾进行处理。遇有爆炸的紧急情况时，如未危及主宾车，应迅速指挥离开危险区域；如主宾车在爆炸中受损，应立即调用备用车，并加强通道和进出口

---

① 殷国安．交警追截冲卡司机：违法．检察日报．2008．8．13

的控制管理，严密盘查可疑人员。

（二）交通警卫中遇有事故、自然灾害等的紧急处置

一是警卫车队到来前突发交通事故的紧急处置。如事故不大、现场简单，应立即勘查、撤除现场，保证车队顺利通过。如事故较大、引起堵路，应及时请示报告，建议绕道。若必须途经事故路段，应迅速清出通道，或指挥借用非机动车道通行。二是主宾车发生交通事故的紧急处置。如车辆未损坏，可留人协助交通警察处理交通事故等问题，主宾车继续行进。如车辆损坏无法驾驶，应掩护警卫对象换乘备用车。在没有备用车的情况下，应首先保护警卫对象转移至安全地带，并立即报告上级派车护送。三是主宾车辆突发故障不能行驶的紧急处置。无论是在行驶中还是在停放时，如发现主宾车因故障不能正常行驶，总的原则是让警卫对象换乘备用车。若时间允许，应立即组织抢修，让警卫对象乘坐原车，避免警卫对象产生不安全感。四是遇风、雪、冰雹、地震等自然灾害的紧急处置。交通警察应立即引导警卫车队迅速脱离险区；来不及脱离时，应全力保证警卫对象的人身安全，同时向上级报告，组织紧急救援。

第六章 交通警察行政强制执行

第一节 行政强制执行的基本原理

交通警察行政强制执行是行政强制执行的组成部分之一。因此，交通警察行政强制执行必须遵循行政强制执行的基本原理。

一、行政强制执行的含义

《行政强制法（草案）》对行政强制执行的含义进行了界定：行政机关或者由行政机关申请人民法院，对不履行发生法律效力的行政决定的公民、法人或者其他组织，依法强制其履行义务的行为。然而，我国行政法学者对行政强制执行的含义的界定论述不少。具有代表性的定义有八种之多。

第一，行政强制执行是在行政法律关系中，当事人不履行其行政法上的义务时，国家行政机关可以采取法定的强制手段强制当事人履行其义务，这就是行政法上的强制执行，是一种具体的行政行为。又叫做行政执行。[①]

第二，强制执行行为指由于被管理者抵制行政机关的合法行为，不履行行政机关提出的合法要求，行政机关采取强制措施消

① 王珉灿．行政法概要．法律出版社，1983，125

除被管理者的抵制，迫使其履行的行政行为。①

第三，行政强制，也叫行政强制执行，是国家对拒绝履行行政法规定的义务的当事人，或其有关实物标的依法实施强制措施，以促使某项义务的履行；或者为了公共利益而对特定的人或物实施强制手段，以限制某项权利的行使。②

第四，行政强制执行是行政机关在国家行政管理中对不履行法定义务的当事人用强制措施强制当事人履行义务的行政行为。③

第五，行政强制执行指行政机关或行政机关申请人民法院强制拒不履行行政法义务的公民、法人或其他组织履行其义务的行为。④

第六，行政强制执行是指行政管理相对一方当事人不履行其义务时，行政机关以强制方式促使其履行，或实现与履行有同一状态的行政行为，通常简称为行政执行。⑤

第七，行政强制执行，是指公民、法人或其他组织（行政管理相对人）拒不履行行政法义务，有关国家机关依法采取必要的强制措施，迫使公民、法人或其他组织履行义务或实现与履行义务相同的状态的行政执行行为。⑥

第八，行政强制执行，可简称为行政执行或行政强制，是指相对人负有法定义务，拒不履行，由行政机关依法采取强制措施，迫使其履行义务或者由他人代为履行以达到同样目的的具体行政行为。⑦

---

① 姜明安. 行政法学. 山西人民出版社，1985，298～299

② 张焕光等. 行政法基本知识. 山西人民出版社，1986，155

③ 应松年，朱维究. 行政法总论. 工人出版社，1985，298

④ 罗豪才. 中国行政法讲义. 人民法院出版社，1991，139

⑤ 张尚鷟. 行政法学. 北京大学出版社，1991，232～233.

⑥ 应松年. 行政行为法. 人民出版社，1992，52

⑦ 王连昌. 行政法学. 中国政法大学出版社，1994，225

分析这些定义可以发现，它们存在许多共同之处。例如，行政强制执行以公民、法人或者其他组织不履行法定义务为前提；行政强制执行的目的在于强迫当事人履行法定义务等。但对行政强制执行也存在一些不同的理解，主要有下列几点：

第一，对行政强制执行与行政强制有不同理解。有的将行政强制执行等同于行政强制，而多数认为行政强制的概念应比行政强制执行更宽泛。它不仅包括行政强制执行，而且还包括行政强制措施和行政即时强制等。

第二，对行政强制执行与行政强制措施有不同理解。有的将行政强制执行等同于强制措施，而多数观点认为行政强制执行是对不履行法定义务的当事人，强迫其履行义务，而行政强制措施一般是为了预防、制止或控制危害社会行为的发生或保全证据，保证以后的强制执行。

第三，对行政强制执行与行政执行有不同理解。将行政执行与行政强制执行分开，行政执法机关有权作出行政处理决定，但一般都没有强制执行权，只有在法律有明确授权的情况下，该行政机关才具有法律规定范围内的强制执行权，可以在作出处理决定后，依照法定程序进行行政强制执行。当然，行政处理决定是具有执行力的，但执行力并不意味着行政机关自己可以强制执行。将行政处理决定权与行政强制执行权分离，将行政处理决定权与行政处罚权分离，这是现代行政法也是我国行政法制建设发展的必然趋势。

第四，对行政强制执行的性质有不同理解。有人将行政强制执行称为行政行为或具体行政行为。也有人认为，行政强制执行在行政机关依法自行强制执行时，称为行政行为或具体行政行为，但在申请人民法院强制执行，经法院审查同意，下令强制执行时，它就是司法强制，不应再称为行政行为或具体行政行为。

基于上述分析，笔者认为，行政强制执行，是指公民、法人或者其他组织不履行行政机关依法所作行政处理决定中规定的义务，有关国家机关依法强制其履行义务或者达到与履行义务相同状态的行为。其包含的基本内容主要有以下几点：

第一，行政强制执行以公民、法人或者其他组织不履行行政义务为前提。一般情况下，这种不履行还必须有不履行的故意。不履行行政义务有两种情况：一种是从事法律所禁止的行为，如机动车在高速公路上以超过《道路交通安全法》规定的120公里/小时的速度超速行驶；另一种是不履行规定必须履行的义务，如机动车应投保机动车交通事故责任强制保险而不投保。两种情况都属行政强制执行的范围。

第二，行政强制执行以强迫公民、法人或者其他组织履行行政义务为目的。

第三，强制执行应以行政义务为限，不能超过当事人所承担的行政义务范围。

第四，行政强制执行的客体既可以是物，也可以是行为，还可以是人。

第五，行政强制执行的主体是人民法院和行政机关。两大法系对此有重要区别，其根源在于对行政强制执行权性质的认识不同。普通法系国家从来把行政强制执行权看成是司法权的一部分，行政机关当然无权实施行政强制执行，但大陆法系中很多国家则历来将行政强制执行权看成是行政权的一部分，由行政机关自行执行。我国关于行政强制权的归属，已由长期实践形成制度，并在《行政诉讼法》、《行政处罚法》中加以规定，大致可归纳为：以申请人民法院强制执行为原则，以行政机关自行强制执行为例外的基本制度。

二、行政强制执行与民事强制执行、行政处罚的区别

（一）行政强制执行与民事强制执行的区别

行政强制执行与民事强制执行，作为强制执行，有许多共同处，对某些国家来说，行政强制执行与民事强制执行并无实质区别，它们都是司法权的一部分，如美国。对另一些国家而言，虽然行政强制执行与民事强制执行是分开的，但行政强制执行在内容与方式上也都是从民事强制执行仿效而来，如德国。从我国具体情况看，行政强制执行与民事强制执行的区别在于：

1. 从执行主体看，我国行政强制执行的主体在一般情况下为人民法院；但在法律规定的情况下，也可以是行政机关。这与民事强制执行的主体只能是司法机关不同。

2. 从执行依据看，行政强制执行的依据是行政处理决定，即使在由司法机关强制执行的情况下，其执行依据也是行政处理决定。民事强制执行的依据是已经生效的人民法院或仲裁机关的判决、裁定或调解等法律文书。

3. 从执行对象看，行政强制执行的对象比较广泛，可以是物，也可以是行为和人身。民事强制的对象仅限于物。

4. 从执行结果看，行政强制执行不存在执行和解，只能强迫义务人履行义务。民事强制执行可以执行和解。

（二）行政强制执行与行政处罚的区别

行政强制执行与行政处罚的共同点在于，都是因当事人不履行法定义务所引起的。但当事人不履行法定义务有两种情况：第一，此法定义务非履行不可，由此引起行政强制执行。例如，纳税，当事人不履行纳税义务的，必须强迫当事人履行。第二，此义务已不可能再履行，故只能给予行政处罚，使其汲取教训，以后必须履行义务。例如，违反交通规则，闯红灯，此时只能科以罚款，使其以后遵守交通规则，不可能强制执行。从性质上看，

行政处罚是对不履行义务的当事人科以新的义务，而行政强制执行则是要对不履行义务的当事人强迫其履行原来的义务。这是行政强制执行与行政处罚的一般分界线。行政强制执行中的代执行和执行罚也有科以新的义务的内容，但这种科以新的义务的目的，仍是为了履行原行政义务，并不以科以新的义务为结束。这是法律在设定处罚还是强制时必须注意的。在实践中，也有以处罚代替强制执行的，即以处罚代替当事人必须履行义务的情况，例如，有些地方对农民侵占集体土地建房，行政机关不是申请人民法院强制拆除，而是以收取罚款结案，这实际上将起到怂恿违法的作用，是不可取的。此外，行政处罚的种类和行政强制执行的种类很不相同。行政处罚主要运用警告、罚款、没收财物、吊销许可证和执照、责令停产停业以及行政拘留等手段。行政强制执行则采取代执行、执行罚、强制征收以及直接强制等手段。由于行政处罚都是一次性的承担义务，因而在行政处罚难以执行时，尚需以行政强制执行为后盾。

三、行政强制执行的模式

（一）国外行政强制执行模式与借鉴

作为一种制度，行政强制执行主要有借助法院介入的司法执行模式和承认行政机关自力救济的行政执行模式两种。然而它们并不是互相排斥的，而是由于各国宪政体制、法律传统以及行政法理论的不同而在制度的构建上有所侧重的结果。

第一，德奥模式，即行政机关自行强制执行模式。德国行政行为得不到相对人的自动履行时，行政强制执行在多数情况下都由行政机关来进行，主要包括对公法上货币债权的执行和对行为、容忍和不作为的行政执行。它们分别由主张债权的行政机关和该具体行政行为的作出机关予以执行。对此，德国学者的观点是，行政强制执行是一种为国家所专有的公权力。行政机关可以自行实现其请求权，可以自行采取强制措施，而无须法院或其他专门强制执行机关的参与。行政强制执行权依据行政强制执行法而独立于司法执行权。[①] 由此可见，德国行政行为得不到相对人的自动履行时，行政强制执行在多数情况下都由行政机关来进行，但要除去下列情形：其一，公法上金钱给付义务如执行标的为不动产时，由法院依民事强制执行程序执行。其二，行政相对人不执行处罚时，由负责执行的行政机关申请，行政法院在听讯义务人后通过裁定命令代偿强制拘留[②]时，由法院依民事诉讼法的规定执行。其三，对于因行政机关与公民之间的私法合同而产生的金钱债权，适用民事诉讼法，由普通法院管辖和执行。1997年《联邦德国行政执行法》修改后规定，限制人身自由的拘留，在给予义务人听证后，由地方行政法院依行政机关的申请作出拘留裁定，再依行政机关的申请，司法机关根据民事诉讼法的规定执行有关拘留决定。根据奥地利行政强制执行法的规定，其负责行政强制执行的主体为县级及其上级国家行政官署。

这些国家和地区选择这一行政强制执行模式的理论依据，或者说其根本的原因在于把实现行政效率放在了更加突出的地位，是出于对行政效率和公共秩序追求的结果。

第二，英美模式，即司法权优于行政权以及司法对行政强制执行的高度参与模式。一般来说，司法执行模式就是当行政相对人不履行行政主体所确定的义务时，由该行政主体向法院提起民事或刑事诉讼，由法院依民事诉讼程序或刑事诉讼程序强制相对人履行义务的体制。

---

① 朱新力．外国行政强制法律制度．法律出版社，2003，68～77

② 代偿强制拘留是德国的一种强制执行方式。根据德国《联邦行政执行法》第16条的规定，如果义务人没有支付能力而不能支付执行罚，法院可以通过裁定命令代偿强制人拘留。

在英国，英国政府并没有特别的固有的强制权，不会因为其作为一个能实行强制执行权力的政府而当然地拥有特殊的权力。也不是所有政府当然就没有强制执行权，如果政府要行使强制执行的权力，就必须有法律依据。常见的政府拥有的强制执行权包括：依法对违法建筑命令建筑者拆除；负责竞争法的政府机构可以在某种情形下进入公司查找该公司进行反竞争活动的证据。其他情形下行政机关的决定如果得不到当事人自动履行，行政机关只能向法院申请执行令，由法院通过司法审查程序决定该项行政决定是否应当执行。由此可见，英国行政强制执行制度的核心是，运用私法救济手段由普通法院颁布强制令来完成行政法上的强制执行任务，而行政机关自力强制执行的行政性强制执行则作为例外存在。①

美国承继了英国剥夺和限制公民人身权、财产权的决定只能由普通法院作出的普通法传统。以“三权分立”、“司法优位”和“法律支配”等作为其法制的基本理念，将行政命令和行政执行置于法院的司法控制的司法审查之下。行政决定得不到相对人的自动履行时，行政义务的实现既可以通过法院采用司法程序执行，也可以由行政机关来强制执行，但这两种方式不是并列的。行政决定的执行在很多情况下直接地或最终地依赖于司法程序。行政相对人拒不履行义务时，行政机关除根据法律授权行使“简决权力”外，原则上不能自己采取强制执行手段，只能向法院提起民事诉讼，请求法院以命令形式促使其履行。如果相对方不履行法院命令，法院将以藐视法庭罪处以罚金或拘禁。② 在相对人不履行重要行政决定，且法律有明确规定的场合，行政机关也有权通过检察机关向法院提起追诉，由法院依据刑法和刑事诉

① 胡建淼. 行政强制法研究. 法律出版社，2003，5

② 詹福满. 论行政强制执行制度的完善. 政治与法律，2004（4）：42～46

讼法对义务违反者处以刑罚。[①] 总之，在美国的多数情况下，行政相对人拒不履行时，根据法律规定可以由行政机关、检察官或由于不执行行政决定而受到损害的第三人向法院提出申请，最后只能以剥夺当事人的自由和财产权作为强制手段时，这种权力原则上只能由法院实现，经过司法程序确定。

一般认为，法国也是采用司法执行体制的国家。法国的行政活动原则上限于作出行政决定及对决定的一般执行，由行政机关实施的强制执行，除法律有明确规定外，不被认为是一般的执行。在原则上，法国以刑罚制裁来确保行政命令内容的实现，也就是说，法国对违反行政命令且危害公益的行为视为犯罪，并予以刑罚制裁。以刑罚制裁达到行政执行的目的，是法国行政强制制度的精髓，其司法执行体制的特点极为突出。但自 20 世纪初以来，在紧急情况下（即在法律未规定实现行政决定内容的方法而不得不为行政上的强制执行时），行政机关没有经过法院裁判所进行的行政强制执行也被认为是合法的，并以此作为司法执行的补充。

在这种强制执行模式下，法院对作为执行依据的行政决定的合法性进行司法审查，并赋予相对人被动的救济手段来维护其自身的合法权益。这体现了防止行政机关滥用职权和对相对人权益保护的公平、公正价值的追求。

第三，日本模式。日本的行政强制执行制度是独特的。第二次世界大战前日本承袭了德国的理论和行政强制执行制度，根据日本《行政执行法》的规定，行政机关享有代执行、执行罚、直接强制和强制征收等广泛的强制执行权力，缺少司法控制。第二次世界大战后，美国对日本的法律改革发生深刻影响，建立了立法、行政、司法分权制衡的宪政体制。司法权可以制约和监督

---

① 傅士成．行政强制研究．法律出版社，2001，336

行政权力。在执行制度上借鉴了英美以法院为主的司法执行体制。1948 年废止《行政执行法》，取而代之以《行政代执行法》，该法规定了强制执行须有法律根据。同时，取消了行政机关享有的直接强制的执行方法，行政机关仅能使用代执行、执行罚。

基于上述分析，可以作下列简要小结：

第一，德国等大陆法系国家，当相对人不履行行政义务时，行政机关可以基于行政权予以强制执行，行政命令权当然地包括执行权，行政机关强制执行无须法律特别规定。但并不排斥法院执行行政决定的情形特别是当行政决定涉及义务人人身权利时须由法院强制执行。

第二，英美法系国家是以法院执行为主、以行政机关执行为辅的行政强制执行制度。美国多见司法最终决定执行，这些国家基本上是法院和行政机关管辖的合理分工以及法院对行政机关有效的监督和制衡的执行体制。但实施执行的机构是行政机关（司法部及其警察），法院并无执行组织。

第三，日本行政强制执行制度在第二次世界大战前后的重大变化说明，一个国家法律的移植与该国的法律文化传统的关联度以及外力的影响有关。大陆法系国家法律体系经改造嫁接全新的英美法系的制度，这种“突变”的发生要有特殊条件。

（二）我国现行的行政强制执行模式

《行政诉讼法》第 66 条规定：“公民、法人或者其他组织对具体行政行为在法定期限内不提起诉讼又不履行的，行政机关可以申请人民法院强制执行，或者依法强制执行。”依据该条之规定，当相对人拒绝履行具体行政行为所确定的义务时，行政主体可以有两种模式强制执行。一种模式是申请人民法院强制执行，另一种模式是依法自行强制执行。有些法律、法规则给予行政主体实现其行政行为的选择权，既可以自行强制执行，也可以申请法院强制执行。《海关法》第 93 条规定：“当事人逾期不履行海关的处罚决定又不申请复议或者向人民法院提起诉讼的，作出处罚决定的海关可以将其保证金抵缴或者将其被扣留的货物、物品、运输工具依法变价抵缴，也可以申请人民法院强制执行。”行政主体实现具体行政行为所确定的义务的方式有三种，即行政主体自行强制执行、申请法院强制执行和可以在前两者中作出选择。但我国还有些法律、法规对强制执行问题未作任何具体规定，在这种情况下，根据最高人民法院《关于执行〈中华人民共和国行政诉讼法〉若干问题的解释》第 87 条第 1 款的规定，法律、法规没有赋予行政机关强制执行权，行政机关申请人民法院强制执行的，人民法院应当依法受理。总之，根据有关法律、法规的规定，行政强制执行既存在由行政机关实施的情况，也存在由司法机关实施的情况。在我国，行政机关和人民法院都可以成为行政强制执行的主体，但是它们两者承担行政强制执行的任务并不是同等的，除了依法由行政机关自行实施行政强制外，其他均应申请人民法院强制执行，而且以司法执行的情况居多，法律、法规中规定由行政机关自行实施行政强制的情况较少。因此，应松年教授将我国行政强制的模式概括为“以申请人民法院强制执行为原则，以行政机关自行强制执行为例外”。

1. 以申请人民法院强制执行为原则。行政强制执行权原则上属于人民法院，行政机关在公民、法人或者其他组织不履行行政机关依法作出的行政处理决定中规定的义务时，如法律没有授予其强制执行的权力，都需要申请人民法院强制执行。申请人民法院强制执行，不是向人民法院提起诉讼，这与国外不同。申请不是诉讼，不需要经过诉讼程序。申请比诉讼效率高，这是适应行政管理要求的。但申请也不是可有可无的程序，申请如经人民法院批准、同意，原行政强制决定就成为司法强制决定，人民法院可以运用其司法强制执行权，强迫当事人履行义务。因此，行政机关提出申请以后，人民法院必须认真进行审查，不仅要作形式审查，还要作实质性审查。对行政机关的申请，经审查合法，将由人民法院实施司法强制；经审查不合法，退回行政机关，不予执行。

申请人民法院强制执行是否必须有法律、法规的规定，否则人民法院将不予受理？

在《行政诉讼法》实施以前，行政机关如要申请人民法院强制执行，必须有法律、法规的规定，规章无权作此规定。制定《行政诉讼法》时曾考虑到这一因素，如仍坚持必须有法律、法规的规定，则大量根据规章作出的具体行政行为将失去强制执行的后盾而成为一句空话。在目前情况下，这将给行政管理带来难以估计的后果。凡属行政机关所作具体行政行为，公民、法人或者其他组织既不履行义务又不起诉的，行政机关就可以申请人民法院强制执行，无须以法律、法规规定为限。至于能否执行，需要人民法院审查。这是我国基本法律中第一次作出的关于行政强制执行的一般性规定。在《行政诉讼法》实施以后，应当已经不存在申请执行必须有法律、法规规定的限制。

然而，行政机关向人民法院提出申请强制执行后，人民法院应当在多长期限内给予答复；人民法院如不同意强制执行，行政机关是否可以再向上一级人民法院申诉；上级人民法院应当在多长期限内答复；执行费用应如何计算等问题，至今没有统一规定，以致常常发生矛盾，需要作出具体规定。

2. 以行政机关自行强制执行为例外。例外的根据就是法律，由法律明确规定由哪一级政府或哪一行政机关部门享有哪一种行政强制执行权，不能超越。行政主体自行强制执行的前提条件是法律赋予了其自行强制执行权。没有法律特别规定的，行政机关就不享有行政强制执行权。例如，《治安管理处罚法》中关于罚款、吊销许可证或者执照、取缔非法经营活动、拘留等行政处罚都由公安机关自行执行，否则行政主体只能通过申请人民法院执行其具体行政行为，而不能自行强制执行。有些法律、法规没有赋予行政主体行政强制执行权，其只能申请法院强制执行。《土地管理法》第83条规定："依照本法规定，责令限期拆除在非法占用的土地上新建的建筑物和其他设施的，建设单位或者个人必须立即停止施工，自行拆除；对继续施工的，作出处罚决定的机关有权制止。建设单位或者个人对责令限期拆除的行政处罚决定不服的，可以在接到责令限期拆除决定之日起十五日内，向人民法院起诉；期满不起诉又不自行拆除的，由作出处罚决定的机关依法申请人民法院强制执行，费用由违法者承担。"需要注意的是，法律明确规定行政机关拥有何种强制执行权，从积极方面说，意味着法律的授权；从消极方面说，也意味着行政机关不享有其他种类的行政强制执行权。

（三）对我国现行行政强制执行模式的评析

我国之所以形成这一模式是由一系列较为复杂的因素所致。其主要因素是：

1．社会现实的需要是形成这一模式的重要因素。在改革开放之后，体制的变革和社会的转型使旧体制下传统的控制和督促手段的作用迅速减弱甚至在较大程度上失去作用，而急需新的能够发挥作用的手段和方式的选用。与此局面相伴的却是行政机关的机构设置不健全，缺少必要的执行机构，行政执法人员的执法水平和观念尤其是依法行政的观念和意识不强，权力滥用的现象比较严重；行政管理触及领域广泛，但缺少有效的内外监督，在这种情况下，不得不寻求行政以外的力量介入强制执行，以确保行政行为的内容和行政职能的实现。

2．行政强制执行的价值取向是这一模式形成的决定性因素。选择何种行政强制执行模式是一种制度设计问题，其中起决定作用的是价值取向问题。在行政强制执行模式选择中起决定作用的因素是人们对行政效率的追求和对社会公正的渴望。公正与效率都是人类追求的法的基本价值。一般来说，效率，是指产出与投入之间的对比关系。[①] 效率同时间的消耗、费用的支出、人力的使用、程序的合理、结果的好坏等直接相关。效率的追求就是尽可能以最少的费用支出和人力使用，在尽可能短的时间内，实现具体行政行为所确定的义务。从效率的追求考察，行政强制执行权授予作出具体行政行为的行政主体行使更为有效，因为其不再需要其他部门的插手和参与，也省去了将案件向其他部门移送的时间，还相应地减少了一些程序、环节和费用的支出。但是，效率的追求也应受一些更高的价值追求的制约。这便是人类对公正的追求与渴望。行政法上的公正包括实体公正和程序公正两方面的要求。实体公正要求“依法办事，不偏私，平等对待相对人，不歧视；合理考虑相关因素，不专断”[②]。程序公正要求“自己不做自己的法官；不单方接触；不在事先未通知和听取相对人申辩意见的情况下，作出对相对人不利的行为”[③]。就具体行政行为的强制执行而言，公正的追求，就是确保作为执行依据的具体行政行为合法，确保执行过程的公正，并在执行方法的选择和使用上善待行政相对人。从公正的追求考虑，行政强制执行权授予法院可能更有利于实现公正，因为通过法院执行具体行政行为一方面可以制约不合法的行政行为进入执行程序，另一方面也有利于促使行政主体作出具体行政行为时谨慎行事，从而实现对相对人权利的保证，实现社会公正。[④] 因此，我国现行行政强制执行体制是“旨在充分保护人权的基础上达到提高行政效率的目

---

① 管保英．行政法的价值定位．中国政法大学出版社，1997，81

② 姜明安．行政法与行政诉讼法．北京大学出版社，1998，48

③ 姜明安．行政法与行政诉讼法．北京大学出版社，1998，48

④ 傅士成．行政强制研究．法律出版社，2001，118～119

的"[①]。这是立法者试图改变以往重提高效率、轻人权保护的现象的体现。我国一向重视行政效率的提高，有时为追求这一价值目标而忽视甚至放弃了对人权的保护，从而导致了许多社会问题，而行政效率也没有能够最终提高。正是在这种情况下，立法者选择和确定了这一行政强制执行模式。

我国现行的行政强制执行模式较好地实现了立法者的价值追求，在一定程度上扭转了只注重行政效率的提高而忽视对人权的保护的现象。具体地说，现行模式从以下几个方面实现了人权保护和提高行政效率的价值目标：一是把较多的行政强制执行案件实行由行政机关申请人民法院强制执行，有利于防止行政机关滥用行政强制执行权，并具有督促行政机关依法实施行政行为的作用。二是有利于保护相对人的权利，特别是在相对人因种种原因放弃申请行政复议和提起行政诉讼的权利时，不致因违法的行政行为由于行政机关的直接强制执行而损害相对人的合法权益。三是较好地体现了“司法终裁”原则。在一定程度上促进了行政执法人员依法行政的观念意识的培养和提高。四是对于那些因专业性、技术性较强不宜由人民法院执行的行政行为，交由行政机关自行强制执行，以提高行政效率。

鉴于上述分析，笔者认为，《行政强制法（草案)》继续确认了这种“以申请人民法院强制执行为原则，以行政机关自行强制执行为例外”的模式无疑是非常正确的。

不过，应当在充分吸收现行行政强制执行模式的优点的同时，也应当看到这一模式存在的缺陷和不足，需要认真进行研究并加以解决。这些缺陷和不足主要有以下两点：一是由行政机关申请法院强制执行，因人民法院必须依一定的程序进行审查，并在审查之后才能决定是否予以强制执行，往往费时较多，使已经

---

① 傅士成．行政强制研究．法律出版社，2001，108

作出的行政行为长期得不到执行，既延缓、阻碍了行政行为内容的实现，又损害了行政机关的执法权威。二是对那些因专业性、技术性较强而不宜由人民法院强制执行的行政行为，由行政机关自行强制执行，虽然可以提高行政效率，但因为缺少对行政机关必要的执行条件、程序的规定，行政机关执行时往往随意性较大，在一定程度上又背离了人权保护的价值目标，因此应对行政机关行政强制执行的内外监督机制进行明确具体的规定。

总之，我国的行政强制执行模式应当注重对相对人权利的保障和提高行政效率的双重价值取向。一般来说，效率与公正两者的目标是相矛盾的，因为过分注重保护相对人权利，就必然在制度上设计出对行政行为的严格审查的模式，这样必然影响行政效率的提高；而为了提高行政效率，则必然要相对减少审查环节，这样就有可能使人权保障的目标不能全面实现。如何协调二者的矛盾，既能充分地保障人权又能提高行政效率，这确实是一个复杂的问题，但如果能够依据社会现实的需要，坚持一定的价值选择，在具体个案中不断调整，是能够较好地实现上述两重目标的。

四、行政机关强制执行的基本手段

（一）代执行

1. 代执行的含义。义务人不履行法定义务，而该义务又可由他人代为时，由他人代替法定义务人履行义务，再由法定义务人负担费用，称为代执行，又称代履行。如果义务人履行了法定义务，但履行不完全或只履行了部分义务，在这种情况下，行政机关为了完全地履行，可否进行代执行？笔者认为，不完全履行或只履行了部分义务仍然属于未履行，因此完全可以通过代执行实现完全履行或履行尚未履行的义务。如果由第三人履行义务比义务人自己履行要花费更多的费用，这种情况不影响该义务作为代执行的对象。

2. 代执行的作用。代执行是一种比较缓和的执行方式，是一种间接强制，因而有很大的实用价值。因为代执行能够真正获得与义务人自己履行同样的状态，同时，由于是通过第三人来执行，不存在采用实力行为强制义务人的问题，因此可以在一定程度上避免与义务人发生直接对抗。还必须清楚地认识到，代执行仅限于可以代执行的作为义务，因而在“射程范围”上又受到一定限制。同时，代执行同样会损害义务人的切身利益，因此仍然存在遭到义务人激烈抗拒的可能。对此必须高度警惕，事先做好各项准备工作，以应对各种突发情况的发生。

3. 代执行是由执行机关自行代执行还是请第三者代执行。理论上对此有争论，实践做法也不一样。日本规定，由行政机关自为；奥地利规定由行政机关自为，也可请第三者代为；德国则规定只能由第三者代为。笔者认为，对代执行的主体不宜作统一规定，可由单行法根据不同行政领域的特点单独规定。

4. 代执行的法律关系。如果是行政机关自己执行，那么，执行人和被执行人之间是一种公法关系。这种代执行等同于直接强制。如果由“第三人执行”，则法律关系比较复杂，通常存在三种法律关系：一是行政机关与被执行人之间的关系。他们之间毫无疑问是一种公法关系。二是行政机关与第三人之间的关系。他们之间究竟是怎样的法律关系？有人认为是一种私法关系。笔者认为应具体情况具体分析。一般情况下，行政机关请第三人执行，需征得第三人的同意，即第三人愿意帮助执行，如果第三人不愿意则不能强迫，这样的关系是一种私法关系，即一种契约关系。但是，在遇有紧急的或其他特殊的情况时，无论第三人是否同意，第三人都必须执行。在这种情况下，行政机关与第三人之间应当是一种公法关系。三是第三人与被执行人之间的关系。他们之间不存在直接的法律关系，但作为被执行人在第三人执行时，必须负担因代执行而产生的容忍义务。第三人不能直接向被执行人支付代执行费用，而只能向行政机关请求支付代执行费用。

5. 代执行的费用。代执行的费用是事先征收还是事后征收，各国的规定不一。事先征收，会给义务人造成心理压力，促其履行义务，这就起到了类似于执行罚的作用；事后征收，便于结算，避免因事先预收而多退少补。我国对此无统一规定。由于这两种方式各有利弊，因此究竟采取何种征收方式应视具体个案灵活决定。这里有一个重要问题，就是行政机关自己代执行时，可否向义务人征收费用。按理来说，行政机关自己代执行实际上是直接强制，行政权的行使是建立在国家财政税收基础上的，因此行政机关就不应当再向相对人征收费用。行政机关费用普遍紧张，不能作为征收费用的理由。为此，比较恰当的做法是：对于代执行，除非少数紧急的特殊情况外，一般应尽力由第三人去具体执行。

6. 代执行的程序。代执行的程序一般由告诫、代执行和收取费用三个阶段构成。

（二）执行罚

1. 执行罚的含义。义务人不履行法定义务，而该义务又不能由他人代为履行，有执行权的机关可通过使不履行义务的法定义务人承担新的持续不断的给付义务，促使其履行义务，称为执行罚，也称为“怠金”、“履行强制金”等。例如，根据《行政处罚法》第51条第1项的规定，到期不缴纳罚款的，每日按罚款数额的百分之三加处罚款。

2. 执行罚与行政处罚。执行罚具有行政处罚的外形与功能，两者都是使违法人承担新的义务；在执行罚不能迫使义务人履行义务时，最终仍需与行政处罚一样，采取直接强制执行手段。但它与行政处罚显然不同：一是性质不同。行政处罚和执行罚虽然都是针对不履行法定义务的当事人，但行政处罚本质上属于制裁性法律责任，仅限于设定新的义务。执行罚属于强制性法律责任，是以设定新的义务的办法来促使当事人履行法定义务。二是目的不同。行政处罚的目的在于制裁，通过制裁使当事人以后不再违法，着眼点在于过去的违法行为。执行罚的目的在于促使义务人履行义务或实现与履行义务相同的状态，其着眼点在于将来义务内容的实现。三是原则不同。制裁性法律责任一般都以“一事不再罚”为原则，一次违法行为惩罚一次。强制性法律责任最终目的在于义务的履行，因而执行罚可以多次适用，直至义务人履行义务为止。

3. 执行罚的作用。执行罚的原理是，通过科以财产上的额外义务，对义务人心理施加强制负担，迫使其尽快履行义务。由此可见，执行罚强制效果的关键，是行政机关对义务人财产的可控制程度。如果行政机关能够有效地控制义务人的财产，执行罚就容易发挥威慑效果，因为义务人清楚地知道，一旦不履行义务，行政机关就可以直接对其财产进行强制。与此相反，如果行政机关不能有效控制义务人的财产或者义务人没有可直接控制的财产，执行罚就很难发挥作用了。所以，执行罚也是有一定的适用限制，并不是万能的。

4. 执行罚的程序。执行罚的程序大致与代执行一样，必须事先告诫，并附有期限，在义务人履行义务后，执行罚应立即停止。

（三）直接强制

1. 直接强制的含义。直接强制，是指对义务人的人身、财产或者行为直接施加物理上的强制力，迫使其履行义务或实现与履行义务相同的状态。在适用间接强制没有达到目的，或无法采用代执行、执行罚等间接强制手段，或因情况紧急来不及运用间接强制办法时，有执行权的机关也可依法对法定义务人实施直接强制。

2．直接强制的种类。直接强制按其内容可分为：第一，对人身的强制。例如，公安机关对违反治安管理的行为人实施的强制传唤，受治安拘留的人应当在限定的时间内，到指定的拘留所接受处罚，对抗拒执行的，公安机关强制执行。第二，对财物的强制。例如，将扣押的财产拍卖，将银行冻结的存款强制划拨等。第三，对行为的强制。我国对行为的强制执行手段的规定，相对而言不太完善，仅有个别法律作了规定。例如，根据《专利法》的规定，符合一定条件可以对专利进行强制许可。

3．慎用直接强制。直接强制是迫使法定义务人履行义务或实现与履行义务相同的状态的最佳方法，也是行政行为中最严厉的手段。它既利于直接、有效地实现行政目的，又易于造成对公民合法权益的损害或冲击，因此采取直接强制执行必须十分慎重。第一，行政机关实施直接强制执行的权力必须有法律明确授权。凡是法律没有明确授权的，就必须申请人民法院强制执行。第二，必须是在穷尽其他间接强制执行手段之后才能采取直接强制手段。执行时，应优先考虑代执行和执行罚这些较为柔和的间接强制手段，只有在这些方法无效或者明显感到无效时，才能考虑采用直接强制。直接强制应当是也只能是最后不得已的手段。第三，必须对直接强制执行的条件和程序作严格、明确的规定。我国单行法中规定了许多直接强制执行的措施，但大都没有关于条件和程序的规定，这一状况亟待改进。第四，直接强制执行中必须严格贯彻比例原则，以实现义务人应承担的义务为限，不能扩大，不能给义务人的人身和财产造成超过其应承担义务的范围。

五、国外行政强制执行手段多样化的新趋势及其启示

在国外传统行政强制执行理论中，具体行政行为的内容既可

以通过行政机关的直接强制实现，也可以通过代执行、执行罚等间接强制手段实现。而直接强制、代执行、执行罚等强制执行手段，实际上源于德国，是和民事上的强制手段一起从共同的强制执行制度中分化、发展而来的，其概念框架的形成受到民事强制执行的监督。从历史上看，其主要适用于警察行政领域。随着社会的发展，行政领域逐步扩大，行政面临的社会公共事务日益复杂化与多样化。面对此种形势，为了确保行政义务的履行和预期状态的实现，传统行政强制执行的手段暴露出某些局限性与不适应性。例如，直接强制“过于苛酷，而与尊重人权保障自由之新宪法精神不符”①，只能作为最后的行政手段，而不宜广泛适用；执行罚“效果低微，且往往可以行政罚之方式代之”②。为此，一些国家针对不同管理的特点与需要，在传统行政强制执行手段之外，尝试采用新的执行手段，使行政强制执行手段更加丰富，更加有利于具体行政行为内容的实现，从而出现了行政强制执行手段多样化的新趋势。

（一）撤回受益行政行为

撤回受益行政行为，是指经许可、认可从事经营等活动的人员违反有关法令时，行政部门通过撤回或取消许可、认可，予以制裁。这主要是日本确保行政义务履行的方式。它能够起到间接强制义务人履行行政法上义务的效果。③ 在美国的强制执行制度中也存在着与此类似的手段。例如，当事人正在向联邦通讯委员会申请广播许可时，如其拒不执行委员会作出的制裁决定，委员会可以通过拒绝许可来执行其所作出的制裁决定。

---

① 城仲模．行政法之基础理论．（我国台湾地区）三民书局，1983，237

② 城仲模．行政法之基础理论．（我国台湾地区）三民书局，1983，385

③ ［日］远藤博也，阿部泰隆．行政法（总论）．日本青林书院新社，1984，240～243

（二）拒绝给付

这也是日本行政法理论提出的确保义务履行的方式，是指随着现代行政的发展，公民的生活越来越多地依赖于行政，行政机关便可以通过保留拒绝提供电气、自来水等生活必需服务的手段，来规制私人的活动，促其如期履行义务。采取拒绝给付是因为被强制履行的行为不是法令规定的义务行为。但在日本，“作为确保义务履行的制度，拒绝给付尚未明确地在制定法上确定位置”[①]。因此，围绕采取这种手段是否具有合法性，近期在日本引起广泛争论。

（三）公布违反事实

日本的违反事实的公布，是指将不遵守行政法律的当事人的违法行为通过一定的媒介向社会公开，依靠社会舆论间接强制当事人履行义务。公布违反事实在美国称为作为制裁的信息披露。公布违反事实对违法当事人本身不能直接带来法律上的不利，但公布将导致其名誉受损或降低社会对其的评价，进而有可能间接带来经济上的不利，从而损害交易关系等。为了避免这种不利后果的发生，当事人被迫履行义务。因此，公布违反事实也是确保行政义务履行的一种手段。当然，公布违反事实的实效性取决于违法当事人的态度以及一般居民、国民的反应。如果违法当事人并不介意对自己的这种谴责或批判，违法事实公布的效果就是有限的。[②]

（四）行政罚

这是在美国与法国普遍采用的确保义务履行的方式。它是指对于不执行行政决定的当事人，法律规定由行政机关按照法定程序，科处某种制裁作为保障执行的手段。在美国，行政罚的手段

---

① ［日］高田敏．行政法．日本有斐阁，1994，220～224

② ［日］盐野宏．行政法．日本有斐阁，1994，198～204．

除罚金外，还包括命令停止某种活动、撤销或中止当事人的执照或许可证、拒绝延长当事人的执照、不给予当事人某种利益或补助、拒绝邮购淫秽书刊或欺骗性广告、驱逐出境、对当事人的活动增加某些条件或限制、不给予船舶或飞机起航许可证、公布当事人拒绝执行情况等。在法国，最常见的行政罚种类有：申诫、罚款、扣留、没收、停止营业、停止发行、取消职业证件、取消开车执照、丧失某种利益、取消某种资格等。当然，行政罚作为行政强制执行的手段，其特点是行政机关一般不能使用物质强制力量，有时为了实现处罚效果，最终达到执行的目的，必须依赖法院的支持。当行政机关作出某些需要当事人作为或不作为的行政处罚后，当事人拒不遵守，行政机关必须诉诸法院，由法院发布相应的命令，达到执行的目的。

（五）行政刑罚

这是在美国、法国与日本采用的确保义务履行的方式。它是指当事人不履行行政法义务或行政决定时，法律规定由刑事法院按照法定程序作出刑罚判决，依靠当事人对刑罚的恐惧而促使其履行义务。在美国，当事人不遵守行政决定时，不论这个决定是普遍性的条例或具体性的处理，考虑其重要性，认为必须严格遵守时，都可规定刑罚作为执行的保障。行政机关对于不执行行政决定的人，应向检察机关检举，由后者向法院提出追诉。刑罚在一般情况下不妨碍行政机关同时采取必要的行政处罚和请求赔偿损失。但是，法院在判决刑罚以前，必须首先审查行政决定是否合法成立，以及当事人是否违反行政决定。在法国，很多情况下当事人不履行行政法上的义务时，法律规定刑罚作为制裁，依靠当事人对刑罚的恐惧而自动履行义务。最典型的用刑罚保障执行的行政行为是警察条例。凡违反警察条例，而在该条例和其他法律中没有规定处罚时，适用刑法典中关于违警处罚的规定。其他某些具体的行政行为，有时也可以刑罚制裁作为执行手段。在日本，行政刑罚，是指对行政上的义务违反者科处刑法上规定刑名的刑罚，如徒刑、监禁、罚金、拘留、罚款等。在日本，除法令另有特别规定外，行政刑罚也适用刑法总则，法院根据刑事诉讼法的规定，对义务违反者科处刑罚。

（六）赔偿损失

这主要是美国行政强制执行的一种手段。赔偿损失不是一种处罚，它是一种间接的执行手段，当事人不执行行政机关的决定，行政机关或其他人因此而受到损失时，可以请求赔偿。赔偿损失作为一种执行手段，通常与其他执行手段同时使用。

（七）强制征收

这主要是日本行政强制执行的一种手段，是指义务人不履行行政上金钱给付义务的情况下，行政机关对义务人的财产施加压力，使其履行义务或达到与其履行义务同一状态的行政强制执行手段。它主要根据国税征收法的规定进行。

上述多样化的行政强制手段代表着强制理论发展的一种倾向，从人权保障的基本观念出发，尽量抑制直接强制的适用，循着间接强制的方向跳出传统间接强制措施去寻求其他的有效手段，这使得在实现所预期的行政状态的方式选择上更加机动灵活。与此同时，行政法上有关理论的结构也随之发生变化，对于确保所预期的行政状态实现的行政作用的探讨，不再限于传统的行政强制执行，而是将同样具有这方面功能的撤回受益行政行为、行政罚、公布违反事实等制度一并放到确保行政义务履行的制度的总体框架之内进行研究。

我国正致力于行政法制建设，而困扰行政执法实践的“执行难”虽是多种因素造成的，但使用单一的强制执行手段也是其中的一个重要原因。在我国，由于受国外传统行政强制执行理论与国内行政法理论研究的影响，行政强制执行的手段仅仅局限于代执行、执行罚、直接强制等方面，而对于国外采用的一些行之有效的新方法、新手段没有引起足够的注意，结果造成行政强制执行手段的单一化。因此，为了确保具体行政行为内容的实现，在原有的、传统的强制执行方式之外，借鉴国外的积极经验，寻求有效合理的强制执行新手段，便成为我国行政强制执行制度创新的必然选择。如何采取灵活多样的行政措施来实现所预期的行政状态是一个极其重要的课题。上述行政强制手段的新动向，对于开阔视野、完善理论构建是有一定的启发和借鉴意义的。

在我国的行政法制度中，其实也都可以找到与上述相类似或近似的行政方法。例如，日本所谓的受益行政行为的撤回，在我国称为吊销许可证，但在我国行政法理论中，则从未意识到或者根本否定这些行政方法可以作为强制的手段。笔者认为，行政处罚与行政强制执行有着原则上的区别，分属于不同性质的行政行为。行政处罚着眼于对过去违背义务的制裁，而行政强制执行的目的则在于原有义务的履行，没有看到两者之间的内在的关联性。完全可以将行政处罚作为担保行政义务履行的强制手段，将行之有效的行政处罚方式纳入强制执行的范畴，加强行政强制执行的力度。

当然，承认行政处罚可以作为担保行政义务履行的强制手段，这只是从其所具有的与执行罚相同的间接强制的作用角度提出来的，并不是要抹杀行政处罚和行政强制执行之间的界限，使两者混同，或者说，将行政处罚变为行政强制执行的手段之一而取消其独立存在。与此相反，由于行政处罚在大部分情况下适用于当事人违背了行政法上的禁止性规定，因此并不因为它可以用来作为担保行政决定执行的强制手段就否认它作为一般的制裁措施而独立存在的资格。

目前，行政强制执行手段不完整，程序不健全，缺乏应有的力度和威慑力。享有自行强制执行权的行政机关对拒不执行行政决定的情况往往力不从心，难以达到迫使相对人履行义务的目的。如果没有其他强制措施辅助，仅凭此种执行罚是无法迫使相对人履行义务的。而申请法院执行，以至于一些数额较小又无争议的罚款没收处罚或责令停止违法行为的处罚在法院久拖不决，难以得到及时执行，个别法院也借机收取执行费或与行政机关“联手”执行，造成很坏影响。

需要指出的是，各国国情千差万别，上述国外行政强制执行的新手段并不必然都适用于我国，应当根据我国的国情批判地予以借鉴，为我所用。

第二节　交通警察行政强制执行的模式

交通警察行政强制执行是行政强制的组成部分，是行政强制基本原理在交通安全管理领域的具体体现。就目前交通警察行政强制执行的现状来看，交通警察行政强制执行严格遵循了以申请人民法院强制执行为原则，以行政机关自行强制执行为例外的模式。也即公安机关交通管理部门在遇有当事人不履行公安机关交通管理部门作出的处理决定时，除非有关法律规定公安机关交通管理部门可以自行强制执行外，都必须申请人民法院强制执行。例如，《道路交通安全法》第109条规定：“当事人逾期不履行行政处罚决定的，作出行政处罚决定的行政机关可以采取下列措施：（一）到期不缴纳罚款的，每日按罚款数额的百分之三加处罚款；（二）申请人民法院强制执行。”从这一模式的实际执行情况来看，效果还是比较好的。

第三节　交通警察行政强制执行的程序

程序是“法律的生命形式，因而也是法律的内部生命的表现”①。行政强制执行必须遵循一定的程序。目前由于我国统一的《行政强制法》正在制定之中，因此尚无统一的有关行政强制执行程序的规定，行政强制执行程序尚属各执行机关“自由裁量”的范围。笔者认为，本着最小侵害原则，最大限度地保护公民的基本权利，行政机关应慎用行政强制执行手段，尽力督促行政义务人自行履行行政义务。为此，公安机关交通管理部门作出行政强制执行决定前，应当事先督促催告当事人应当履行的义务。催告应当以书面形式作出并载明下列内容：(1)明确的当事人自动履行义务所需的合理期限。(2)强制执行方式。(3)涉及金钱给付的，必须有明确的金额和给付方式。(4)当事人依法享有的权利。当事人收到公安机关交通管理部门的催告书后有权进行陈述和申辩。公安机关交通管理部门必须充分听取当事人的意见，对当事人提出的事实、理由和证据，应当进行记录、复核；当事人提出的事实、理由或者证据成立的，公安机关交通管理部门应当采纳。经督促催告，当事人履行公安机关交通管理部门依法作出的行政决定的，不再实施强制执行。经催告，如果当事人逾期仍不履行公安机关交通管理部门决定的，公安机关交通管理部门可以作出行政强制执行决定。

就交通警察行政强制执行的程序来看，交通警察行政强制执行程序主要包括下列基本步骤：

---

① 马克思恩格斯全集（第1卷），人民出版社，1961，178

一、审查与决定

相对人逾期不履行义务，原来的行政案件就转化为执行案。公安机关交通管理部门受理执行案后，应认真进行审查，即查清相对人不履行行政义务的原因，检验原具体行政行为是否不当或违法。如果公安机关交通管理部门发现当事人不履行义务是由于具体行政行为本身不当或违法所致，应当纠正该具体违法行为；如果人民法院审查发现不履行是由于具体行政行为本身不当或违法所致，可以在听取被执行人的意见和认定行政决定确实违法后，裁定不予执行。行政机关向人民法院申请强制执行，须提交强制执行申请书、相应行政决定书以及作出决定的事实、理由、法定依据等，人民法院要对申请书及相应材料进行书面审查，认定其符合法定条件和要求的，方予执行。

二、告诫

在行政强制过程中，“首先我们应当说服，然后强迫”①。告诫实质上是对相对人的一次说服再教育，有助于实现自动履行原则。为此，应当采取书面的形式将强制的种类、执行对象和范围、实施的期限等强制的内容尽量详尽地告知被执行人，以便使其清楚地知道强制的内容和后果。必要时，只要行政效率允许，可以反复地进行告诫。结合在行政强制实践中的经验，在告诫的同时辅以必要的法制及思想教育，常常能够取得较好的效果。

三、实施

如果相对人在限定的期限内仍然没有自动履行行政义务，那么，执行机关就可以采取强制手段执行，以实现行政法上所预期

---

① 斯大林全集（第6卷）. 人民出版社，1953，53

的行政状态。当然，如果被执行人在强制执行之前的最后时刻因惧怕强制执行而自动履行，执行机关也应作出停止执行的决定。

第四节　交通警察行政强制执行的主要手段

行政强制执行在行政法上的基本作用是确保具体行政行为的内容得到实现，而具体行政行为内容的实现必须具备一定的方法与手段。因此，行政强制执行手段在整个行政强制执行制度中居于非常重要的地位。我国采取的是以申请人民法院强制执行为原则，行政机关自行强制执行为例外。"例外"就是法律规定，没有单行法律授权的，一律向人民法院申请；由单行法律授权后，行政机关才能自行强制执行。据笔者统计，目前《道路交通安全法》等有关法律、法规授予公安机关交通管理部门的行政强制执行手段主要有下列几种：

一、加处罚款

加处罚款属于执行罚，是对拒不履行罚款义务，科以新的金钱给付义务，以迫使其履行的强制执行措施。它是公安机关交通管理部门为督促交通行为违法者履行处罚义务的重要的强制执行手段之一。《道路交通安全法》第109条的规定是公安机关交通管理部门有权采取执行罚的法律依据。《道路交通安全法》第109条规定的加处罚款这一行政执行手段在实务中产生了一定效果，但是还存在一些问题需要进一步完善。

（一）公安机关交通管理部门应充分履行催缴款义务

就加处罚款的功能而言，就是行政机关对不履行义务者按一定比例每日增加罚款数额的方法来威慑、敦促和迫使义务人履行义务。要想真正发挥加处罚款的威慑和敦促功能，公安机关交通管理部门应充分履行催缴款义务。在义务人到期不履行义务时，欲征收加处罚款的行政机关就必须履行告知义务，明确通知义务人自到期的次日起行政机关将按多少比例每日加处罚款，直到义务人履行义务为止。这样既符合正当程序的要求，又让义务人知道了不履行义务可能产生的严重后果。

（二）加处罚款的比例标准应适当

加处罚款作为敦促义务人履行义务的一种手段，其征收标准既不能太高，也不能太低，太高了会严重损害行政相对人的权益，太低了又不能起到威慑和敦促的作用。

（三）加处罚款的数额应有所限制

加处罚款的数额会随着时间的推移滚雪球似地增长，如不封顶，加处罚款的数额超出其罚款数额的现象将频频发生。这就很容易导致加处罚款目的异化，使加处罚款这一方法招致社会的质疑。令人欣喜的是，经2008年11月17日公安部部长办公会议修订通过，自2009年4月1日起施行的《道路交通安全违法行为处理程序规定》（公安部令第105号）对加处罚款的数额进行了限制。根据《道路交通安全违法行为处理程序规定》第52条第1项的规定，到期不缴纳罚款的，每日按罚款数额的3%加处罚款，加处罚款总额不得超出罚款数额。

如果加处罚款累积到一定数额，如已接近甚至超过罚款的数额；或到一定时间，如1个月仍不能对义务人形成威慑，这就表明加处罚款这种行政强制执行方式已不可行，应当转为采取直接的行政强制执行方式予以替代。法律规定，有行政强制执行权的行政机关可以采取划拨存款、汇款或者拍卖查封、扣押的财产的方式强制执行，没有强制执行权的行政机关应当申请人民法院强制执行。例如，江苏省金坛市公安局交巡警大队发现2007年8月有25起罚款处罚决定（总金额达6万余元）没有得到及时履行，于是对当事人一再进行了电话告知，但25名当事人仍拒绝履行处罚决定。为此，该交巡警大队积极与市人民法院进行沟通并及时向人民法院提出了强制执行申请，经人民法院强制执行，25 名当事人到人民法院缴纳了罚款和逾期未缴纳罚款而产生的加处罚款，并承担了案件受理、诉讼费用。

二、强制排除妨碍

排除妨碍属于代执行。《道路交通安全法》第 106 条规定：“在道路两侧及隔离带上种植树木、其他植物或者设置广告牌、管线等，遮挡路灯、交通信号灯、交通标志，妨碍安全视距的，由公安机关交通管理部门责令行为人排除妨碍；拒不执行的，处二百元以上二千元以下罚款，并强制排除妨碍，所需费用由行为人负担。”《道路交通安全违法行为处理程序规定》第 38 条规定：“对在道路两侧及隔离带上种植树木、其他植物或者设置广告牌、管线等，遮挡路灯、交通信号灯、交通标志，妨碍安全视距的，公安机关交通管理部门应当向违法行为人送达排除妨碍通知书，告知履行期限和不履行的后果。违法行为人在规定期限内拒不履行的，依法予以处罚并强制排除妨碍。”《道路交通安全违法行为处理程序规定》第 39 条规定：“强制排除妨碍，公安机关交通管理部门及其交通警察可以当场实施。无法当场实施的，应当按照下列程序实施：（一）经县级以上公安机关交通管理部门负责人批准，可以委托或者组织没有利害关系的单位予以强制排除妨碍；（二）执行强制排除妨碍时，公安机关交通管理部门应当派员到场监督。”

就上述《道路交通安全法》第 106 条和《道路交通安全违法行为处理程序规定》第 38 条规定的强制排除妨碍来分析，显然排除妨碍的执行并没有完全确定只能由自己执行或他人执行，而是采取了具有选择性的灵活办法。公安机关交通管理部门当场能执行的，公安机关交通管理部门自己执行，如果当场不能执行的，经公安机关交通管理部门负责人批准，组织或者委托第三人执行。执行强制排除妨碍时，公安机关交通管理部门还应当派员到场进行监督，并强制排除妨碍，所需费用由当事人负担。对于当事人拒不缴纳代执行费用的，公安机关交通管理部门可以依法申请人民法院强制执行。

三、收缴非法装置

《道路交通安全法》第 97 条规定："非法安装警报器、标志灯具的，由公安机关交通管理部门强制拆除，予以收缴，并处二百元以上二千元以下罚款。"《道路交通安全违法行为处理程序规定》第 35 条规定："对非法安装警报器、标志灯具或者自行车、三轮车加装动力装置的，公安机关交通管理部门应当强制拆除，予以收缴，并依法予以处罚。交通警察现场收缴非法装置的，应当在二十四小时内，将收缴的物品交所属公安机关交通管理部门。对收缴的物品，除作为证据保存外，经县级以上公安机关交通管理部门批准后，依法予以销毁。"

（一）公安机关交通管理部门可以收缴非法装置的情形

1. 非法安装警报器、标志灯具的。非法安装警报器、标志灯具，是指在法定可以安装警报器和标志灯具的特种车范围以外的车辆上安装警报器和标志灯具或未经批准而安装的行为。警报器和标志灯具是为了保证法定的特种车在执行紧急任务时能够顺利地通行而安装的报警器具，是区别特种车辆和一般机动车的重要特征。根据《道路交通安全法》第 15 条的规定，只有警车、消防车、救护车、工程救险车可以按照规定并经批准安装警报器、标志灯具。其他机动车不得安装警报器或者标志灯具。

法律之所以严格限定特种车辆的种类并严格审批机动车安装警报器和标志灯具，是因为特种车辆在执行紧急任务时具有不同于一般机动车的特别通行权利。根据《道路交通安全法》第 53 条的规定，驾驶警车、消防车、救护车、工程救险车执行紧急任务时，可以使用警报器、标志灯具；在确保安全的前提下，不受行驶路线、行驶方向、行驶速度和信号灯的限制，其他车辆和行人应当让行。道路养护车辆、工程作业车进行作业时，在不影响过往车辆通行的前提下，其行驶路线和方向不受交通标志、标线限制，过往车辆和人员应当注意避让。上道路流动作业的洒水车、清扫车等机动车，应当按照安全作业标准作业；在不影响其他车辆通行的情况下，可以不受车辆分道行驶的限制，但不得逆向行驶。

由于安装了警报器和标志灯具的特种车辆依法享有道路的特别通行权，而这种特别通行权会影响道路上其他车辆和行人的正常通行，因此为了尽量减少特种车辆对道路交通的影响，严格限定特权车辆种类并从严审批是非常必要的。但是，如果当事人无视法律的禁止性规定，不经过公安机关的正常审批程序而非法安装警报器和标志灯具，必然会影响道路上其他车辆和行人的正常通行，因此公安机关交通管理部门必须通过规定法律责任的形式加以封堵。在实际执法中，公安机关交通管理部门及其交通警察应当检查其行驶证以及是否持有所在地市、县公安局核发的《特种车辆警报器、标志灯具使用证》。

2. 自行车、三轮车安装动力装置的。自行车、三轮车属于非机动车的范畴，如果安装动力装置，就会破坏自行车、三轮车的平衡结构，加之速度的极度提升，使得自行车、三轮车操控系统以及刹车系统的安全性大大降低，极易引发交通事故。例如，近期南京市的一些市民对助力车（属于非机动车）进行改装，换缸后加大排量的现象就非常严重，而且交通警察在执法检查时竟然发生一天内两名交通警察被安装动力装置的自行车、三轮车撞伤的恶性事件。[①] 因此，交通警察在执勤执法或者处理交通事

① 郭一鹏，裴睿．骑无牌助力车被拦竟撞交警．扬子晚报．2008．8．20

故的过程中发现自行车、三轮车安装动力装置的，应当对动力装置予以收缴。

（二）公安机关交通管理部门收缴非法装置的程序

1. 向机动车驾驶人告知收缴非法装置的有关事项并听取当事人的陈述和申辩。交通警察应当口头告知当事人收缴非法装置的基本事实以及有关法律依据，告知当事人有关依法享有的权利以及在规定的期限内到公安机关交通管理部门接受处理等基本情况。与此同时，还应当认真听取当事人的陈述和申辩，对于当事人提出的事实、理由或者证据成立的，应当采纳。

2. 制作公安交通管理行政强制措施凭证和扣押物品清单（一式两份）并当场交付。行政强制措施凭证应当由当事人签名、交通警察签名或者盖章、公安机关交通管理部门盖章。当事人拒绝签名的，交通警察应当在行政强制措施凭证上注明。然后，将行政强制措施凭证当场交付当事人。当事人拒收的，交通警察应当在行政强制措施凭证上注明。

3. 拆除并收缴非法装置。一般情况下，交通警察应当首先让当事人自行拆除，然后将非法装置予以收缴。而对于拒不拆除的，交通警察可以代为执行，也可以委托专门负责安装警报器和标志灯具的服务机构拆除，所需费用由当事人负担。在整个拆除过程中，交通警察应当向当事人讲明理由和依据，尽量取得当事人的配合。

4. 移交与销毁非法装置。交通警察收缴非法装置的，应当在24小时内将被收缴的非法装置交到所属公安机关交通管理部门。对收缴的非法装置除作为证据保存外，经县级以上公安机关交通管理部门批准后，予以销毁。交通警察不得未经批准擅自处理收缴的非法装置，更不得私自使用、占有。

四、强制撤离事故现场

（一）强制撤离事故现场的含义

强制撤离事故现场，是指公安机关交通管理部门或者交通警察遇有按简易程序处理的交通事故案件时，在固定现场证据后，应责令当事人撤离现场，恢复交通，对拒不撤离现场的，予以强制撤离的行为。《道路交通安全法》第 70 条第 3 款规定："在道路上发生交通事故，仅造成轻微财产损失，并且基本事实清楚的，当事人应当先撤离现场再进行协商处理。"《道路交通安全法实施条例》第 89 条第 1 款规定："公安机关交通管理部门或者交通警察接到交通事故报警，应当及时赶赴现场，对未造成人身伤亡，事实清楚，并且机动车可以移动的，应当在记录事故情况后责令当事人撤离现场，恢复交通。对拒不撤离现场的，予以强制撤离。"《道路交通事故处理程序规定》第 16 条第 1 款规定："交通警察适用简易程序处理道路交通事故时，应当在固定现场证据后，责令当事人撤离现场，恢复交通。拒不撤离现场的，予以强制撤离；对当事人不能自行移动车辆的，交通警察应当将车辆移至不妨碍交通的地点。具有本规定第八条第一款第六项、第七项情形之一的，按照《道路交通安全法实施条例》第一百零四条规定处理。"

（二）交通警察采取强制撤离事故现场的条件

1. 具有交通警察适用简易程序处理道路交通事故的情形。交通警察适用简易程序处理道路交通事故的情形通常有下列几种：一是在道路上发生交通事故，未造成人员伤亡，当事人对事实及成因有争议不即行撤离现场的或者当事人撤离现场后，经协商未达成协议的。二是在道路上发生交通事故，仅造成轻微财产损失，当事人对事实及成因有争议不即行撤离现场的或者当事人撤离现场后，经协商未达成协议的。三是交通事故受伤人员认为自己伤情轻微，当事人对事实及成因无争议，但对赔偿有争议的。四是在道路上发生交通事故，未造成人员伤亡，当事人对事实及成因无争议的，或者仅造成轻微财产损失并且基本事实清楚的，但是当事人不能自行移动车辆的。五是在道路上发生交通事故，未造成人员伤亡，当事人对事实及成因无争议的，可以即行撤离现场，恢复交通，或者仅造成轻微财产损失，并且基本事实清楚的，但是车辆碰撞建筑物、公共设施或其他设施的。

2. 交通事故当事人未撤离事故现场。上面归纳了交通警察可以按简易程序处理交通事故的五种情形，但这些情形有的事故现场已撤离，有的未撤离。交通警察能够采取强制撤离事故现场的，只能是那些尚未撤离事故现场的情形，对于尽管当事人有争议，但当事人已经撤离现场的，就不存在强制撤离的问题了。

3. 交通警察已对现场证据进行了固定。交通警察迅速到现场后，交通事故当事人应向交通警察提供由双方当事人共同签字认可的事故情况记录，交通警察应当记录交通事故发生的时间、地点、天气、当事人姓名、机动车驾驶证号、联系方式、机动车种类和牌号、保险凭证号、交通事故形态、碰撞部位、赔偿责任人等，并由当事人签名。

4. 交通警察责令当事人撤离现场，恢复交通，但当事人拒不撤离现场。

（三）交通警察采取强制撤离事故现场的程序

交通警察采取强制撤离事故现场的程序，现行的法律、法规与规章未进行具体规范，但从实践出发，以及基于保障当事人权益的需要，笔者认为，交通警察采取强制撤离事故现场的程序应包括下列内容：

1. 交通警察应当责令当事人撤离。由于情况紧急，交通警察一般可以采取口头命令的形式，要求当事人立即撤离事故现场。

2. 当事人拒绝撤离事故现场后，交通警察决定强制撤离事故现场。

3. 立即实施强制撤离事故现场，将车辆移至不妨碍交通的地点，恢复交通。

4. 交通警察当场制作道路交通事故认定书并由当事人签名。撤离现场后，交通警察应当根据现场固定的证据和当事人、证人叙述等，认定并记录道路交通事故发生的时间、地点、天气、当事人姓名、机动车驾驶证号、联系方式、机动车种类和牌号、保险凭证号、交通事故形态、碰撞部位、赔偿责任人等，并根据当事人的行为对发生道路交通事故所起的作用以及过错的严重程度，确定当事人的责任，制作道路交通事故认定书，确定当事人的责任，由当事人签名。

五、对逾期不来接受处理的被扣留机动车的拍卖、强制报废

（一）拍卖、强制报废被扣留机动车的法律依据

《道路交通安全法》第112条规定："公安机关交通管理部门扣留机动车、非机动车，应当当场出具凭证，并告知当事人在规定期限内到公安机关交通管理部门接受处理。公安机关交通管理部门对被扣留的车辆应当妥善保管，不得使用。逾期不来接受处理，并且经公告三个月仍不来接受处理的，对扣留的车辆依法处理。"《道路交通安全法实施条例》第107条规定："依照道路交通安全法第九十二条、第九十五条、第九十六条、第九十八条的规定被扣留的机动车，驾驶人或者所有人、管理人30日内没有提供被扣留机动车的合法证明，没有补办相应手续，或者不前来接受处理，经公安机关交通管理部门通知并且经公告3个月仍不前来接受处理的，由公安机关交通管理部门将该机动车送交有资格的拍卖机构拍卖，所得价款上缴国库；非法拼装的机动车予以拆除；达到报废标准的机动车予以报废；机动车涉及其他违法

犯罪行为的，移交有关部门处理。”

（二）拍卖、强制报废被扣留机动车的条件

1. 机动车被扣留。根据《道路交通安全法实施条例》第107条的规定，机动车被扣留是因为机动车驾驶人或者所有人、管理人涉嫌违反了《道路交通安全法》第92条、第95条、第96条、第98条的规定。

2. 逾期不来接受处理。逾期未提供被扣留机动车的合法证明，或者未补办相应手续，或者不来接受处理。《道路交通安全法实施条例》第107条规定的期限为30日。

3. 经通知并且经公告仍不前来接受处理。根据《道路交通安全法实施条例》第107条的规定，经公安机关交通管理部门通知并且经公告3个月仍不前来接受处理的，由公安机关交通管理部门将该机动车运交有资格的拍卖机构拍卖。

（三）拍卖被扣留机动车的程序

公安机关交通管理部门将该机动车送交有资格的拍卖机构拍卖，拍卖应根据《拍卖法》的规定办理，所得价款上缴国库。

（四）强制报废被扣留机动车的程序

1. 审批。对扣留的拼装机动车或者已达到报废标准的机动车予以收缴并强制报废，须经县级以上公安机关交通管理部门批准。

2. 拆解报废。对非法拼装的机动车或者达到报废标准的机动车由机动车回收企业按规定予以解体并出具有关机动车回收证明。需要注意的是，报废的大型客、货车及其他营运车辆应当在公安机关交通管理部门的监督下解体。

3. 对于已达到报废标准的机动车，车辆管理所应办理注销登记，在计算机登记系统内登记注销信息。

八、对逾期不来接受处理的被扣留非机动车的处置

《道路交通安全法》第 89 条规定："行人、乘车人、非机动车驾驶人违反道路交通安全法律、法规关于道路通行规定的，处警告或者五元以上五十元以下罚款；非机动车驾驶人拒绝接受罚款处罚的，可以扣留其非机动车。"这里也涉及非机动车被扣留后，逾期不来接受处理，并且经公告 3 个月仍不来接受处理的，对扣留的车辆依法处理。问题是如何处理？依据什么法处理？有关道路交通管理方面的法律、法规未作具体规定，而在实践中因违反道路交通法律、法规的规定而被扣留的现象还是十分多见的。根据《行政处罚法》第 51 条第 2 项的规定，根据法律规定，将查封、扣押的财物拍卖或者将冻结的存款划拨抵缴罚款。笔者认为，如果非机动车当事人经通知和公告后在规定的期限内仍不来接受处理的，原则上就只能是进行拍卖或变卖，如果已达到报废标准就只能进行强制报废，并从拍卖、报废所得的价款中抵缴罚款并将剩余款退还给当事人，暂时无法退还的以当事人的名义存入银行。

七、责令消除交通安全隐患

这里的交通安全隐患既包括车辆本身存在的隐患，也包括驾驶人和管理制度中存在的隐患。《道路交通安全法》第 89 条规定："对六个月内发生二次以上特大交通事故负有主要责任或者全部责任的专业运输单位，由公安机关交通管理部门责令消除安全隐患，未消除安全隐患的机动车，禁止上道路行驶。"《道路交通事故处理程序规定》第 59 条规定："专业运输单位六个月内两次发生一次死亡三人以上道路交通事故，且单位或者车辆驾驶人对事故承担全部责任或者主要责任的，专业运输单位所在地的公安机关交通管理部门应当报经设区市公安机关交通管理部门

批准后，作出责令限期消除安全隐患的决定，禁止未消除安全隐患的机动车上道路行驶，并通报道路交通事故发生地及运输单位属地的人民政府有关行政管理部门。”由此可见，责令消除交通安全隐患应当注意下列几个方面：

1. 从主体看，承担消除交通安全隐患的责任者是专业运输单位，即以机动车为运输工具，专门从事道路客运或货运的单位。

2. 从后果看，专业运输单位6个月内发生二次以上特大交通事故，且单位或者车辆驾驶人对事故承担全部责任或者主要责任。

3. 公安机关交通管理部门可责令其进行检查，分析发生交通事故的隐患并予以消除，对于“带病”的机动车禁止上路行驶。具体方式是发出《责令限期消除交通安全隐患通知书》，未消除安全隐患的机动车禁止上路。专业运输单位应当严格按公安机关交通管理部门的责令，立即整改安全隐患，否则造成严重后果的，要承担相应的行政和刑事责任。

八、责令停止违法行为并恢复原状

《道路交通安全法》第104条规定：“经批准，擅自挖掘道路、占用道路施工或者从事其他影响道路交通安全活动的，由道路主管部门责令停止违法行为，并恢复原状，可以依法给予罚款；致使通行的人员、车辆及其他财产遭受损失的，依法承担赔偿责任。有前款行为，影响道路交通安全活动的，公安机关交通管理部门可以责令停止违法行为，迅速恢复交通。”现阶段，城市道路的主管部门为建设部门，公路的主管部门为交通管理部门，当事人需要挖掘道路、占用道路施工的，应当先向相应的道路主管部门提出申请，影响交通安全的，还应征得公安机关交通管理部门的同意。占用道路从事非道路交通活动的，应当经公安机关交通管理部门批准。未经批准擅自挖掘道路、占用道路施工或者从事其他影响道路交通安全活动的，公安机关交通管理部门可以发出通知责令其停止违法活动，立即恢复交通。

如果当事人不服从指令，未停止违法行为并恢复原状，公安机关交通管理部门应当怎么办?《道路交通安全法》第104条并没有具体规定。笔者认为，对此情况应当予以明确规定。在这种紧急情况下，公安机关交通管理部门可以委托或者组织第三人立即实施代履行。

九、强制传唤

(一) 传唤的含义

公安机关在查处违反治安管理案件时，有时需要向违反治安管理行为人询问和查证，甚至需要当面核实案件的具体情况。为了准确及时地了解案件情况，收集证据，一般情况下，办案人员应当尽可能在发案现场进行询问、查证。但在某些情况下，不能或不便在现场进行询问、查证的，就需要通知违反治安管理行为人在规定的时间里到公安机关或者街道居委会、村委会、单位治安保卫部门等地方接受公安机关的询问、查证。公安机关的这种通知违反治安管理行为人到公安机关来接受询问和查证的具体方式，就是传唤。《道路交通事故处理程序规定》第26条规定：“交通警察应当检查当事人的身份证件、机动车驾驶证、机动车行驶证、保险标志等；对交通肇事嫌疑人可以依法传唤。”

(二) 传唤的方式

传唤包括传唤证传唤和口头传唤。

1. 传唤证传唤。由于传唤牵涉到对公民人身自由的限制，为了防止公安机关传唤的随意性，必须在传唤适用程序上加以严格的规定。根据《治安管理处罚法》第82条第1款的规定，需要传唤违反治安管理行为人接受调查的，经公安机关办案部门负责人批准，使用传唤证传唤。公安机关办案部门负责人，是指在公安机关中具体负责办理违反治安管理案件的部门负责人，如公安局里的治安处、治安科、治安股的负责人以及派出所所长等。只有经过公安机关办案部门负责人的批准，才能对违反治安管理行为人进行传唤。

2. 口头传唤。根据《治安管理处罚法》第 82 条第 1 款的规定，对现场发现的违反治安管理行为人，人民警察经出示工作证件，可以口头传唤，但应当在询问笔录中注明。在实际办案中，人民警察常常在现场发现违反治安管理行为人，如果再去向公安机关办案部门的负责人申请批准，开具传唤证，势必延误办理治安案件的时间。为了适应办案的需要，法律在规定使用传唤证传唤的同时，又规定了口头传唤。人民警察经出示工作证件，可以口头传唤，但应当在询问笔录中注明违法嫌疑人到案经过、到案时间和离开时间。

（三）慎用传唤措施

人民警察应尽可能在现场询问查证，慎用传唤措施。因为大量的违反治安管理行为是由于行为人对社会管理秩序随意的漠视和违反而引起的，大多发生在邻里、同事间，有些发生在公共场所或者警察在现场发现的，同刑事案件相比，情节简单，容易查清。根据治安案件的这些特点，公安机关及其人民警察查处治安案件应当尽可能在案发现场进行询问、查证，这样既容易及时发现、固定证据，掌握第一手资料，又能通过调查活动进行法制宣传教育。只有在必要的情况下才使用传唤措施，要改变一碰到治安案件就把人带到公安局，一带到公安局就关起来长时间限制人身自由的传统办案模式。这就要求人民警察不能在被传唤人到达指定地点后使被传唤人长时间等待，也不能在其到达后不予理睬或者拖延询问。

（四）传唤时的告知义务

传唤是公安机关让被传唤人到公安机关接受询问和调查所采取的强制措施，具有一定的法律强制性，被传唤人的人身自由也会受到一定程度的限制。因此，《治安管理处罚法》第82条规定了公安机关使用传唤的告知义务，即对被传唤人，公安机关应当告知其传唤原因和依据。同时，根据《治安管理处罚法》第83条和《公安机关办理行政案件程序规定》第45条的规定，公安机关还应当将传唤的原因和处所通过电话、手机短信、传真等方式通知被传唤人家属。公安机关传唤违法嫌疑人时，其家属在场的，应当当场将传唤原因和处所口头告知其家属，并在询问笔录中注明。被传唤人拒不提供家属联系方式或者有其他无法通知的情形的，可以不予通知，但应当在询问笔录中注明。这样，一方面，既能使被传唤人了解被采取强制措施是否有法律依据，便于维护自己的合法权益，也便于被传唤人能够配合公安机关对案件的调查；另一方面，也便于让其家属知道被传唤人的具体情况。在一些特殊情况下，例如，其孩子年幼或者亲属患病无人照料，或者与亲属在同一时间另有重要事务安排的情况下，如果不及时通知其家属，还可能会引发其他事件，给被传唤人、被传唤人家属和他人的生活、工作带来不便甚至不幸。

（五）对被传唤人询问查证的时间限制

根据《治安管理处罚法》第83条的规定，被传唤人到达指定地点以后，公安机关和人民警察应当及时询问查证。对于一般的违反治安管理案件，询问查证的时间不得超过8小时。情况复杂，依照《治安管理处罚法》规定可能适用行政拘留处罚的，询问查证的时间不得超过24小时。

延长询问查证时间必须符合以下几个条件：第一，案件“情况复杂”，如多人共同违反治安管理的案件；一人实施数个违反治安管理行为的案件；异地作案、多次作案的案件；违法嫌疑人不讲真实姓名、地址的案件等。第二，依照法律规定可能适用行政拘留处罚。根据违反治安管理行为的性质、危害程度、当事人的态度等，可能对当事人作出行政拘留处罚决定的。立法中，对同一行为，往往根据性质、危害程度不同，分别规定不同的处罚，由公安机关裁量适用。只有在可能适用拘留处罚的情况下，才可能延长询问查证的时间。第三，延长后的询问查证时间总计不能超过 24 小时。在被传唤人到达传唤地点以后，如果在询问 8 小时以后发现需要延长的情况，公安机关最多可以再继续询问查证 16 小时，而不是再延长 24 小时。需要注意的是，对情况复杂的在 24 小时内仍不能询问查证结束的，不应当继续限制被传唤人的人身自由，也不能以连续传唤的方式变相限制被传唤人的人身自由。传唤超过 24 小时或者采用多次传唤等方法变相延长询问查证的时间都是违法的。

（六）强制传唤的含义

为了查明治安案件，法律赋予公安机关及其人民警察有权依法传唤违反治安管理行为人，被传唤人有义务接受传唤。在实践中，有的违反治安管理行为人为逃避处罚，不愿意到公安机关接受调查，往往无正当理由不接受传唤或者逃避传唤，这是一种妨害执法的行为。针对这种情况，《治安管理处罚法》第 82 条第 2 款规定："公安机关应当将传唤的原因和依据告知被传唤人。对无正当理由不接受传唤或者逃避传唤的人，可以强制传唤。"强制传唤，是指人民警察对被传唤人使用强制的方法，包括依照有关规定使用械具等强制方法将被传唤人带至传唤地点接受询问和调查。传唤与强制传唤既有密切联系，又有区别。强制传唤是传唤的补充性、强制性手段，对拒不接受传唤的人，迫使其到公安机关接受询问的一种直接强制执行措施。

（七）强制传唤的方法

强制传唤方法的选择应当以将被传唤人传唤到公安机关为限

度。警察强制传唤时，一般应事先进行告诫，对被传唤人进行必要的教育、规劝。如果不使用械具就能将被传唤人传唤到公安机关，就不必使用械具；如果经告诫和教育无效，或者遇有被传唤人可能脱逃、行凶、自杀、自伤或者其他危险行为，可以使用手铐、脚镣、警绳等约束性警械将其强制到公安机关。使用械具将被传唤人强制带到公安机关后，应当立即解除强制。

案例：某超市保安人员因怀疑黄某偷窃财物，将黄某带到办公室进行搜身，经检查未发现任何证据。黄某对保安非法搜查不服，便向当地派出所报案，派出所决定立案调查。办案过程中，办案民警口头通知保安部经理李某（当时在现场）到所接受询问，李某当天因故未到。派出所所长认为李某态度傲慢且不配合公安机关的调查工作，决定对其采取强制传唤措施，遂派两名民警将李某强制带到派出所，并在此过程中对李某使用了手铐，将李某带回后未及时询问，经过了 24 小时后才对李某进行询问，李某为此提出异议和控告。

评析：根据《治安管理处罚法》和《公安机关办理行政案件程序规定》的规定，派出所对李某采用强制传唤措施不当。(1) 因李某不属当场发现的违法嫌疑人，派出所不能对李某口头传唤。(2) 强制传唤措施应是公安机关在对违法嫌疑人开具传唤证进行传唤后，被传唤人无正当理由拒不到案时才可使用。本案中，派出所民警仅对李某进行了口头传唤，且对李某未到案的理由是否正当未进行调查，在此情况下就对李某直接采取强制传唤措施并使用手铐不正确。除此之外，如果派出所对被传唤人进行询问，不应当在 24 小时后才进行，根据法律规定，公安机关询问查证的时间不得超过 12 小时，对案情复杂，经公安机关办案部门以上负责人批准，询问查证的时间可以延长至 24 小时。所以，派出所对本案的处理是不正确的。

十、尸体处理

《道路交通事故处理程序规定》第41条对因交通事故造成死亡的尸体的处理作了规定。公安机关交通管理部门在检验尸体结束后，应当书面通知死者家属在10日内办理丧葬事宜。无正当理由逾期不办理的应记录在案，并经县级以上公安机关负责人批准，由公安机关处理尸体，逾期存放的费用由死者家属承担。对未知名尸体，由法医提取人身识别检材，并对尸体拍照、采集相关信息后，由公安机关交通管理部门填写未知名尸体信息登记表，并在设区市级以上报纸刊登认尸启事。登报后30日仍无人认领的，由县级以上公安机关负责人或者上一级公安机关交通管理部门负责人批准处理尸体。

十一、停止使用机动车驾驶证迫使义务人参加交规学习与考试

《道路交通安全法》第24条第1款规定："公安机关交通管理部门对机动车驾驶人违反道路交通安全法律、法规的行为，除依法给予行政处罚外，实行累积记分制度。公安机关交通管理部门对累积记分达到规定分值的机动车驾驶人，扣留机动车驾驶证，对其进行道路交通安全法律、法规教育，重新考试；考试合格的，发还其机动车驾驶证。"《道路交通安全法实施条例》第25条规定："机动车驾驶人记分达到12分，拒不参加公安机关交通管理部门通知的学习，也不接受考试的，由公安机关交通管理部门公告其机动车驾驶证停止使用。"在这里就是通过停止使用机动车驾驶证来从心理上强制义务人，迫使其履行义务，参加学习与考试。

第七章　交通警察行政强制救济

第一节　交通警察行政强制救济的必要性

行政强制权滥用是对人权威胁最严重的行政权滥用，甚至超过行政处罚权滥用。因此，交通警察行政强制必须遵循救济原则。正如丹宁勋爵所言："一个行政机关，在适当的情况下，必须给予受到他们影响的人一个申诉，在没有听到他要说的话之前就剥夺他的某种权利是不公正的。"① 当事人对于公安机关交通管理部门及其交通警察采取的行政强制手段有权通过行政复议、行政诉讼等多种途径获得救济。

尽管要求严格执法，依法管理，然而，交通警察也是普通人，难免会违反法律或因一己之偏见，导致侵害公民权益事情的发生。因此，为保障公民免受其侵害，建立完善的救济制度就显得非常重要。同时，也只有借助完善的救济制度，才能督促交通警察依法合理地实施行政强制，才能对交通警察行政强制实施有效的控制。交通警察行政强制是国家行政强制的重要组成部分。因此，国家行政强制救济制度也就必然为交通警察行政强制所遵循。笔者认为，完全没有必要过分强调交通警察行政强制包括交通警察行政强制救济的所谓特色或特别之处，国家行政强制制度

---

① ［英］丹宁勋爵．法律的训诫．杨百揆等译．群众出版社，1995，82

与交通警察行政强制制度应当是一般与个别的关系。如果刻意地强调其特色，不仅是困难的，也是价值不大的。这里要关注的是，通过对交通警察行政强制救济这个“小麻雀”的解剖（认识与反思），如何进一步完善我国的行政强制救济制度，从而更好地对交通警察行政强制实施法律控制，保护公民、法人和其他组织的合法权益。

第二节　交通警察行政强制救济的基本途径

一、控告与申诉

在我国，对公安机关和人民警察不履行法定职责和在执行职务活动中违反法律、法规等违法失职行为的控告和申诉，通常是由公安机关内部设立的信访部门负责处理的。各级公安机关信访工作机构是本级公安机关负责信访工作的职能部门。《公安机关信访工作规定》第 1 条规定了其主要职责。① 当事人对公安机关交通管理部门及其交通警察在交通安全管理中违法和不当执法包括违法或不当采取行政强制进行申诉和控告的，通常由公安机关内部设立的信访部门负责处理。信访部门对当事人提出的申诉和控告，如果申诉和控告事由基本成立，需要进一步查处的，应当

---

① 其主要职责是：（1）登记信访事项，并受理属于本级公安机关管辖的信访事项。（2）对所受理的信访事项按照职责分工转交有关部门、有关警种办理，或者自行办理。（3）协调办理重要信访事项。（4）承办上级机关交办的信访事项。（5）向下级公安机关转送或者交办信访事项，并对其提交的办结报告进行审核。（6）对信访事项的办理情况书面答复或者告知信访人。（7）督促、检查、指导本级公安机关其他部门和下级公安机关的信访工作。（8）对在信访工作中发现民警有违法违纪行为的，向有关部门转交并提出处理建议。（9）研究、分析信访情况，开展调查研究，及时提出加强、改进公安工作和公安队伍建设的建议。

立案查办，并对交通警察的行为合法性与正当性作出公正的判断，并将处理结果告诉申诉人、控告人。从实质上看，处理申诉和控告是公安机关先行自我纠正错误的一种方式，属于内部监督。《人民警察法》、《公安机关人民警察执法过错责任追究规定》、《信访条例》[①]、《公安机关追究领导责任暂行规定》、《公安机关执法质量考核评议规定》、《公安机关信访工作规定》、《交通民警道路执勤执法规则》等规范性文件既是公安信访部门对滥用行政强制的交通警察予以行政处分、追究有关领导行政上的纪律责任的具体依据，也是保护当事人合法权益，防止公民人权遭受侵害的具体依据。

公安信访工作为维护公民的合法权益，维护法律的尊严作出了积极的贡献，是密切联系人民群众的桥梁和纽带。然而，从目前道路交通安全管理的实践来看，许多情况下，申诉和控告都是由公安机关自己来处理的，这不可避免地会出现自我庇护的问题。因此，还必须加强研究，进一步完善现行的信访制度。

信访制度可以说是目前被社会予以高度关注的一个焦点问题。它不仅是一个重大的理论问题，更是一个重大的实践问题。每年的上访人数、次数高位运行，到高层机关乃至进京上访的趋势愈演愈烈。就公安机关交通管理部门而言，这方面的问题也是较为突出的，尤其是在车辆管理、交通事故处理、交通违法行为查处中因采取措施（包括行政强制）违法、不当等原因，从而引起矛盾激化，结果导致到公安机关乃至政府上访的现象经常发生，有的抬着尸体到政府部门、交警大队上访，甚至发生聚众阻断道路、当场自焚等恶性事件。

---

① 《信访条例》由国务院令第431号颁布，自2005年5月1日起施行。该条例共7章51条，其中强调各级人民政府应当将信访工作绩效纳入公务员考核体系，以确保信访渠道畅通，同时为规范信访秩序，对信访作了相应的禁止或限制性规定。

那么，究竟应当如何看待与解决这一问题呢？多数人主张应强化信访工作，以应对现实的需要，但也有另一些人主张要撤销信访制度，切断这一救济渠道。笔者认为，后一种观点存在一定的片面性。为什么？尽管信访制度与依法治国的法治理念相背离，但主张废除信访制度不符合当下中国的国情。如果一下子就废除信访制度，将使社会矛盾更趋激化。长期以来，信访工作在掌握民意、密切警民关系、化解社会矛盾、保护公民合法权益、维护社会稳定等方面取得了很大成绩，公安部《关于加强公安信访工作的意见》中指出：信访部门“及时、正确地接待处理群众来信来访，维护人民群众的合法权益，维护法律的尊严，维护政治稳定和社会安宁，做出了积极的贡献”。公安信访工作已经成为公安机关联系人民群众的桥梁和纽带。所以笔者认为，目前应进一步规范信访制度。《信访条例》的主旨是如何进一步强化我国的信访制度。就交通警察行政强制而言，笔者认为：第一，要对公安机关交通管理部门无论作出基础性处理决定，还是作出行政强制决定，都要本着最小侵害的原则，加强法律控制，真正做到公正、公平、公开、高效，增加透明度，加强与当事人互动机制的构建，严格控制强制性措施的使用，强化指导性、契约性等柔和方法的运用，防止矛盾的激化与冲突，从而逐渐减少上访的数量与规模。第二，要加快完善行政复议和行政诉讼制度，简化程序，降低成本，提高效率，使行政相对人学会并愿意通过启动复议或诉讼程序来维护自己的权益。①

二、行政复议

根据《行政复议法》第 6 条的规定，对行政机关作出的限

① 据有关资料统计显示，道路交通安全管理领域的上访案件中有相当一部分是属于涉法案件，其中涉及交通警察行政强制的案件也占有相当的比重。

制人身自由或者查封、扣押、冻结财产等强制措施决定不服的，可以申请行政复议。公安机关交通管理部门及其交通警察在进行道路交通安全管理过程中，应当依法采取扣留机动车等行政强制措施。如果当事人认为该行政强制措施侵犯了其合法权益，可以在法定期限内向复议机关申请复议。复议机关在法定期限内对有关事实、证据和法律规范进行审查并应当对实施行政强制措施是否合法和适当作出判断。对于主要事实不清、证据不足的；适用依据错误的；违反法定程序的；超越或者滥用职权的；采取行政措施明显不当的，行政复议机关可以决定撤销、变更行政强制措施或者确认公安机关交通管理部门及其交通警察所采取的行政强制措施违法。

"行政复议"一词是随着20世纪80年代我国行政法学的兴起，行政法学界对国家行政机关审查和裁决行政争议这种特定的法律现象所作的抽象和概括。何谓行政复议？从我国现阶段行政复议制度的立法和实践立论，行政复议，是指公民、法人和其他组织以行政机关的具体行政行为侵害其合法权益为由，依法向有复议权的行政机关申请复议，受理申请的复议机关依照法定程序对引起争议的具体行政行为进行审查并作出裁决的活动。[①] 我国行政复议自20世纪90年代以来有了长足的进步，当然也提出了许多新的课题，带给人们新的思考。行政复议就其本质来讲，是上级行政机关对下级执行机关的行为进行监督从而给予行政相对人救济的制度。从对道路交通安全管理实务方面调查了解的情况来看，目前的行政复议情况并不太理想。许多相对人对现行的行政复议制度信心不足，对复议机关的复议结果不信任、有怀疑。为何会这样呢？恐怕其中的主要原因可能是上级机关的具体行政复议机构缺乏独立性。许多人担心上级政府部门难以对交警支

---

① 应松年．行政法学新论．中国方正出版社，2004，313

队、交警大队进行有效监督。看来要消除群众的这一顾虑，还确实需要对现行的行政复议机制进行一番改革。例如，应当加强行政复议机构的相对独立性。英国的“行政裁判所”制度和美国的“行政法官”制度就值得借鉴。英国的“行政裁判所”制度，是指在英国一般法院之外，由法律规定在行政系统设立的，用于解决行政争议和公民相互之间某些与社会政策密切相关的争议的特别裁判机构。它的特点之一就是独立于行政机关，裁判所独立办案，不受行政机关和其他官员的干预。美国的“行政法官”，是指设立于行政机关内部但相对独立于所属行政机关，审理争议案件，主持听证，在听证会上负责取证、裁决证据，并作出初步的事实裁定的专职裁判人员。行政法官由联邦文官事务委员会从有律师资格和行政经验的人士中经考试择优选任。行政法官的地位接近司法官员，其编制上虽然属于所在政府部门的职员，但任命、工资、任职等方面，不受所在行政机关的控制，而由文官事务委员会决定。①

再一个问题是关于对抽象行政行为的复议，也需要完善。我国的《行政复议法》将非立法性的抽象行政行为（行政规定）纳入了行政复议的范围，而将立法性的抽象行政行为（特别是行政规章）排除在行政复议的范围之外。笔者认为，针对我国目前行政机关立法突飞猛进的态势，应当尽快将行政规章纳入行政复议的受理范围，并随着社会法治进程的不断深入逐步扩大受案范围。其理由是：第一，从行政复议的目的看，有其必要性。国家构筑行政复议制度的目的之一是旨在通过监督行政机关依法行使职权来实现对相对人的救济。而行政机关行使职权体现在立法、执法活动的全过程，这就不应仅局限于对行政执法的监督，还应包括对行政立法行为的监督。第二，从不断扩大人民群众对

---

① 应松年. 行政法学新论. 中国方正出版社，2004，307～310

国家政治和民主生活的参与权来看，尤其具有迫切性。而扩大行政复议的受案范围，赋予公民、法人或者其他组织对抽象行政行为申请复议的权利，就是一个很好的突破口。第三，从我国相关的立法和实践看，有其可能性。我国《宪法》、《立法法》和《地方各级人民代表大会和地方各级人民政府组织法》有上级行政机关有权改变和撤销下级行政机关作出的抽象行政行为的规定，在这方面各级行政机关在审查下级行政机关制定规范性文件的多年实践中也积累了丰富的经验。因此，将行政机关的抽象行政行为纳入行政复议的受案范围，使上级行政机关监督下级行政机关制定规范性文件的活动实现规范化、制度化、依照法定程序操作，其时机与条件已成熟。第四，从国外对抽象行政行为的监督来看，有其借鉴性。在美国、法国等一些国家，对抽象行政行为都明确地纳入行政司法的受案范围。① 也只有这样，才能防止像沈阳市政府那样漠视他人生命的“撞了白撞”的东西出台来坑害百姓。②

三、行政诉讼

（一）行政强制的可诉性分析

行政诉讼是公民、法人或者其他组织认为行政机关或法律、法规授权的组织所作出的具体行政行为侵犯自己的合法权益时，为其提供的诉讼上的法律救济手段，属于司法救济。根据《行政诉讼法》第 11 条第 1 款第 2 项的规定，对限制人身自由或者对财产的查封、扣押、冻结等行政强制措施不服的，可以提起行

① 应松年．行政法学新论．中国方正出版社，2004，317

② 1999 年 8 月 31 日沈阳市颁布了《沈阳市行人与机动车道路交通事故处理方法》。其主旨是：当发生交通事故时，如果行人违章而机动车没有违章，行人负全部责任；如果行人没有违章而机动车违章，机动车负全部责任。

政诉讼。因此，对公安机关交通管理部门及其交通警察作出的行政强制措施，当事人可以依法提起行政诉讼，同时，公安机关交通管理部门对自己所作出的这一行政强制措施和复议决定负有举证责任。该条虽然明确将行政强制措施纳入人民法院的受案范围，但是，并不表明任何形态的行政强制措施都具有可诉性。某一具体的行政强制措施是否具有可诉性，还取决于该行政强制措施是否达到了自身的独立性和成熟性，取决于它与相对人权益的关系。行政强制措施的独立性和成熟性，是指行政强制措施作为一个独立完整的具体行政行为是否已经成立。而行政强制措施与相对人权益的关系则是法律上的利害关系，即行政强制措施的采取是否影响或可能影响相对人的合法权益。

一般来说，行政主体实施了行政强制措施，紧随其后又实施了行政处罚或其他具体行政行为。这时的行政强制措施就与紧随其后的具体行政行为形成了无法割舍的关系。在多数情况下，这种行政强制措施的实际作用就是保障或辅助后续的具体行政行为的作出。在后续的具体行政行为作出后，行政强制措施应理解为已被具体行政行为所吸收，而不再具有独立的意义。另一种情况是行政主体采取了行政强制措施以后，因种种条件和原因，没有必要也不再实施后续的具体行政行为。这时的行政强制措施就成为一个独立完整的直接影响相对人权益的具体行政行为。产生第一种结果的行政强制措施因其不具有独立性和完整性，而没有可诉性，相对人对这种行政强制措施的异议和权利请求可以归并入对后续具体行政行为的异议和权利请求之中。产生第二种结果的行政强制措施，在特定的场合和特定的行政活动中，是独立完整并且是唯一的，对相对人权益的影响也是独立和直接的，因而这种行政强制措施具有可诉性。

（二）完善行政诉讼

行政诉讼是相对人获得救济的最后的也是最重要的法律救

济，因而也是对行政强制实现法律控制的最基本的渠道。[1]多年来的司法实践表明，《行政诉讼法》设置的救济机制对正确处理尚在襁褓中的“民告官”案件，有效地解决行政机关与相对人之间的行政争议，起到了至关重要的作用，取得了良好的法律效果和社会效果。这一点，应当没有任何理由提出质疑。

但是，随着我国依法行政进程的推进和公民法律意识的增强，行政诉讼面临的机遇与挑战今非昔比。就道路交通安全管理中涉及的行政诉讼包括因采取行政强制引起的诉讼而言，现行的《行政诉讼法》仍有待完善。从行政诉讼与行政强制的法律救济层面来看，这里就行政诉讼法中简易程序的设置谈点粗浅认识。

众所周知，我国的《行政诉讼法》基于种种考虑，当初只设置了普通程序。时至今日，要求通过增设简易程序进而加快诉讼进程、减轻讼累、节约司法成本、提高司法效率的呼声则越来越高。这是因为：第一，简易程序能节约审判成本，实现司法资源的合理配置。第二，适应行政执法程序简化的需要。行政执法程序的整合与简化以及对低成本的追求，是司法程序的整合与简化，对诉讼价值的最大化追求之所在。如果行政诉讼仍然固守一成不变的合议制程序，不仅表现出两种程序的明显不协调，而且反映出行政诉讼制度的僵化和缺乏理性。第三，顺应国际司法制度发展的需要。当今世界，各国各地区的司法制度普遍要求根据案件的不同情况，合理分配司法资源，提高诉讼效率。“正如受聘于墨尔本的拉·楚巴大学的陈建福法学博士所言，如何确定合理可行的基本原则，英美法系的许多国家提供了相当好的经验，英国牛津大学历经十年而完成对英国行政法体系系统复查后，提出许多衡量良好行政的标准，其中第 3 条就是救济途径的简易性。显然，对我们自己立法具有较高的借鉴价值。”①

因此，在对于一些事实比较清楚、案情比较简单的案件，所涉标的较小的案件都可以按简易程序审理。就交通警察行政强制来看，尤其涉及限制当事人财产的案件，几乎绝大多数案件都可以采取简易程序审理。有人可能会担心：这样做会不会削弱对交通警察行政强制的法律控制？笔者认为，这样做不仅不会削弱对交通警察行政强制的法律控制，反而能使其得到强化。

四、行政赔偿

行政赔偿，即行政侵权赔偿责任，是国家赔偿的重要组成部分，是行政机关及其公务员在执行职务、行使国家行政管理职权的过程中，因违法给行政相对人造成损害，由国家承担赔偿责任的制度。根据《国家赔偿法》的规定，违法采取行政强制措施的，受害人有权请求国家赔偿。《人民警察法》第 50 条规定：“人民警察在执行职务中，侵犯公民或者组织的合法权益造成损害的，应当依照《中华人民共和国国家赔偿法》和其他有关法律、法规的规定给予赔偿。”同时，《道路交通安全法》第 118 条规定：“公安机关交通管理部门及其交通警察有本法第一百一十五条所列行为之一，给当事人造成损失的，应当依法承担赔偿责任。”其中《道路交通安全法》第 115 条所涉及的有关行政强制方面的情形是：(1) 违法扣留车辆、机动车行驶证、驾驶证、车辆号牌的。(2) 使用依法扣留的车辆的。(3) 违反规定拦截、检查正常行驶的车辆的。(4) 非执行紧急公务时拦截搭乘机动车的。需要注意的是，不仅要具备规定的法定情形，还要具备“给当事人造成了损失”的条件，这个损失应当包括对人身权的

---

① 陈建福．制定行政程序法若干基本问题的思考．行政法学研究，1996 (2)：58 ~ 67

损害后果和对财产权的损害后果，而且违法实施行政强制的主体必须是公安机关交通管理部门及其交通警察。

由此可见，公安机关交通管理部门及其交通警察在道路交通安全管理过程中如果违法采取了行政强制措施，导致受害人的财产遭受损失，受害人可以根据《国家赔偿法》等法律、法规的规定，请求公安机关损害赔偿。公安机关作为赔偿义务机关代表国家承担行政赔偿责任后，应当责令有故意或重大过失的交通警察承担部分或全部赔偿费用，必要时，还应当依法给予行政处分；构成犯罪的依法追究刑事责任。需要注意的是，如果因交通警察的非职务行为，或者公民、法人或其他组织自己的行为导致损害发生，或者不可抗力、正当防卫、紧急避险、第三人的过错等造成损害的，免除行政赔偿。

另外，这里有一个问题，就是在实践中对交通协管员实施的违法行为如何认定？长期以来，交通协管员为维护道路交通秩序做了大量工作，大大缓解了警力不足的矛盾，也是实施道路交通安全管理社会化的有益探索。然而，交通协管员队伍在实践中尤其是在公路等边远地区暴露了不少问题，分析引起这些问题的原因，关键是对交通协管员的定性、认识不清。交通协管员只是协助交通警察疏导交通，维护道路交通秩序，没有独立的行政执法权。现在的问题是，如果交通协管员违法实施了行政强制并造成损失，[①] 公安机关承不承担赔偿责任？笔者认为，公安机关交通管理部门应当承担赔偿责任。这是因为交通协管员是由公安机关或政府通过劳动合同聘用或指定的，交通协管员违法实施行政强制给交通参与者造成损害，聘用或指定机关应承担赔偿责任，同时这样做也有利于切实地维护受害人的合法权益。现在的问题

---

① 在实践中，通过整治，交通协管员乱扣车、乱扣证等违法现象已被大大遏制，但仍未完全禁止。

是，对交通协管员的法律地位、职责权限、法律责任等一系列问题都尚未明确界定，尤其是《道路交通安全法》和《道路交通安全法实施条例》均未对交通协管员进行法律界定，[①] 出现各种问题也就不可避免了。因此，建议立法部门加强研究，对交通协管员的录用、考核、职责、权利与义务、法律责任和损害赔偿等内容加以必要的规范。

五、行政补偿

与行政赔偿一样，行政补偿问题在实务中也越来越突出。行政补偿，是指“为实现公共利益，行政主体合法行使职权的行为给特定的公民、组织的合法权益造成特别损失时，或者特定公民、组织为维护公共利益而使自己的合法权益受到特别损害时，基于保障财产权利，公共负担平等原则，国家对该损失予以弥补的制度”[②]。由此可见，行政补偿与国家赔偿的前提不同。国家赔偿以行政主体的违法行政行为为前提，而行政补偿是指行政主体对合法的行政行为所造成的损失进行的补偿。并认为“事实上，行政补偿的原因并不限于行政行为，只要是为了公共利益而实施的一切合法行为，都有可能引起行政补偿责任的发生”[③]。这点很值得注意，似乎更符合理性。同时，就行政强制而言，行政补偿主要是针对即时强制的一种救济途径。这一点在交通警察

---

① 目前主要是公安部内部规定和地方法规规定，内容相当粗疏，且各地规定不甚统一。例如，《江苏省道路交通安全条例》第 8 条第 1 款规定：“公安机关交通管理部门……根据道路交通安全管理工作的需要，可以聘用人员协助疏导交通，维护道路交通秩序。聘用人员不得实施行政处罚。”而根据《北京市道路交通安全条例》的规定，交通协管人员必须由区（县）人民政府确定。

② 应松年，王成栋．行政法与行政诉讼法案例教程．中国法制出版社，2003，548

③ 杨建顺．日本行政法通论．中国法制出版社，1998，592

行政强制中是比较重要的，尤其是在遇有重特大交通事故现场的紧急救援，紧急的交通管制，追捕、堵控交通肇事逃逸车辆和其他严重暴力犯罪等紧急情况时会大量使用即时强制，都可能造成特定人的合法权益的损失，这就必然涉及行政补偿的问题。然而，《国家赔偿法》并未对此作出明确规定，这不能不说是一个缺陷或瑕疵，对此笔者建议在制定《行政强制法》时能予以考虑。当然，笔者更期待《国家行政补偿法》的出台，以便能统一规制行政补偿问题。对于行政补偿问题，除补偿范围、程序、方式、计算标准和救济外，理论上最值得关注的是特别牺牲。第一，这种特别牺牲必须是行政主体采取合法即时强制引起的。第二，这种特别牺牲必须是非可归责之人的特别牺牲。如果特别牺牲因相对人过错引起，该相对人即无权获得补偿。第三，这种特别牺牲与相对人应负的社会义务之间是一种量的关系，而非质的不同。其具体判断标准应由立法决定或者立法主体授权行政主体或法院在个案中决定。①

第三节　对我国国家赔偿中精神损害赔偿有关问题的探讨

一、我国国家精神损害救济的法律规定

《国家赔偿法》第30条规定："赔偿义务机关对依法确认有本法第三条第（一）、（二）项、第十五条第（一）、（二）、（三）项规定的情形之一，并造成受害人名誉权、荣誉权损害的，应当在侵权行为影响的范围内，为受害人消除影响，恢复名

① 张步洪. 中国行政法学前沿问题报告. 中国检察出版社，2003，83

誉，赔礼道歉。”[①] 由此可见，我国《国家赔偿法》仅仅规定了消除影响、恢复名誉、赔礼道歉等纯精神抚慰的救济方式，没有规定金钱或者其他物质赔偿的救济方式。

我国《国家赔偿法》当初之所以没有规定国家精神损害赔偿，其主要原因是受到“精神损害无法计量说”的影响。该说强调精神损害赔偿在评价上的困难以及不可操作性，从而否认精神损害赔偿的可能性。这也是我国《民法通则》中没有明确规定精神损害赔偿的原因。另外，简便易行、利于计算、适当弥补受害人所受到的损失等理念以及我国当时的财力能够负担的状况等因素也阻碍了国家精神损害赔偿制度在《国家赔偿法》中的确定。

另外，最高人民法院《关于人民法院执行〈中华人民共和国国家赔偿法〉几个问题的解释》和最高人民法院《关于审理人民法院国家赔偿确认案件若干问题的规定（试行）》都未对精神损害救济作更为完善的规定。

二、实行国家精神损害赔偿制度的正当性与必要性

精神损害赔偿的实质就是通过给付一定数量金钱的形式对被侵权对象所实际遭受且已达到一定程度的精神痛苦或心灵创伤的抚慰。国家赔偿中精神损害，是指国家机关及其工作人员违法执行职务行为侵犯相对人的合法权益，造成其精神损害，应承担金钱赔偿、消除影响、恢复名誉、赔礼道歉等精神补救的义务以抚慰受害人的一种制度。在崇尚人权、崇尚民主，构建社会主义和

---

① 《国家赔偿法》第 3 条第 1 项、第 2 项规定的情形是指：违法拘留或者违法采取限制公民人身自由的行政强制措施的；非法拘禁或者以其他方法非法剥夺公民人身自由的。《国家赔偿法》第 15 条第 1 项、第 2 项、第 3 项规定的情形是指：对没有犯罪事实或者没有事实证明有犯罪重大嫌疑的人错误拘留的；对没有犯罪事实的人错误逮捕的；依照审判监督程序再审改判无罪，原判刑罚已经执行的。

谐社会的今天，实行国家精神损害赔偿有此正当性与必要性。

（一）从国家存在的道义基础上讲，国家侵害其公民权益应当承担精神损害赔偿责任

现代国家理论认为，国家是为了社会公共利益而存在的公共权力组织，国家是每个人为了维护自身利益的最大化而共同缔结的社会契约。不管人们是否同意或认可这种理论，无可争辩的事实是：现在的国家多为民主的国家，国家的主要职能是管理社会公共事务，提供社会公共服务，促进社会政治、经济、文化等各领域的协调发展，而非少数人压迫多数人的工具。

（二）实行国家精神损害赔偿是宪法原则的基本要求

《国家赔偿法》同其他法律一样，是以《宪法》为根据制定的。《宪法》第37条规定：“中华人民共和国公民的人身自由不受侵犯。任何公民，非经人民检察院批准或者决定或者人民法院决定，并由公安机关执行，不受逮捕。禁止非法拘禁和以其他方法非法剥夺或者限制公民的人身自由，禁止非法搜查公民的身体。”《宪法》第38条规定：“中华人民共和国公民的人格尊严不受侵犯。禁止用任何方法对公民进行侮辱、诽谤和诬告陷害。”《宪法》第41条第3款规定：“由于国家机关和国家工作人员侵犯公民权利而受到损失的人，有依照法律规定取得赔偿的权利。”为更好地保护公民的人格尊严的基本权利不受侵犯，我国《国家赔偿法》应当规定精神损害赔偿，这是符合宪法原则的基本要求的。同时，设定精神损害赔偿制度对于保障《宪法》的实施，实现《宪法》保障民权、控制国家权力的宗旨也可起到积极的推动作用。

（三）国家要求一般公民或社会单位必须承担的责任而自己不承担是有悖情理的

因为对遭受精神损害的受害人而言，不管对其造成精神伤害的行为是来自于国家，还是来自于一般社会公民或单位，其所遭

受的精神痛苦都是一样的。国家机关侵权与民事主体侵权只是主体不同，本质上没有区别。从某种程度上讲，国家机关与民事主体权利义务具有一定的对等性，国家侵权责任承担方式与民事侵权责任承担方式也应在立法和实践上实现统一。无论是民事侵权行为，还是国家侵权行为，只要给公民造成了精神损害的，均应给予受害人法律救济，赋予受害人精神损害赔偿的请求权。

国家所拥有的权力可以说是任何一个公民个人或社会单位所无法享有的，是最高的也是最强有力的。虽然在民事或经济上，国家可以作为一个私权利主体与普通公民或社会单位进行等价有偿的平等交易，但是国家作为管理者的地位是永远不会改变的。在强大的国家面前，公民个人或一般社会单位显然是处于极为弱势的地位。如果国家对侵害公民个人或一般社会单位的权利，包括给公民造成精神损害后果不给予赔偿的话，那么公民个人或一般社会单位是无能为力的。因为国家是强者，也是最终裁判者，是否给予赔偿，完全取决于国家的自觉。但是如果国家已经通过立法行为要求比自己弱势的公民个人或一般社会单位对给他人造成的精神损害必须承担赔偿责任的话，那么对它自己的侵权行为至少也应当承担同样的责任。

（四）实行国家精神损害赔偿制度，有助于限制国家机关及其工作人员滥用权力

实行国家精神损害赔偿制度不仅可以给受害人提供精神补救，抚慰、平衡受害人的心灵，而且有助于国家机关及其工作人员依法行使职权，促进国家机关及其工作人员岗位责任制的完善。显然，国家精神损害赔偿制度通过物质形式进行经济上的威胁和制裁，有助于限制国家机关及其工作人员滥用权力。

三、实行国家精神损害赔偿制度的可行性

（一）国际上，实行国家精神损害赔偿制度已经成为许多国家的通例

国家精神损害赔偿的有关规定是精神损害救济制度的重要组成部分。例如，俄罗斯联邦国家赔偿法规定，国家机关侵权行为对公民健康造成损害的赔偿金额，就包含精神损害赔偿。又如，法国在国家赔偿中对精神损害赔偿的方法主要是金钱赔偿。英国、德国、瑞士等国家也都主张精神损害赔偿。这些给我国国家赔偿中关于精神损害救济制度的构建提供了立法参考。

（二）精神损害赔偿在民事领域中的实践，为我国国家损害精神救济制度的构建提供了现实依据和有益经验

我国关于精神损害救济的法律始见于我国的《民法通则》。《民法通则》第 120 条第 1 款规定："公民的姓名权、肖像权、名誉权、荣誉权受到侵害的，有权要求停止侵害，恢复名誉，消除影响，赔礼道歉，并可以要求赔偿损失。"其他法律如《消费者权益保护法》中也有类似的规定。为加强对民事权益的司法保护，抚慰受害人，引导公民尊重他人权利，促进司法公正，2001 年最高人民法院《关于确认民事侵权精神损害赔偿责任若干问题的解释》明确了精神损害抚慰金形式的金钱赔偿救济方式，扩大了精神损害赔偿范围，为公正司法提供了法律依据。该司法解释被我国法学界和司法界誉为继 1986 年《民法通则》颁布实施以后中国民法对人身保护的第二个里程碑。[①] 精神损害赔偿在民事立法上的确定及在民事司法实践中的运用，否定了"精神损害无法计量说"，肯定了精神损害赔偿的可评价性，为我国实行国家精神损害赔偿制度提供了充分、确实的现实依据和

① 陈春龙. 中国司法赔偿. 法律出版社，2002，117

有益的经验。

（三）国家财力逐步加强，并已具备负担一定精神损害赔偿的能力

自改革开放以来，我国国民经济持续保持了较快增长的良好态势，也可以说，从国家的财力现状及发展趋势来看，我国目前实行国家精神损害赔偿制度的条件已经基本具备。况且，目前美国一些州的行政机关已采用向保险公司投保的方式来分散国家赔偿的风险，为此，我国也可以大胆加以借鉴。先选择一些地方进行试点，然后再在全国推行。

四、国家精神损害赔偿制度的构建

如何在《国家赔偿法》中规定精神损害赔偿制度，学界有不同的观点。① 国家赔偿制度中精神损害制度的构建，应当在借鉴民法关于精神损害赔偿的解释基础上，进一步完善《国家赔偿法》关于精神损害赔偿的立法。

（一）拓展国家精神损害救济的范围

《国家赔偿法》第30条规定国家精神损害救济范围只限定在名誉权和荣誉权，相对于最高人民法院《关于审理人民法院国家赔偿确认案件若干问题的规定（试行）》对精神损害救济范

---

① 第一种观点认为，可以对《国家赔偿法》进行简单修改，只要笼统加上“除依本法规定外，适用民法通则的规定”即可解决这一问题，而且这种方法可能更具灵活性，更能适应社会发展而随时调整。第二种观点认为，应当在《国家赔偿法》中增设专条规定精神损害赔偿。第三种观点主张，将《国家赔偿法》第30条改造为精神损害赔偿条款。建议在扩大第30条规定的侵权行为范围的基础上，给公民造成精神损害的，除了赔礼道歉、恢复名誉、消除影响之外，应当根据侵权行为的性质、精神损害的程度等因素，给予精神抚慰金。具体标准，可以参照民法的有关规定。多数人更倾向于第二种观点。理由是：如果单设条文规定精神损害救济的相关问题，可使《国家赔偿法》的精神损害救济制度自成一体；第一、三种观点因疏忽了《民法通则》与《国家赔偿法》存在一系列理论和原则的差异，看似简单，却难以实现。

围的规定而言过窄。为此，应进一步规定自然人的生命权、健康权、身体权、姓名权、肖像权、人格尊严权、人身自由权、发明权、发现权等被非法侵害时，以及法人和其他组织的名誉权受到非法侵犯时相对人有获得精神损害救济的权利。

（二）《国家赔偿法》应当确立违法责任原则为主，公平原则、无过错原则为辅的多元归责原则

《国家赔偿法》总则将违法责任原则规定为行政赔偿和司法赔偿的共同原则，但刑事赔偿范围中又规定有不以违法为前提的不少事项。将虽不违法却明显不当的行为赔偿责任排除在外也是不妥当的。法律中肯定的某些行为有时会造成公民、法人和其他组织合法权益的损害，而根据归责原则又找不到承担责任的根据。这一切都很明显不利于保护公民、法人和其他组织获得赔偿的权利，违反了社会的公平和正义。因此，《国家赔偿法》应当确立违法责任原则为主，公平原则、无过错原则为辅的多元归责原则，以利于保护相对人的权利和建立责任政府的良好形象。

（三）国家对公民承担精神损害赔偿责任的“基础标准”应当是国家已经侵害了公民个人的人身自由权

毋庸置疑，对精神损害的量化确实是一件不可能做到精确化的事情，但是不能因为无法对其做到精确量化就否认它的客观存在从而拒绝对它承担相应的赔偿责任。因为现实世界的许多事情是必须要求在模糊状态下来进行处理的。原则上讲，国家对公民承担精神损害赔偿责任的“基础标准”应当是国家已经侵害了公民个人的人身自由权，也就是说，只有国家侵权造成同侵害公民人身自由权相当或更严重的侵权后果时，国家才可承担精神损害赔偿责任；凡是对低于此“基础标准”的侵权损害后果，则国家不承担精神损害后果的赔偿责任。例如，对国家只侵害公民的财产性权益的行为，则国家不承担精神损害后果的赔偿责任。尽管对某些人而言，财产比生命还重要，会让其在精神上遭受极

大的痛苦，但是“身与货孰多”，人们普遍的价值观念还是人身自由或生命权远高于财产性权益。在具体实施或执行过程中，国家还可以根据公民的生命、人身自由、身体健康、人格名誉等所实际遭受侵害的程度，对精神损害赔偿确定不同等级的大致标准，并且还应当提高精神损害赔偿的实际数额。

（四）对国家精神损害责任承担方式，应在原有的基础上引入金钱和其他物质赔偿方式

我国《国家赔偿法》中只规定了消除影响、恢复名誉、赔礼道歉的精神抚慰方式，基于现实情况的发展，对国家造成的精神损害责任承担方式在原有的基础上必须引入金钱和其他物质赔偿，进一步保护受害人的权益。

（五）对国家造成的精神损害的金钱和其他物质性赔偿必须有一定的标准

因为有一定的标准，才能使赔偿具有可操作性、现实性和合理性。其赔偿的具体数额应当根据相关因素裁量确定，不应设定上下限。基于我国国情和个案差异，通常在确定赔偿具体数额时可根据下列因素进行全面分析、综合裁量确定：第一，侵权行为的严重性程度，即侵权具体情节，包括后果、手段、场合、行为方式、持续状态或时间、侵权行为的社会影响等。第二，受害人的心理素质和谅解程度等。第三，受害人的家庭经济状况、年龄、性别、职业等与精神利益相关的因素。第四，当地的社会经济发展水平和国家财力充裕程度等。

结　语

当今社会正处于转型期，我们面临着诸多问题："效率"与"公正"之间很难取得均衡；权利边际尚不清晰、权利保障机制并未到位，行政管理过程还不够透明、公开；基层行政机关包括公安机关交通管理部门在法治框架下的管理能力还比较薄弱、处理问题的技巧还不够成熟，行政机关与相对人之间的交流、沟通还不是很顺畅；滥用行政裁量、乱执法、滥执法、违反行政程序的现象仍然比较普遍。

就交通警察行政强制而言，从现代行政强制的基本理论并结合我国交通警察行政强制的法律实践来看，同样存在着诸多问题与不足。为回应这诸多问题与不足，我国基本上构建了较为完善的交通警察行政强制制度，现行的关于交通警察行政强制的各种法律、法规与规章，较为全面地对交通警察行政强制问题进行了规制。

为进一步规范和控制交通警察行政强制，防止交通警察滥用行政强制权，维护相对人的合法权益，笔者深深地感到必须继续完善现行的交通警察行政强制法律制度，构建更加严密、有效的法律控制体系：(1) 制定和出台《行政强制法》。通过规范、统一的《行政强制法》来统领交通警察行政强制的设定和实施，使交通警察行政强制权的运行做到和谐统一。(2) 强化交通警察行政强制的程序规制。有关道路交通法律、法规与规章应注意细化交通警察行政强制程序，增强交通警察行政强制的可操作性。（3）特别注意交通警察即时强制的制度规制。交通警察即时强制不仅要考虑道路交通治安目标的实现，更要注意尊重人权，防止侵犯公民、法人和其他社会组织的合法权益。（4）适用交通警察行政强制要慎之又慎，不到迫不得已时，不得动用行政强制。因为“执行难”、抗拒执法，在有些案件中并不完全是行政相对人一方法律意识淡漠的问题，更多的是由于他们的合理利益诉求不能得到回应，或者是由于我们的决定不尽合理甚至违法造成的。在这种情况下，如果交通警察采取行政强制手段，或许能暂时解决问题，但是却不能拔除引发矛盾纠纷的深层“病根”，当然也就不能取得良好的执法效益和社会效果。相反，可能会进一步激化矛盾，使交通警察与相对人之间的紧张关系趋于恶化。交通警察必须时刻牢记：行政强制永远是第二位的、补充性质的，要坚决克服动辄使用行政强制，过分依赖甚至迷信行政强制的错误观念，把执法活动和权力的行使简单化、单一化，变成“执法——抗拒——强制”的直线性思维定式。（5）交通警察行政强制只能是最后的手段。从性质上定义，行政强制只是促使当事人履行法定义务的最后一种手段。这里的“最后性”意味着，行政强制不能成为首选的手段，要善用柔性管理，实现善治。“穷尽一切手段”应当成为行政强制的一项规则。就交通警察而言，实现道路交通秩序、安全和畅通的目的有多种手段，如说服、教育、处罚、制裁等。没有教育，不得强制；不经说服，不得执行。

总之，不要让交通警察行政强制权炙手可热，让我们共同为此而努力奋斗吧！

主要参考文献

1．北京大学法学院．法治和良知自由．法律出版社，2002

2．陈春龙．中国司法赔偿．法律出版社，2002

3．陈光中．刑事诉讼法学．中国政法大学出版社，1990

4．陈贵民．现代行政法的基本理念．山东人民出版社，2004

5．陈敏．行政法总论．（我国台湾地区）三民书局，1998

6．陈新民．行政法学总论．（我国台湾地区）三民书局，2000

7．陈新民．德国公法学基础理论．山东人民出版社，2001

8．城仲模．行政法之基础理论．（我国台湾地区）三民书局，1983

9．城仲模．行政法之一般原则．（我国台湾地区）三民书局，1999

10．邓国良，杨泽万．公安行政执法的理论与实践．中国人民公安大学出版社，2003

11．邓正来．邓正来自选集．广西师范大学出版社，2000

12．法苑精萃编辑委员会．中国行政法学精萃（2003 年卷）．机械工业出版社，2004

13．方士荣．议行政相对人．中国政法大学出版社，2000

14．傅士成．行政强制研究．法律出版社，2001

15．公安部政治部．人民警察法教程．群众出版社，1996

16. 公安部政治部. 巡警业务. 中国人民公安大学出版社，1999

17. 公安部交通管理局. 公路巡逻民警警务技能手册. 中国人民公安大学出版社，2002

18. 公安部交通管理局. 交通警察执法手册. 中国人民公安大学出版社，2004

19. 公安部交通管理局. 中华人民共和国道路交通安全法适用指南. 中国人民公安大学出版社，2004

20. 郭道晖. 法的时代精神. 湖南出版社，1997

21. 胡建淼. 行政强制. 法律出版社，2002

22. 胡建淼. 行政强制法研究. 法律出版社，2003

23. 胡锦光，杨建顺，李元起. 行政法专题研究. 中国人民大学出版社，1998

24. 黄俊杰. 法治国家之国家紧急权. （我国台湾地区）元照出版公司，2001

25. 黄明. 交巡警队长手册. 群众出版社，2007

26. 惠生武. 警察法论纲. 中国政法大学出版社，2000

27. 贾苑生，李江，马怀德. 行政强制执行概论. 人民出版社，1990

28. 蒋秉洁，李江平. 安全与畅通. 中国人民公安大学出版社，2004

29. 姜明安. 行政法学. 山西人民出版社，1985

30. 姜忠，吴玉强. 公安行政法学要论. 警官教育出版社，1997

31. 金伟峰. 中国行政强制法律制度. 法律出版社，2003

32. 孔宪信. 道路交通安全法释义与适用. 中国人民公安大学出版社，2004

33. 李龙. 宪法基础理论. 武汉大学出版社，1999

34．李健．中华人民共和国道路交通安全法实施条例释解．中国市场出版社，2004

35．李健和．新编治安行政管理学总论．中国人民公安大学出版社，1999

36．李娟．行政法控权理论研究．北京大学出版社，2000

37．李琼瑶．交通肇事逃逸案的勘查和侦破．中国人民公安大学出版社，1998

38．李蕊．道路交通管理法规通论．中国人民公安大学出版社，2000

39．李忠信．公安机关办理行政案件程序规定理解与运用．吉林人民出版社，2003

40．李忠信，周晓红．道路交通安全法释义．中国物价出版社，2004

41．罗豪才．行政法学．中国政法大学出版社，1989

42．罗豪才．中国行政法讲义．人民法院出版社，1991

43．罗豪才．行政法论丛（第1卷）．法律出版社，1998

44．罗豪才．现代行政法制的发展趋势．法律出版社，2004

45．马克思恩格斯全集（第1卷）．人民出版社，1961

46．马怀德．行政法与行政诉讼法．中国法制出版社，2000

47．马怀德．应急反应的法学思考——“非典”法律问题研究．中国政法大学出版社，2004

48．全国人大常委会法制工作委员会，德国技术合作公司．行政强制的理论与实践，法律出版社，2001

49．斯大林全集（第6卷）．人民出版社，1956

50．世界银行．变革世界中的政府——1997年世界发展报告．中国财政经济出版社，1997

51．苏力．现代化进程中的中国法治．学问中国．江西教育出版社，1998

52. 王建勇. 中国道路交通和交通管理. 警官教育出版社，1995

53. 王连昌. 行政法学. 中国政法大学出版社，1994

54. 王珉灿. 行政法概要. 法律出版社，1983

55. 王名扬. 美国行政法（上卷）. 中国法制出版社，1995

56. 王万华. 行政程序法研究. 中国法制出版社，2000

57. 王鹰. 人民警察与公民权利保护. 中国人民公安大学出版社，2003

58. 吴庚. 行政法之理论与实用. 中国人民大学出版社，2005

59. 谢川豫. 治安行政措施通论. 中国人民公安大学出版社，2001

60. 徐国栋. 民法基本原则解释. 中国政法大学出版社，1992

61. 杨海坤. 中国行政法基础理论. 中国人事出版社，2000

62. 杨建顺. 日本行政法通论. 中国法制出版社，1998

63. 应松年，朱维究. 行政法总论. 工人出版社，1985

64. 应松年，王成栋. 行政法与行政诉讼法案例教程. 中国法制出版社，2003

65. 应松年. 行政法学新论. 中国方正出版社，2004

66. 余凌云. 交警执法疑难案件评析. 中国人民公安大学出版社，2001

67. 余凌云. 警察行政权力的规范与救济——警察行政强制若干疑难性问题研究. 中国人民公安大学出版社，2002

68. 余凌云. 警察行政强制的理论与实践. 中国人民公安大学出版社，2003

69. 余凌云. 公安机关办理行政案件程序规定若干问题研究. 中国人民公安大学出版社，2004

70．张步洪．中国行政法学前沿问题报告．中国检察出版社，2003

71．张峰．交通事故处理程序规定释义．中国法制出版社，2004

72．张焕光，刘曙光，苏尚智．行政法基础知识．山西人民出版社，1986

73．张尚鷟．行政法学．北京大学出版社，1991

74．张树义．行政法与行政诉讼法学．高等教育出版社，2002

75．张文显．法理学．法律出版社，1997

76．周天玮．法治理想国．商务印书馆，1999

77．朱新力．行政法基本原理．浙江大学出版社，1995

78．朱新力．外国行政强制法律制度．法律出版社，2003

79．张正钊．行政法与行政诉讼法．中国人民大学出版社，1999

80．[希]亚里士多德．政治学．商务印书馆，1965

81．[英]丹宁勋爵．法律的训诫．杨百揆译．群众出版社，1995

82．[英]罗杰·科特威尔．法律社会学导论．潘大松等译．华夏出版社，1989

83．[美]E．博登海默著．法理学　法律哲学与法律方法．邓正来译．中国政法大学出版社，2004

84．[美]哈罗德·J．伯尔曼．法律与革命．贺卫方等译．中国大百科全书出版社，1993

85．[美]庞德．法理学．商务印书馆，1959

86．[美]庞德．通过法律的社会控制：法律的任务．沈宗灵，杨昌裕译．商务印书馆，1984

87．[美]理查德·B．斯图尔特．美国行政法的重构．沈

岿译. 商务印书馆，2003

88. [德]哈特穆特·毛雷尔. 行政法学总论. 高家伟译. 法律出版社，2000

89. [德]平特纳. 德国普通行政法. 朱林译. 中国政法大学出版社，1999

90. [奥]凯尔森. 法与国家的一般理论. 沈宗灵译. 中国大百科全书出版社，1996

91. [日]高田敏. 行政法. 日本有斐阁，1994

92. [日]室井力. 日本现代行政法. 吴微译. 中国政法大学出版社，1995

93. [日]盐野宏. 行政法. 杨建顺译. 法律出版社，1999

94. [日]远藤博也，阿部泰隆. 行政法（总论). 日本青林书院新社，1984

95. 陈建福. 制定行政程序法若干基本问题的思考. 行政法学研究，1996（2）

96. 陈亚平. 各国行政强制执行制度之比较研究. 法律科学，1991（6）

97. 傅士成. 关于《行政强制法》三个问题的看法和主张. 宪法学、行政法学（中国人民大学复印报刊资料)，2006（9）

98. 胡建淼，将红珍. 论最小侵害原则在行政强制法中的适用. 宪法学、行政法学（中国人民大学复印报刊资料)，2006（9）

99. 姜明安. 法律规范行政强制行为的意义和途径. 宪法学、行政法学（中国人民大学复印报刊资料)，2006（9）

100. 刘莘，张江红. 行政强制执行体制探析. 法商研究，2001（1）

101. 戚建刚. 绝对主义、相对主义和自由主义——行政紧急权力与宪政关系的分析模式. 法商研究，2004（1）

102. 汤三红. 交通警察扣留车辆的法律控制. 江苏警官学院学报，2004（5）

103. 汤三红. 交通警察行政强制若干疑难问题初探. 中国律师和法学家，2006（2）

104. 汤三红. 交通警察行政强制措施初探. 湖北警官学院学报，2007（1）

105. 杨福忠. 从反思性公共行政看行政强制立法的价值取向. 南阳师范学院学报，2006（8）

106. 叶必丰. 公共利益本位论与行政程序. 政治与法律，1997（4）

107. 应松年. 行政强制立法中的几个问题. 宪法学、行政法学（中国人民大学复印报刊资料），2006（9）

108. 余凌云. 突发事件中的警察行政强制措施. 法商研究，2007（1）

109. 詹福满. 论行政强制执行制度的完善. 政治与法律，2004（4）

110. 郑春燕. 必要性原则内涵之重构. 政法论坛，2004（6）

111. 苏交轩，王晓映. 我省设32个疲劳驾驶强制休息站. 新华日报. 2007. 6. 27

112. 彭于艳，徐伟. 副教授被枪击案：法律专家认为有关条例必须细化. 法制日报. 2007. 11. 15

113. 陈发斌，卢广，王晓映. 扬溧高速危化品车辆泄漏火灾成功扑救. 新华日报. 2008. 3. 22

114. 郭一鹏，裴睿. 骑无牌助力车被拦竟撞交警. 扬子晚报. 2008. 8. 20

后　记

我曾于2002年至2005年有幸在中国政法大学攻读法律硕士学位。我的学位论文《交通警察行政强制法律制度研究》，从选题确定、论文撰写乃至答辩，我的导师王成栋教授、论文评阅老师湛中乐教授和论文答辩老师何海波博士等不仅给予我严谨的指导和教诲，而且热情鼓励我继续将这一选题做下去。带着他们的鼓励和鞭策，我经过数年的艰辛努力，本书终于完稿并将付梓了。

在这里，感谢恩师的教诲和期盼，尤其要感谢导师王成栋教授的悉心指导并在百忙中为本书作序；感谢道路交通管理实战部门的同志给予我的大力支持；感谢院长吴跃章研究员、副院长宋践教授、副院长封野教授、纪委书记张霞副教授等院领导以及教务处、科研处、学报编辑部、治安管理系等部门领导和老师长期以来对我的真诚关怀；感谢中国人民公安大学交通工程系李蕊副教授等专家以及学院学术委员会专家对本书的认真评审；感谢中央军委法制局季怀才师弟的热情帮助；感谢我的家人的鼎力支持！

本书是对交通警察行政强制的基本问题进行全面分析研究的第一部专著。因此，非常渴望本书对我国交通警察行政强制理论、实践以及相关教学研究能有所帮助。尽管如此，仍然感到本书还是相当肤浅的，只能算是抛砖引玉。不过，我将一定以此为契机，继续努力，勤奋钻研，不断加强现代行政强制理论的学习与研究，为我国交通警察行政强制制度的完善，尽绵薄之力。

汤三红

2009 年 8 月 20 日于南京龙江小区白云园